Andrea Frölich Oertle und Peter Oertle

Drei Schritte zum Paaradies

Andrea Frölich Oertle
Peter Oertle

Drei Schritte zum Paaradies

Frieden finden zu zweit

Edition Spuren

Haftungsausschluss
Die Übungen und Informationen in diesem Buch sind kein Ersatz für eine psychiatrische oder therapeutische Behandlung bei ernsthaften Problemen. Eine Haftung des Autorenpaars, beziehungsweise des Verlages und seiner Beauftragten ist ausgeschlossen.

Edition Spuren
Bahnhofplatz 14, CH-8400 Winterhtur
www.spuren.ch

Umschlag: Marianne Diethelm, Visuelle Gestaltung, Basel
Illustrationen im Buch: Linus Riegger, Basel
Lektorat: Christa Spannbauer, Berlin
Buchgestaltung: Martin Frischknecht, Winterthur

Printed in Switzerland by Vögeli AG, Langnau
im umweltverträglichen Cradle-to-Cradle-Verfahren
ISBN 978-3-905752-72-4

Für
Claire und Denise Menon

INHALTSVERZEICHNIS

VORWORT

Nach über zwanzig Jahren eigener Beziehungserfahrung und nach ebenso vielen Jahren gemeinsamer Arbeit mit Paaren haben wir einiges entdeckt, von dem wir glauben, es könnte auch andere Paare dazu anregen, gemeinsam einen Pfad durch den Beziehungsdschungel zu suchen. Einen Weg, der die vermeintlichen Gegensätze von individueller Entwicklung und Beziehung aufs Engste miteinander verbindet.

«Der Anfang ist der wichtigste Teil eines Werkes», soll Plato einmal gesagt haben. Wir haben dieses Buch so oft angefangen, den «wichtigsten Teil» vollbracht, und dann sind wir an der Fortsetzung gescheitert. Davon schreibt Plato leider nichts.

Erst als wir, einer Fügung gleich, Christa Spannbauer, unsere «Buchhebamme» gefunden hatten, passierte eine wirkliche Initialzündung. Bald schon stand das Konzept, das Material war gesammelt, und es ging ans Schreiben. Und da war auch schon die nächste Hürde! Als Paar mit unseren so unterschiedlichen Arten gemeinsam schreiben – wie sollte das gehen? Dieser Herausforderung mussten wir uns stellen.

Wir haben im Folgenden versucht, die «komplizierteste Sache der Welt» – eine Liebesbeziehung – auf einen einfachen Nenner zu bringen. Es geht uns dabei nicht um die Wahrheit, es geht uns um Wahrhaftigkeit. Denn erst wenn unsere Beziehungen wahrhaftig werden, werden wir fähig, dem Fluss der Beziehung zu folgen. Dabei können wir Stromschnellen, Strudeln und Tümpeln genauso begegnen wie sprudelnden Quellen, quirligen Bächen und ruhigen Seen.

Wir wollen einerseits Wissen über Beziehung vermitteln, andererseits Werkzeuge zur Verfügung stellen, damit Konfliktsituationen zu Chancen werden. Chancen, um aneinander und miteinander zu wachsen. Auf diese Weise versuchen wir ein Geheimnis der Liebesbeziehung zu ergründen, das mit dem berühmten Heraklit-Fragment am besten beschrieben werden kann: «Die verborgene Harmonie ist mächtiger als die offensichtliche. Die Menschen sehen nicht, dass alles, was sich widerspricht, dadurch mit sich in Einklang kommt.»

Dieses Buch eignet sich für alle Menschen, die ein Stück Weg zu zweit gehen. Wir beide leben als Mann und Frau zusammen, und wir sind überzeugt, dass unser Modell auch für gleichgeschlechtliche Paare passt und für Menschen, die sich einer anderen geschlechtlichen Identität zugehörig fühlen.

Das Buch eignet sich für Paare, die verliebt sind und sich tiefer kennenlernen möchten; für Paare, die sich beim Seilziehen um den richtigen Weg erschöpft haben und neue Wege suchen; für Paare, deren Beziehung vor sich hindöst und die sie revitalisieren möchten; ganz einfach für alle Menschen, die mehr über den Zusammenhang zwischen der Beziehung zu sich selbst und zum oder zur Partner*in erfahren möchten.

Wir wünschen Ihnen eine inspirierende Lektüre.

Andrea Frölich Oertle & Peter Oertle

EINLEITUNG

Beherzt lieben – Ein Paargespräch

Peter: Was nährt meine Liebe zu dir? Ich bin überzeugt, dass Liebe ein kompromissloses Sicheinlassen braucht, um zu gedeihen. Dies bin ich mit dir auf dem Standesamt eingegangen und mit unserer Abmachung, die Beziehung alle drei Jahre wieder in Anwesenheit unserer Trauzeugen zu bekräftigen. Mit diesen Ritualen halten wir inne, fordern uns jedes Mal wieder neu heraus und durchforsten unsere persönliche Entwicklung im Kontext unseres gemeinsamen Weges. Diese Vorgehensweise erzeugt zwar eine Art von Unsicherheit, gibt mir jedoch zugleich die Kraft, mich in diese «Abhängigkeit» zu begeben.

Andrea: Ich frage mich oft: «Kann ich überhaupt wählen, wohin ich mit dir gehe? Oder fordert die Liebe es ein, einfach dem Fluss zu vertrauen?» Michael Lukas Moellers Worte – «Unbewusstes erkennt Unbewusstes irrtumslos» – kommen mir in den Sinn. Bevor ich dich bewusst wahrgenommen habe, hat mein Unbewusstes sich bereits nach dem Auswahlkriterium entschieden, ob es mit dir möglich sein wird, meine eigene GeSchichte zu reinszenieren, um in Altem neue Facetten und Ressourcen zu entdecken. So scheint mir die bewusste Wahl einzig und allein darin zu bestehen, entweder «ja» oder «ja, aber» zu sagen. In meinen früheren Beziehungen hat sich das «Ja» der Verliebtheit im Alltag schleichend in ein «Ja, aber» verwandelt.

Peter: Liebe hat für mich mit Klarheit zu tun. Im «Ja, aber» liegt eine Ungewissheit – für beide. Diese Unsicherheit frisst Kraft und ist lähmend. Darin ist weder wirkliche Nähe noch Distanz möglich. Die wird nur durch ein klares «Ja» oder ein ebenso klares «Nein» hergestellt. Mir wurde in früheren Beziehungen mein inneres Suchbild immer klarer. Zusammengefasst stand irgendwann fest: Körperlich möchte ich mich erregen, geistig und emotional an- bis aufregen lassen, und seelisch möchte ich im Beziehungshafen vor Anker gehen. Als ich dich kennenlernte, fühlte ich mich dieser Vision nahe. Und so trauten wir uns, uns zu trauen. Meine Wünsche haben sich erfüllt. Ich bin angekommen. Und jetzt? Zur Verliebtheit gesellte sich der Beziehungsalltag. Wir kreierten das erste gemeinsame Seminar, entdeckten Ergänzungen in der psychologischen Arbeit und begannen zusammenzuarbeiten ...

Andrea: ... und wir leben, lieben und arbeiten immer noch zusammen. Was vermochte mein «unbewusstes Ja» der Verliebtheit im Alltag in ein «bewusstes Ja» zu verwandeln?
Ich merkte bald, dass gerade das, was ich mir so lange gewünscht hatte und was nun in Erfüllung gegangen war, mich in schwierige Situationen brachte. So konfrontativ und herausfordernd hatte ich mir das Leben mit einem Mann, der sich mit mir auseinandersetzt, denn doch nicht vorgestellt. Meine harmoniebedürftige Seite geriet ins Schleudern. Das untreue «Aber», das mich früher schnell nach anderen Möglichkeiten Ausschau halten ließ, meldete sich zurück. Und damit altbekannte Muster, mich zurückzuziehen, die Beziehung auf Distanz weiterzuführen und von der Hoffnung zu leben, dass du dich doch noch in den Traumprinzen verwandeln würdest. Doch hat das nie die gewünschte Wirkung gezeigt. Mein Gegenüber hat sich nie auf mein Drängen hin verändert.

Peter: Habe ich mich je auf das Drängen einer Freundin hin verändert? Nein, nicht wirklich. Oft habe ich mich kurze Zeit angepasst, dann aber ist der Rebell in mir erstarkt, und ich begann, von anderen Frauen zu träumen. Wirklich untreu geworden bin ich nie. Einfach deshalb, weil ich die Spannung der Heimlichtuerei nicht ausgehalten habe. Ich bin dann weitergezogen. Wie ein Zigeuner der Liebe kam ich mir vor. Ohne je wirklich untreu geworden zu sein, würde ich mich daher doch nie als treu bezeichnen.

Andrea: Da stehen wir einander gegenüber und sind doch am selben Punkt: Ohne je wirklich treu gewesen zu sein, würde ich mich nie als untreu bezeichnen. Treue und Untreue, was heißt das? Geht es hier nur um den sexuellen Seitensprung? Ist es nicht genauso schmerzhaft, wenn du mit jemand anderem seelisch und geistig Dinge teilst, die du mir vorenthältst? Hieße treu sein, mit Haut und Haar das Leben mit dir zu teilen und mir und dir ungeschminkt zu begegnen? Kann ich das? Das würde ja bedeuten, dir alle meine ungeliebten Seiten zu zeigen und mit eben diesen von dir konfrontiert zu werden. Fragen über Fragen und keine Rezeptantworten, alles relativ … ich glaub, ich brauch mal eine Pause!

Peter: Pause? Nein, genau hier möchte ich weitermachen. Beherzt lieben kommt mir bei deinen Aussagen in den Sinn. Diese Liebe fordert heraus, sie ist ehrlich, intensiv und manchmal erbarmungslos, weil wenig rücksichtsvoll. Mir verleiht das Gefühl, die Beziehung auch aufs Spiel zu setzen, ein Gefühl von Sicherheit. Dem Konflikt ausweichen, verunsichert mich. Da fehlt mir das Vertrauen.
Wenn jemandem treu sein, dann mir selber – und das mit all meinen widersprüchlichen und auch unliebsamen Seiten. Mich dir mit allem zumuten, heißt für mich, dir treu sein. Dabei kommt es aber auf meine Haltung an! Dir einfach meinen Schrott vor die Füße zu werfen, wäre eine Zumutung und hätte wenig mit dem zu tun, was ich meine. Worauf es ankommt, ist, mit mir und meinen Gefühlen verbunden zu sein und mir bewusst zu sein, etwas in dir auszulösen, worüber ich letztlich keine Kontrolle habe. Vielleicht macht es dir Angst, macht dich wütend, bewegt dich oder lässt dich gleichgültig. Wenn ich mich in der Folge von deinen Reaktionen berühren lasse, mich auf dich beziehe, komme ich in Kontakt mit mir und meiner GeSchichte. Wenn ich dich – und damit mich – ernst nehme, dann kann «Heilung» geschehen.

Andrea: Ja, diese beherzte Liebe, diese schonungslose Ehrlichkeit, die manchmal mit Lieblosigkeit verwechselt und auch als solche missbraucht werden könnte, sie hat mir doch einiges abverlangt. Ich habe anfänglich nicht verstanden, dass genau das paradoxerweise auch mit Liebe und Vertrauen zu tun hat. Allmählich verstand ich, dass es sich lohnt, innerlich dazubleiben, nicht wegzulaufen und mich mit meinen Gefühlen zu zeigen. Ich begriff, was es heißt, sich auf eine Beziehung einzulassen und begreife es immer wieder von neuem.

Peter: Aus der psychologischen Arbeit weiß ich, dass meine ungeliebten Seiten aus Begebenheiten in der Kindheit entstanden sind. Und zwar meist mit Menschen, die mir nahestanden. Um Verletzungen nicht mehr zu spü-

ren, entwickelte ich damals Abwehrmechanismen und clevere Muster, um trotzdem das Gefühl zu haben, geliebt zu werden. Die Liebesbeziehung zu dir eröffnet mir Möglichkeiten, alte Knoten zu lösen. Das heißt, wenn mich Begebenheiten in unserem heutigen Zusammenleben gefühlsmäßig an frühere Situationen erinnern und ich das Kind, das ich einmal war, ohne Wenn und Aber annehmen kann, habe ich einen Schritt in Richtung Heilung getan. Ich liebe die Dynamik, mich mit dir auseinanderzusetzen und wieder zusammenzufinden. So bleiben wir in Bewegung und genießen dazwischen gemeinsam die Ruhe.
Ich spüre aber auch immer wieder die Angst, dich zu verlieren. Das mag widersprüchlich sein, ist aber so. Diese Angst ist eine treibende Kraft für schonungslose Auseinandersetzungen. Ohne diese Verlustangst wäre ich vermutlich nie so mutig und würde meinem ebenso starken Harmoniebedürfnis unterliegen. Vielleicht ist es auch einfach mein Überlebensmuster.

Andrea: Das ist spannend! Ich meine zu verstehen, dass du aus Angst vor dem Verlust in die Herausforderung gehst. Mich animiert die Urangst, dich zu verlieren, genau zum Gegenteil. Mein Muster ist Anpassung und Rückzug. Das würde bedeuten, dass du die Beziehung immer wieder erschüttern musst, um dich zu vergewissern, dass sie hält – mit dem Risiko, sie zu zerstören. Ich dagegen bemühe mich, die Beziehung möglichst ruhig zu halten, um ihr blindlings vertrauen zu können – mit dem Risiko, dass da, wo ich Beziehung vermute, schon längst nichts mehr ist.
Einmal mehr bin ich fasziniert, wie nahtlos die GeSchichten ineinander greifen und wir mit unserem Verhalten die Muster des anderen anstoßen. So kann ich meine GeSchichte neu schreiben und mich im wahrsten Sinn des Wortes Schicht um Schicht ent-wickeln und besser kennenlernen.

Lange bevor wir an ein Buch dachten, ist dieses Paargespräch in einer etwas längeren Fassung in der *Männerzeitung* erschienen (Ausgabe 02/2007). Es hat bis heute nichts an Aktualität verloren und gibt einen guten Einblick in unser Beziehungsverständnis. Auch die regelmäßigen Paargespräche begleiten uns immer noch. Diese Form von Gespräch ist das wichtigste Werkzeug in unserer Beziehungskiste.

Bausteine des Buches

Dieses Buch beinhaltet einiges an Theorie, die wir für eine gelingende Beziehung als hilfreich erachten. Sie erklärt ein paar bemerkenswerte Phänomene, beschreibt, wie die einzigartige Dynamik eines Paares zustande kommt und wie in einer Partnerschaft Weiterentwicklung und Wachstum möglich sind. Die theoretischen Ansätze bilden das Gerüst, um das sich Lebendiges rankt: Einblicke in unsere Beziehungsdynamik, Beziehungsgeschichten aus unserer Praxis, viele farbige Anregungen für Ihr Beziehungsleben, Weisheitsgeschichten und Illustrationen von Linus Riegger.

Ein besonderer Baustein ist das Paargespräch. Wir nutzen diesen Dialog, hier als spontaner Mailwechsel, um einerseits bestimmte Themen zu entwickeln und andererseits unsere eigene Beziehung zu reflektieren und um Sie, liebe*r, Leser*in, ein Stück an unserem Beziehungsalltag teilhaben zu lassen.

Weiter werden drei Beziehungsgeschichten aus unserer Praxis vorgestellt. Exemplarisch haben wir drei Paare ausgewählt, die wir ein Stück auf ihrem Beziehungsweg begleitet haben. Ihre Beziehungs- und Lebensgeschichten lassen unsere theoretischen Ansätze im ersten Teil des Buches lebendig werden.

Mit den kleinen bis größeren Vignetten «Für die Beziehungskiste» möchten wir Ihnen hauptsächlich im zweiten Teil des Buches einen Koffer voller erprobter Ideen mitgeben. Fragen, Anregungen, Übungen, Reflexionen und kleine Rituale – Beziehungswerkzeuge, die Ihnen helfen, sich selbst und dem anderen auf ungewohnte Weise zu begegnen, neue Blickwinkel auf das Miteinander zu werfen, Konflikte auszutragen und Ihre Beziehung lebendig zu gestalten. Denn Beziehung will einem Garten gleich gehegt und gepflegt werden.

Abgerundet werden die Kapitel im zweiten Teil meist mit einem Blick über den Beziehungshorizont hinaus. Wir stellen weitreichende Bezüge zwischen dieser Art von Paararbeit und der Friedensarbeit her. Dies geschieht auf den verschiedensten Ebenen – familiär, gesellschaftlich und global.

Ein dynamischer Frieden in der Liebesbeziehung als kleinstes Modul für eine friedvollere Welt – hierfür braucht es uns alle!

DIE WELT DER BEZIEHUNG

Unsere Sicht auf das Thema Beziehung hat sich aufgrund unserer langjährigen Erfahrung mit uns und anderen herauskristallisiert und bildet die Basis unserer Arbeit. Diese Beziehungstheorie stammt aus verschiedenen therapeutischen Konzepten, psychologischen Richtungen und unseren vielfältigen Ausbildungen und Selbsterfahrungen. Vor allem jedoch ist sie aus unserer langjährigen praktischen Arbeit mit Paaren erwachsen.

Zunächst möchten wir die drei Paare kurz vorstellen, deren Beziehungs- und LebensgeSchichten uns immer wieder beschäftigen werden. Es sind Paare, die wir ein Stück auf ihrem Beziehungsweg begleitet haben. Gleichwohl wir ihr Einverständnis haben, Situationen aus der gemeinsamen Arbeit für dieses Buch zu verwenden, haben wir zum Schutz der Persönlichkeiten Namen, Orte und Eckdaten verändert.

Manuela und Enrico

Manuela und Enrico sind seit bald zwei Jahrzehnten ein Paar. Sie leben im Konkubinat und sind beide Mitte vierzig. Enrico brachte eine Tochter mit in die Beziehung, die zum Teil mit ihnen und zum Teil mit der Mutter lebt. Er ist selbstständig tätig als Grafiker und leitet erfolgreich ein Unternehmen, was viel Arbeit bedeutet. Manuela war ebenfalls selbstständig und führte einen kleinen Laden. Vor ein paar Jahren haben sie im sechsten Schwangerschaftsmonat ein stark behindertes Kind verloren. Manuela hat sich daraufhin beruflich neu orientiert und arbeitet mittlerweile auf demselben Gebiet wie Enrico. Sie entschlossen sich für eine Paartherapie, da eine Außenbeziehung ans Tageslicht kam, die er seit längerer Zeit führte und von der sie bis vor Kurzem nichts wusste.

Carol und Leo
Carol und Leo sind beide um die fünfzig und sind bald dreißig Jahre miteinander verheiratet. Ihre Kinder sind aus dem Haus, und für sie stellt sich damit die Frage, wie es mit ihrer Beziehung weitergehen soll. «Wollen wir wirklich zusammen alt werden? Was verbindet uns noch?» Beide fühlen sich vom anderen allein gelassen und erfahren wenig Wertschätzung in der Beziehung. Vor allem für Carol ist die Situation unerträglich. Sie arbeitet als Sozialpädagogin und ist gewohnt, die Dinge anzusprechen. In der Beziehung zu Leo ist es jedoch nicht möglich, über Probleme zu reden. Ihm macht dies vordergründig weniger aus, für ihn ist die Beziehung ganz okay, denn er ist durch seine anspruchsvolle Arbeit als Bauleiter stark gefordert und nur wenig zu Hause.

Franziska und Michael
Franziska und Michael sind erst seit Kurzem ein Paar. Sie haben beide das Gefühl, im anderen den Menschen fürs Leben gefunden zu haben. Michael, Ende zwanzig, Heilpädagoge, hat schon seit Längerem eine große Reise geplant, die jetzt vor der Tür steht. Es ist ein Projekt, das er bewusst alleine durchziehen möchte. Franziska, ebenfalls Ende zwanzig, arbeitet als Kindergärtnerin und wünscht sich bald eine Familie. Das Weggehen von Michael macht beiden aus unterschiedlichen Gründen Angst. Die Angst, einander zu verlieren, und Eifersucht stehen im Raum. Der Wunsch nach Freiheit, Individualität und Abgrenzung steht dem Wunsch nach Verbundenheit, Familie und Nähe gegenüber. Michael möchte die Situation mit unserer Hilfe ergründen und den tieferen Sinn des Geschehens verstehen. Franziska ist sich nicht sicher, ob Paarberatung der richtige Weg ist. Sie nimmt das Leben spielerischer und leichter, doch kommt sie ihm zuliebe mit.

Im Folgenden möchten wir Ihnen ein paar Grundsätze aus der Welt der Beziehung näherbringen, an denen wir uns orientieren. Dabei werden die beschriebenen Paare eine Brücke zur gelebten Realität schlagen.

Fifty-fifty – Beziehung als ein System

«Die Ehe ist der Versuch, zu zweit mit den Problemen fertig zu werden, die man alleine niemals gehabt hätte.» (EDDIE CANTOR)

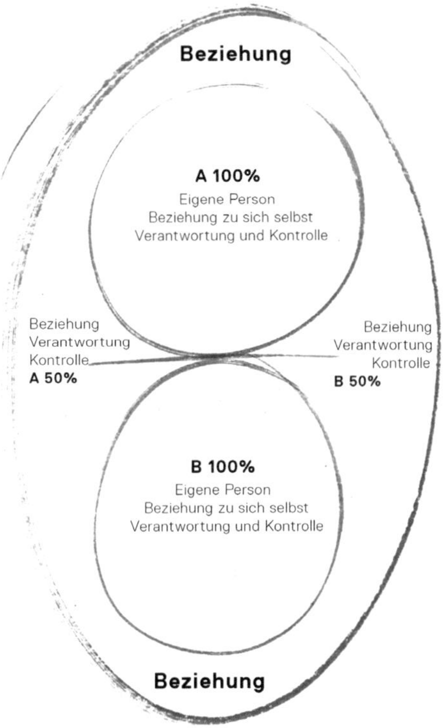

Beziehung ist etwas Drittes, Eigenes, das zwei Menschen miteinander kreieren, einem Kind gleich. Beziehung ist das, was zwischen diesen beiden entsteht und sie umgibt. Sie ist mehr als die Summe zweier Menschen. Sie ist ein System, für das beide, mit allem was sie tun und nicht tun, zu je fünfzig Prozent verantwortlich sind – in guten wie in schlechten Zeiten. Aus diesem Blickwinkel gibt es bei Schwierigkeiten in der Beziehung keinen Schuldigen und Unschuldigen, sondern nur eine Dynamik, die beide mitgestalten und zu der beide das Ihre beitragen, sei es aktiv oder passiv. Entlastend daran ist, dass jeder nur zu fünfzig Prozent für die Beziehung verantwortlich ist und damit keiner alleine die gegenwärtige Situation verursacht hat.

Schwierig daran ist, dass jeder auch nur fünfzig Prozent Kontrolle über die Beziehung hat. Das, was geschieht, liegt nicht allein in der Hand eines Partners. Es entzieht sich der Kontrolle des Einzelnen, und das ist meist unangenehm und macht ohnmächtig. Das Gute daran ist, dass da, wo Kontrolle begrenzt ist, Neues eindringen kann und damit Weiterentwicklung gesichert ist.

Wir möchten dies an einem Beispiel erläutern, bei dem für die meisten klar zu sein scheint, dass jemand «schuldig» und jemand «unschuldig» ist: am Seitensprung.

Manuela und Enrico suchten wegen einer solchen Geschichte Unterstützung bei uns. Sie hatte vor Kurzem aufgrund seines veränderten Verhaltens ihr gegenüber nachgefragt und herausgefunden, dass es da noch eine andere Frau gibt und diese mehr von Enrico möchte als nur seine Geliebte sein. Der Schmerz, die Wut und die Verunsicherung sind groß. Klar, dass diese Gefühle erst einmal Raum und Verständnis brauchen. Im Laufe der Sitzungen zeigt sich jedoch schon bald, dass die Beziehung vor der Enthüllung für beide bereits an Spannung verloren hatte, dass vieles Gewohnheit geworden war, beide sich isoliert fühlten und Angst vor einer Konfrontation hatten. Sie hingen zwar sehr aneinander, doch fehlte es beiden an Intensität und Raum für sich alleine. Dieser Situation hat Enrico mit seinem Ausbrechen mehr oder weniger bewusst ein Ende gesetzt. Er wurde «aktiv», während Manuela «passiv» blieb. Aus systemischer Sicht sind sie zu gleichen Teilen mitverantwortlich für die Situation, in der sie nun stecken.

Mit dieser Sichtweise auf die Beziehung fühlt sich der «Seitenspringende» oft erst einmal entlastet und der Betrogene zusätzlich belastet. Da hat er als der Betrogene schon den ganzen Schmerz, und nun soll er auch noch mitverantwortlich sein für die ganze Misere. Wir verstehen den berechtigten Schmerz des Verletzten sehr wohl. Zugleich eröffnen wir mit unserer Sicht der Dinge eine weitere Perspektive, die bei genauerer Betrachtung dem «ohnmächtigen Opfer» zu mehr Eigenmacht verhilft. Denn wer «Mitschuld» trägt, hat auch die Macht, die Situation zu verändern.

Sollten Sie sich, liebe*r Leser*in, mit dieser Sichtweise gerade unverstanden fühlen, können wir das gut verstehen. Es lohnt sich dennoch weiterzulesen, nicht zuletzt, um später mehr zur Dynamik und zum Weg von Manuela und Enrico zu erfahren.

Einer allein kann die Beziehung verändern

In dieser systemischen Betrachtungsweise gilt noch ein weiterer wichtiger Grundsatz: Ich kann nur mich selbst ändern – niemals das Gegenüber. Obschon wir darum wissen, blenden wir diese Tatsache meist aus und glauben, dass das Problem beim anderen liege. Würde er sich doch endlich ändern, ja, dann wären sämtliche Probleme gelöst und wir hätten das Paradies auf Erden. Mit dieser Einstellung kommen viele Paare zu uns. Beide möchten endlich einmal Recht bekommen. Sie hoffen, dass jemand ihr Leiden sieht und dem anderen ins Gewissen redet, sich endlich zu bessern, damit das traute Glück wieder einkehren kann. Wir sind jedoch Paartherapeuten, keine Schiedsrichter. Meist erzählen wir dann folgende paradoxe kleine Geschichte, die zeigt, dass jeder auf seine Weise recht hat.

> *Ein Mann und eine Frau kommen zum Rabbi, weil es schlecht steht um ihre Ehe. Erst beklagt sich der Mann bitterlich über seine Frau, und der Rabbi sagt: «Du hast recht.» Dann beklagt sich die Frau nicht weniger bitter über ihren Mann, und der Rabbi sagt: «Du hast recht.» Da rufen beide ganz entrüstet: «Rabbi, du bist verrückt.» Darauf erwidert der Rabbi: «Ihr habt recht.»* (LEICHT VERÄNDERTER JÜDISCHER WITZ)

Beide haben ihre Wahrheit, ihre Sicht auf die Dinge und möchten verstanden werden. Und wir verstehen beide. Sie sitzen im selben Boot. Wie die kleine Weisheitsgeschichte augenzwinkernd verdeutlicht, geht es nicht darum, recht zu bekommen. Erst Verständnis bringt Veränderung,

Beziehung ist grundsätzlich nichts Statisches, sondern in ständiger Veränderung begriffen. Wie bei einem Mobile, das beim geringsten Windhauch wieder das Gleichgewicht sucht, erfordert auch eine Beziehung ein fortwährendes Ausbalancieren auf den verschiedensten Ebenen. Die Partner sind wie Teile eines Mobiles. Bewegt sich der eine, bewegt sich automatisch der andere mit. Beide versuchen, zu einem neuen Gleichgewicht zu finden. Mit diesem Bild wird klar: Es reicht einer, um die Beziehung zu verändern. Oft meinen wir, es brauche beide dazu. Dann schieben wir die Verantwortung für das Handeln beziehungsweise Nicht-Handeln hin und her. Doch da beide Teil des Beziehungssystems sind, hat jeder von ihnen die Macht, Bewegung in die Beziehung zu bringen, Festgefahrenes aufzuweichen, Eingespieltes aus dem Gleichgewicht zu bringen, Gewohnheiten aufzubrechen und damit der Beziehung eine neue Richtung zu geben. Denn wird das System erst einmal aus der Balance gebracht, beginnt es damit, sich neu zu ordnen.

Damit erhält der andere die Chance und/oder fühlt sich gezwungen, sich ebenfalls zu bewegen. Will er jedoch wieder in seine alte Position zurück, kann es zur Trennung kommen, oder beide kehren wieder zurück ins Alte und sind dennoch um eine Erfahrung reicher. Jede Bewegung bringt die Beziehung wieder in ein anderes Gleichgewicht. Als Therapeuten sehen wir unser erklärtes Ziel nicht darin, dass die beiden in der Beziehung bleiben. Denn wir wissen nicht, was einem Menschen für sein Leben dienlich ist. Unser Ziel ist es vielmehr, dass beide zu Klarheit finden. Das Paar erarbeitet sich eine Entscheidungsgrundlage, ob sie den Weg zusammen weitergehen oder sich trennen wollen. Wir haben dann «gute Arbeit» geleistet, wenn beide die Freiheit erlangen, ihren Weg zu wählen.

Beziehungsdynamik – GeSchichten, die das Leben schreibt

> *«Man muss sich an die Vergangenheit erinnern – nicht um alte Wunden zu öffnen, sondern um sie zu schließen.»* (Frederico Mayor)

Verlieben sich zwei Menschen, bringen beide ihre eigene GeSchichte mit in die Beziehung. Jeder steht auf seiner LebensgeSchichte, gleichsam den abgelagerten Schichten aus der persönlichen Vergangenheit. Das ist sein Boden, auf dem er steht. Für die Reaktionen und Gefühle, die aufgrund dieser GeSchichten, in der gegenwärtigen Beziehung ausgelöst werden, ist jeder voll und ganz verantwortlich und hat im wohl nie erreichten Idealzustand, hundert Prozent Kontrolle darüber. Entscheidend für den Grad der Selbstverantwortung ist das Bewusstsein für den eigenen Lebenszusammenhang, den Umgang damit und die Beziehung zu sich selbst (siehe Abbildung S. 23).

Aufgrund der beiden Persönlichkeiten und deren LebensgeSchichten hat jede Beziehung eine eigene Dynamik, die auf bestimmten Mustern beruht. Fühlen sich die Partner stark voneinander angezogen, sagt dies noch nichts über die Qualität der Beziehung aus. Das weist nur auf das Vorhandensein vieler Berührungspunkte und Reibungsflächen hin. Ob dabei Kontakt und Wärme oder Abstoßung und Zerstörung entstehen, hängt vom Bewusstsein des Paares für ihre Beziehungsdynamik und vom Verständnis für den Zusammenhang ihrer beiden LebensgeSchichten ab. Aus dieser Sicht gibt es keine passenden oder unpassenden Partner.

Die grundlegenden Beziehungsmuster eines jeden Menschen werden bereits in der Kindheit geprägt. Vom Zeitpunkt der Zeugung an beginnt unsere Biographie, graviert sich das Leben ein. Erfahrungen von Schwangerschaft und Geburt, Erlebnisse der ersten Kinderjahre lagern sich Schicht für Schicht ab. Sie schreiben GeSchichte und gestalten unbewusst unser Leben und unsere aktuellen Beziehungen mit. In unseren Liebesbeziehungen können wir viel erfahren über dieses Kind, das wir einmal waren, und über die Freuden und Leiden in dessen frühen Beziehungen. Denn wir wiederholen diese Muster gleichnishaft in neuem

Kleid in unseren Liebesbeziehungen. Die Muster der Partner greifen dabei wie bei einem Puzzle ineinander. Durch dieses Ineinandergreifen entsteht eine dem Paar eigene Beziehungsdynamik.

Das P(a)aradox der Beziehung – Vielsagende Sprichwörter

«Der Weg des Paradoxes ist der Weg zur Wahrheit. Um die Wirklichkeit zu prüfen, muss man sie auf dem Seil tanzen lassen.» (OSCAR WILDE)

Es gibt zwei Sprichwörter, die wir herkömmlich auf Beziehungen anwenden: «Gleich und gleich gesellt sich gern» und «Gegensätze ziehen sich an». Auf den ersten Blick scheinen sich diese beiden Sprichwörter auszuschließen. Wir sind jedoch der Meinung, dass beide in der Beziehung gleichzeitig zum Tragen kommen und die Dynamik einer Beziehung ausmachen. Sie bringen das, was in einer Beziehung geschieht, auf den Punkt: Zwei Menschen finden sich aufgrund einer ähnlichen Verletzung, die sie aus ihrer Kindheit mitbringen, mit der sie jedoch auf gegensätzliche Art umzugehen lernten. Irgendwie fühlen sich die beiden verwandt, und gleichzeitig sind sie fasziniert von ihrer Andersartigkeit. Aufgrund dieser Gegensätzlichkeit, die sie füreinander attraktiv macht, verlieben sie sich ineinander. Ganz im Sinne von «Du bist alles, was mir fehlt».

Zum Beispiel wurden beide, aus subjektiver Kindersicht, von ihren Bezugspersonen nicht gesehen. Dies kann aus ähnlichen oder ganz unterschiedlichen Gründen der Fall sein. Sie ist vielleicht in einem großen Betrieb aufgewachsen und die Eltern hatten keine Zeit für sie, sodass sie sich oft alleine und ungeliebt fühlte. Er hingegen war vielleicht überbehütet und die Eltern haben ihm ihre Idealvorstellungen übergestülpt und nicht den Menschen in ihm gesehen, der er wirklich ist. Beide wurden sie von ihren Eltern nicht wahrgenommen. Diese Urverletzung tragen beide in ihrem Lebensrucksack mit sich. Sie bildet die Basis ihrer Beziehung. Im Umgang mit dieser Verletzung haben beide meist schon als Kind unbewusst unterschiedliche Wege und Strategien gewählt. Der eine ging und geht in die Kompensation, der andere blieb und bleibt in der Hemmung.

Derjenige in der Kompensation hat beschlossen, dass es ihm nie wieder passiert, nicht wahrgenommen zu werden. Er sorgt dafür, immer gesehen zu werden und auf der Bühne des Lebens zu stehen. Er wird zum Beispiel später einen Beruf wählen, bei dem er im Mittelpunkt steht, denn er braucht «Publikum».

Der andere bleibt in der Hemmung und fühlt sich weiterhin als Mauerblümchen. Innerlich sehnt er sich jedoch zutiefst danach, gesehen zu werden. Später wird er sein Licht unter den Scheffel stellen oder unbemerkt aus dem Hintergrund wirken. Genau in dieser Gegensätzlichkeit ziehen sich beide wie Magneten an.

Es sind gerade diese unterschiedlichen Überlebensstrategien, die sie trotz ähnlicher Erfahrungen gewählt haben, die sie füreinander attraktiv machen und die beidseitige Verliebtheit hervorbringen. Die Sehnsucht dessen, der in der Hemmung geblieben ist, wird erfüllt, denn er wird von jemandem, der im Rampenlicht steht, gesehen. Der Glanz des Rampenlichts beleuchtet nun auch denjenigen, der in der Hemmung blieb. Zugleich hat derjenige, der auf der Bühne steht, seinen Bewunderer gefunden. Die Ergänzung ist perfekt, und zusammen sind sie ein Ganzes.

Das Thema Hemmung und Kompensation möchten wir am Beispiel von Carol und Leo aufzeigen, dem Paar, das nach dem Ausfliegen der Kinder vor einem neuen Lebens- und Beziehungsabschnitt steht.

In einer der ersten Sitzungen lassen wir sie ihre GeSchichte erzählen und zwar mit vertauschten Rollen. Das ist für beide interessant, da sie sich auf diese Weise ganz anders zuhören und eine neue Sichtweise ihrer eigenen GeSchichte hören.

Leo berichtet uns Folgendes über Carol: Sie ist die Erstgeborene von drei Geschwistern und hätte eigentlich ein Junge sein sollen. Als sie zur Welt kam, war ihr Vater mit einer Tuberkulose zur Kur, und es war unklar, ob er diese Krankheit überleben würde. Die Mutter war die ersten sieben Monate mit dem Kind bei den Schwiegereltern, mit denen sie kein besonders gutes Einvernehmen hatte, und sie musste arbeiten gehen. Bereits nach eineinhalb Jahren folgte die Geburt ihrer Schwester. Keiner hatte je wirklich Zeit für Carol.

Nach einem Bild gefragt, fängt Carol diesen Anfang so ein: Sie sieht sich alleine in einem Raum in einem Kinderbettchen liegen. Niemand ist da. Es fehlt an Kontakt. Sie fühlt sich unbeachtet und wertlos.

Dann erzählt uns Carol die GeSchichte von Leo: Er ist der siebte Knabe in Folge und hätte ein Mädchen sein sollen. Sein ältester Bruder ist nur elf Jahre älter als er. Seine Eltern hatten zu jener Zeit ein neues

Haus gebaut, und mit seiner Geburt platzte er in den Umzug hinein. Der Zeitpunkt seiner Ankunft war äußerst unpassend. Im neuen Haus fehlten noch die Türen und es war viel Hektik. Alles sollte vor dem Winter fertig werden.

Leo beschreibt seinen Anfang in folgendem Bild: Er liegt in einem Korb in einem zugigen Haus ohne Türen, es herrscht viel Betrieb und keiner kümmert sich um ihn.

Die ähnlichen Verletzungen, die dieser Beziehung zugrunde liegen, werden anhand der KindheitsgeSchichten offensichtlich: Beide kamen sie mit dem «falschen» Geschlecht zur Welt, beide erblickten das Licht der Welt zu einem «ungünstigen Zeitpunkt» und beide erhielten wenig Aufmerksamkeit und Zuwendung. Als Säuglinge erfuhren sie beide eine existenzielle Ohnmacht, da sie zu wenig Beachtung bekamen, womit die Urangst, verlassen zu werden, verstärkt wurde.

Unbewusst wählten sie Strategien im Umgang mit dieser erfahrenen Ohnmacht. Leo wählte das Muster, wegzulaufen und außer Haus nach Anerkennung zu suchen. Dort macht er sich heute vor allem über Leistung im Arbeitsbereich und über die Rolle des Entertainers in Gesellschaft unentbehrlich. Dort draußen will er den ersten Platz und nicht erst den siebten einnehmen. Diese Strategie wählte er bereits als Kind, als er einfach weglief, ohne es jemandem zu sagen und sich auf dem Fußballplatz mit anderen maß, um sich der mütterlichen Kontrolle zu entziehen: «Ich bin groß und brauche dich nicht!» Mit anderen Worten: Leo ging den Weg der Kompensation. Carol wählte einen anderen Weg. Sie versuchte sich innerhalb des Familiensystems Aufmerksamkeit zu verschaffen, indem sie in die Rolle der Hilfsbereiten und Angepassten schlüpfte, immer für die anderen da war und in der Hoffnung verharrte, jemand würde sie bemerken. In dieser Rolle wartet sie heute noch so wie damals «passiv» auf Anerkennung von außen. Carol blieb in der Hemmung.

Als die beiden sich ineinander verliebten, war es für Carol vor allem Leos humorvolle Leichtigkeit, seine Nonchalance und sein Selbstbewusstsein, die sie anzogen. Diesmal lief er nicht von zu Hause, sondern von der Arbeit weg und blieb einfach drei Tage bei ihr. Das war Balsam für das unbeachtete Kind in ihr. Leo hingegen, der es liebt, auf der Bühne des Lebens zu stehen, bewundert zu werden und der coole Typ zu sein, brauchte Carols Bewunderung für seinen Mut, die Arbeit für sie zu vernachlässigen. Das tat er nur für seine Geliebte! Für seine Mutter hätte er den Fußballplatz nie verlassen. Das machte ihn in seinem Erleben noch «größer» und damit erwachsen. Von ihr dafür bewundert zu werden, war wie Weihnachten für das unbeachtete Kind in ihm.

So finden sich zwei Menschen aufgrund der gleichen Verletzung und ihres gegensätzlichen Umgangs damit. Dieser Vorgang wird mit dem treffenden Satz aus der Psychoanalyse gut umschrieben: «Unbewusstes erkennt Unbewusstes irrtumslos.» Michael Lukas Moeller hat diesen Satz seinem Konzept der Paartherapie zugrunde gelegt. Er hat festgestellt, dass zwei Menschen innerhalb der ersten Sekunden auschecken, ob sie mit dem anderen ihre GeSchichte reinszenieren können. Wenn wir dies als Chance begreifen, kann uns die Reinszenierung früherer Situationen und Gefühle mit dem Partner zu mehr Selbsterkenntnis verhelfen, indem der Partner – einem Katalysator gleich – unsere Bewusstwerdung und die Heilung alter Verletzungen fördert.

Beziehung als Spiegel – Erkenne dich selbst

«Leider hält sich der Mensch nach wie vor an seiner Individualität fest. Er hat Angst, in der Erkenntnis des anderen aufzugehen, sich in ihm wiederzuerkennen und widerzuspiegeln.» (Cheikh Khaled Bentounès)

Alles, was wir im Außen wahrnehmen und worauf wir Bezug nehmen, sei es Positives oder Negatives, hat etwas mit uns zu tun und bringt Saiten in uns zum Klingen. So hat jeder Partner, den wir bewusst und doch zugleich unbewusst wählen, etwas mit uns zu tun. Im Spiegelbild des Partners begegnen wir der eigenen Realität. Wir sehen unsere eigenen Anteile. Partnerschaft ist ein direkter Weg, sich selbst zu erkennen.

Wir brauchen ein Du, um etwas über uns selbst zu erfahren. Das Du spiegelt uns unsere eigenen Anteile zurück. Durch ein Du werden wir auf uns selbst zurückgeworfen, und es ermöglicht uns, Seiten an uns zu entdecken, die wir sonst kaum entdecken würden oder auch gar nicht wahrhaben wollen. Eine Partnerschaft leuchtet die «blinden Flecken» des eigenen Seins aus, was nicht immer einfach anzunehmen ist.

Je mehr Gesichter und Facetten wir von uns selbst kennenlernen, desto stärker fühlen wir uns mit unserem «Partnerspiegelbild» und damit dem Partner verbunden. In diesem wechselseitigen Austausch zwischen innerer und äußerer Wirklichkeit erleben wir uns auf den verschiedensten Ebenen immer wieder neu und das in der Art, die unserem individuellen Charakter, unserer GeSchichte und unserem Bewusstsein entspricht. Die Prozesse, die dadurch entstehen, erzeugen Wachstum und Wandlung. So gesehen ist jede Beziehung auf das Engste mit der Beziehung zu uns selbst und unserem eigenen Lebensweg verknüpft.

Betrachten wir die Dynamik von Carol und Leo unter diesem Blickwinkel und greifen ein wiederkehrendes Problem ihrer Beziehungsdynamik heraus:

Carol fühlt sich alleine und unbeachtet, da Leo extrem viel arbeitet und oft nicht zu Hause ist. Sie wartet dann auf ihn, nicht wissend, wann er endlich nach Hause kommt, und sie ist wütend, wenn es spät wird. Diese Situation aktiviert ihre KindheitsgeSchichte. Sie fühlt sich allein und wertlos, wie damals das Kind, das auf seinen abwesenden Vater wartete.

Was sieht Carol in solchen Momenten in Leo? Einen egoistischen Mann, der nur an sich und sein Wohl denkt und sie nicht wichtig nimmt. Ein Mann, dessen Verhalten aus der Sicht des Kindes Ähnlichkeiten mit dem ihres Vaters hat. Was könnte es für Carol bedeuten, sich in Leo, ihrem Spiegel, zu erkennen? Sie würde sich gerufen fühlen, sich selbst einen größeren Stellenwert einzuräumen, ihre eigenen Ziele zu verfolgen und ihrem Beruf und der Außenwelt mehr Raum zu geben.

Was sieht Leo im diesem Moment in Carol? Eine Frau, die ins wartende, beleidigte, traurige, wütende Kind zurückgefallen ist, das sie verständlicherweise einmal war. Wenn wir an seine GeSchichte als kleines Kind zurückdenken, für das keiner Zeit hatte, liegt es auf der Hand, dass er durch sie in diesem Moment an den kleinen Leo erinnert wird. So hat er sich damals in seinem Korb im zugigen Haus ohne Türen und ohne die Aufmerksamkeit seiner Bezugspersonen gefühlt. Was könnte das für ihn bedeuten? Für ihn hieße es, den kleinen Jungen zu sich zu nehmen, ihm Zeit und Beachtung zu schenken, ihm Raum für Trauer und Wut zu geben und sich seiner Innenwelt und seinen Gefühlen zuzuwenden. Er wird durch das Spiegelbild aufgefordert, das verletzte Kind, das er einmal war, wahrzunehmen und ihm selbst eine fürsorgliche und gute Mutter zu sein. Eine Rolle, die im gemeinsamen Alltag oft von Carol übernommen wird und die sie in solchen Momenten nicht mehr «spielt».

Sobald sich beide im anderen erkennen, verändert sich die Dynamik ihrer Beziehung grundlegend.

Nicht zwei, sondern vier – Beziehung als ein Weg, die eigene Ganzheit zu erkennen

«Man kann nicht weiss auf weiss malen oder schwarz auf schwarz. Jeder Mensch braucht einen anderen, um sich zu offenbaren.» (Manu Dibango)

Sonnen- und Schattenseiten in der Beziehung

Zwei Menschen in Beziehung bilden eine «Vierheit» und das in verschiedener Hinsicht. Diese unübliche Sichtweise bedarf einer Erklärung, und dafür wollen wir etwas ausholen, gleichsam bei Adam und Eva anfangen und das Phänomen auf verschiedenen Ebenen betrachten. Die Welt ist geprägt von Gegensätzen, die zusammen ein Ganzes bilden. Dieses Ganze kann mit dem Paradies verglichen werden, in dem es keine Unterschiede gibt und in dem alles mit sich eins ist. Erst die Gegensätze ermöglichen es zu unterscheiden, zu benennen und zu erkennen. Erst der Apfel der Erkenntnis und die darauffolgende Vertreibung aus dem Paradies erlaubten es Adam und Eva, sich in ihrer Unterschiedlichkeit als Mann und Frau wahrzunehmen. Damit zerfiel die Einheit in zwei Teile.

Nehmen wir einen Tag von vierundzwanzig Stunden. Darin enthalten sind Tag und Nacht. Nur aufgrund der Gegensätzlichkeit können wir das eine vom anderen unterscheiden und es benennen. Zusammen bilden diese Gegensätze jedoch eine Ganzheit – eben einen Tag. Von der Ebene der Ganzheit aus betrachtet, ist ein jedes Gegenteil letztlich Ausdruck des Gleichen. Die beiden Teile, die ein Ganzes bilden, sind auf dieser Ebene absolut gleichwertig. Das bekannte Symbol von Yin und Yang ist bildlicher Ausdruck dafür. Wir können nicht gleichzeitig beide Seiten wahrnehmen. Eine Hälfte bleibt uns in dem Augenblick verborgen, auch wenn die Ganzheit immer da ist. Erst ein nächster Moment erlaubt es uns, auch die andere Seite zu sehen. Oft fällt es uns schwer, beiden Seiten Gleichwertigkeit einzuräumen. So geben wir dem Tag mit seinen Erlebnissen meist mehr Bedeutung als der Nacht mit ihren Träumen.

Auf der Ebene der Ganzheit ist für uns die Liebe «ein Tag mit vierundzwanzig Stunden» und beinhaltet Tag und Nacht. Liebe umfasst alles, alle Gegensätze und Widersprüche. Sie fordert uns auf, ohne Wenn und

Aber das Gegensätzliche als zwei verschiedene Seiten ein- und derselben Medaille anzunehmen.

Auf der Ebene der Beziehung ist für uns die Liebe ebenfalls «ein Tag mit vierundzwanzig Stunden». Sie fordert uns auf, uns ehrlich zu begegnen und uns einander mit den hellen und dunklen Seiten zu zeigen und anzunehmen.

Und auch der Mensch ist «ein Tag mit vierundzwanzig Stunden». Das Individuum (lat. Unteilbares!) ist ein Ganzes mit Sonnen- und Schattenseiten. Auch hier sind beide Seiten gleichwertig, auch wenn wir sie meist nicht gleich bewerten.

Sind sich zwei Menschen in einer Beziehung verbunden, so stehen sie sich beide mit ihren lichten und dunklen Anteilen gegenüber. Damit sind vier Teile in verschiedensten Kombinationen miteinander in Bezug und machen die Beziehung aus. Alle vier Seiten sind aus dem Blickwinkel der Ganzheit gleichwertig. Keine einfache Sache, denn dabei stehen uns oft unsere inneren Bewertungen im Wege. Die meisten Menschen bezeichnen die lichten Seiten als gut und die dunklen Seiten als schlecht.

So haben sich aufgrund unserer unterschiedlichsten Sozialisationen und kulturellen Hintergründe verschiedene Wertmaßstäbe geprägt. Wir alle haben «innere Gesetzbücher», an die wir uns halten und mit denen wir alles bewerten. Wir brauchen diese Wertungen, denn sie geben uns Halt und Sicherheit. Mit ihrer Hilfe vermeiden wir aber auch bewusst und/oder unbewusst Situationen und Gefühle, die für uns negativ geprägt sind. So hilfreich diese Strategien in gewissen Situationen zu sein scheinen, wir schließen damit unsere dunklen Seiten aus und verraten gleichsam unsere Ganzheit.

Kind- und Elternrolle in der Beziehung

Die meisten Probleme in Beziehungen entstehen aufgrund des Aufeinandertreffens dieser verinnerlichten Bewertungen sowie den daraus resultierenden Vermeidungsstrategien. In Konfliktsituationen schieben sich die Partner meist den aus ihrer Sicht negativen Teil zu, der oft mit einem Gefühl der Ohnmacht verbunden ist, das seine Wurzeln in der Kindheit hat.

Wie wir am Beispiel von Carol und Leo gesehen haben, findet in der Verliebtheit das verletzte innere Kind im anderen einen sorgenden Elternteil. In Konflikten treffen die beiden verletzten inneren Kinder aufeinander. Entweder sind beide in der Kindrolle und jeder versucht den anderen in die fürsorgliche Elternrolle zu zwingen, oder die beiden Elternteile streiten sich um die Macht und jeder versucht den anderen in die ohnmächtige Kindrolle zu drängen. Einmal hat der eine die Macht (Elternrolle) und der andere die Ohnmacht (Kindrolle) und kurz darauf ist es wieder umgekehrt. Beide erkennen nicht, dass in jeder Ohnmacht auch eine Macht und in jeder Macht auch eine Ohnmacht steckt. Nebenbei bemerkt: Auch hierbei handelt es sich um eine Vierheit. Um einen solchen Konflikt zu lösen, ist es notwendig, dass wir den Teil, den wir im anderen gespiegelt sehen beziehungsweise in ihm sehen wollen, sei es der Eltern- oder Kindanteil, zu uns zurücknehmen. Mit anderen Worten: Jeder kümmert sich zuerst einmal selbst als sorgender Elternteil um sein eigenes verletztes inneres Kind! Auf diese Weise sind wir als Paar quasi zu viert unterwegs.

Knüpfen wir nochmals am vorhergehenden Beispiel von Carol und Leo an, denn hier ist dies einfach zu erkennen.

Würde Leo sich auf seiner Arbeit stärker abgrenzen und wäre nicht immer allzeit bereit, wäre er in seiner Vorstellung nicht mehr der «Erste» und er müsste um die Anerkennung für seine Leistung bangen. Angst vor Bedeutungslosigkeit könnte sich breitmachen, und das würde die frühen Ohnmachtsgefühle in ihm wachrufen. So ist es für ihn nicht ganz einfach, dem Wunsch seiner Frau nachzukommen und mehr Zeit mit ihr zu verbringen, da für ihn damit eine existenzielle Angst verbunden ist. Es ist für ihn einfacher, an seiner Vermeidungsstrategie festzuhalten und in der Kompensation zu bleiben, sich weiterhin abzurackern, den

Unmut seiner Frau in Kauf zu nehmen und ihr damit die Rolle des ohnmächtigen Kindes zu überlassen.

Carol hat nun zwei Möglichkeiten: Entweder sie nimmt die ihr zugewiesene Rolle an oder sie lehnt sie ab, indem sie ihn anklagt und ihm Vorwürfe macht. Dann kippt die Situation umgehend. Dann ist sie in der Rolle der erziehenden Mutter, die ihren Sohn vom Fußballplatz nach Hause zitiert und er fühlt sich in der Rolle des ohnmächtigen Kindes, das nichts richtig machen kann, sich schuldig und gleichzeitig unverstanden fühlt und reumütig Besserung gelobt – bis zum nächsten Mal.

Eine nachhaltigere Lösung würde der selbsterkennende Blick in den Spiegel des Du ermöglichen. Das hieße für beide, das innere Kind, dem es an Aufmerksamkeit fehlte, zu sich zu nehmen und ihm als fürsorglicher und verantwortungsvoller Elternteil zur Seite zu stehen. Carol, indem sie ihr Kind «väterlich» in die große weite Welt hinaus führt und Leo, indem er seinem Kind «mütterliche» Geborgenheit gibt.

Beziehungspool

Wie wir gesehen haben, bilden Gegensätze – Eigenschaften, Fähigkeiten, Themen ... – Paare. So bringt zum Beispiel das Thema Durchsetzung automatisch die Anpassung mit ins Spiel und umgekehrt. Dieses Phänomen bildet die Grundlage für das, was wir «Beziehungspool» nennen. Von jeder Eigenschaft, jeder Fähigkeit, jedem Thema gibt es in einer Beziehung hundert Prozent. Zum Beispiel hundert Prozent Durchsetzung und hundert Prozent Anpassung. Diese beiden Themen sind miteinander verbunden und voneinander abhängig. Wenn der eine achtundneunzig Prozent Durchsetzungsvermögen hat, hat der andere zwei Prozent Durchsetzung und achtundneunzig Prozent Anpassung, der Erstere zwei Prozent Anpassung. Solange der Angepasste sich anpassen will und froh ist, wenn der andere alles entscheidet, sind beide zufrieden. Wenn er aber nicht mehr mitlaufen mag und ebenfalls bestimmen will, dann verändert sich alles.

Die unterschiedliche Verteilung steht im Zusammenhang mit dem je eigenen Erleben dieser Thematik in der Kindheit und den daraus entstandenen Mustern (Hemmung oder Kompensation). So entstehen in Bezug auf verschiedene Themen in der Beziehung spezifische Dynamiken. Je einseitiger die Verteilung ist, desto stärker ist das

Paar polarisiert. Für diese Verteilung sind beide zu gleichen Teilen verantwortlich, und zwar mit allem, was sie tun oder auch nicht tun. Das ist die «Fifty-fifty-Regel».

Auch hier haben wir es wieder mit einer Vierheit zu tun. Bei beiden Partnern gibt es im obigen Beispiel Durchsetzung und Anpassung. Beide brauchen sie beide Qualitäten, sie haben beides und sehen das vermeintlich Fehlende im anderen.

Es geht in der Liebe also um Vierheit und nicht darum, die beiden Pole nach dem Einssein der Verliebtheit in zwei Menschen aufzuspalten und sich im Seilziehen zu erschöpfen.

Beide tragen beide Teile in sich, sowohl den, den sie bei sich selbst sehen wie auch den gegensätzlichen, den sie im Partner erblicken. Beenden können sie das Seilziehen, indem sie ihre Projektionen auf den Partner zu sich zurücknehmen. So entspannt sich die Situation, und aus Gegensätzen werden Gegenschätze. Wenn beide Partner am gleichen Strick ziehen, haben sie als Paar ein großes schöpferisches Potenzial. So können sie auf den verschiedensten Ebenen «Kinder in die Welt setzen».

Beziehung als ein Weg zur Heilung

«Dem Leben wohnt eine verborgene Harmonie inne, wodurch alles mit sich in Einklang kommt.» (HERAKLIT)

Alle lebenden Organismen streben nach Ausgleich und Gleichgewicht (Homöostase), das gilt von der kleinsten Zelle bis zum Kosmos. Diese selbstregulierende Funktion ist lebenswichtig, sie sichert den Fortbestand eines Systems. So sehen es Wissenschaftler aus Physik, Biologie, Ökologie, Medizin und Psychologie. Nehmen wir zum besseren Verständnis das Beispiel eines menschlichen Körpers, der mit Fieber reagiert. Dieser Vorgang, der sich unserer bewussten Steuerung entzieht, ermöglicht es, unerwünschte Mikroorganismen abzuwehren und den Körper im Gleichgewicht zu halten. Ob wir das Fieber als positiv oder negativ sehen, ist eine Frage des Blickwinkels und für den Körper nicht von Bedeutung.

Der Mensch braucht Gleichgewicht. Nach demselben selbstregulierenden Prinzip des Ausgleichs streben Wunden und Verletzungen danach, geheilt zu werden. Und dies auf allen Ebenen – physisch, psychisch und geistig. Alles, was einen Menschen umgibt und worauf er sich bezieht, bewusst oder unbewusst, schafft eine Balance jenseits aller Wertungen von Gut und Schlecht. Das bringt ihn ins Gleichgewicht und macht ihn für den Moment «heil». Beziehungen zu anderen Menschen und insbesondere Paarbeziehungen sind Wegweiser für unsere Heilung. Ganz unromantisch könnte man sagen: «Wir verlieben uns, damit wir unsere Wunden und Verletzungen heilen können.» Wie wir bereits gesehen haben, ist der Attraktor beziehungsweise das Anziehungsmoment einer jeden Beziehung das Leiden am Gleichen und der Wunsch nach «Erlösung» und Harmonie. Wir brauchen die Verliebtheit, damit wir eine Vorstellung von dem bekommen, was heil ist. Zusammen mit dem anderen fühlen wir uns ganz und wachsen über uns selbst hinaus.

Dieses Gefühl von Einssein ist ein wichtiger Schritt auf dem Weg zur Heilung. Es ist wie eine Vision, ein Wegweiser im späteren Beziehungslabyrinth. Ein Licht am Horizont, das auch durch dunkle Zeiten tragen kann. Sind die rosa Wolken der Verliebtheit weitergezogen und das Paar wieder im Alltagsmodus der mitunter grauen Realität angelangt, gehören Konflikte und Krisen dazu. Werden Beziehungskrisen als Chancen erkannt, dann öffnen sich im Umgang mit Schwierigkeiten Räume, die tiefere Lebenszusammenhänge erkennen lassen. Als Paar ist es möglich, miteinander und voneinander zu lernen und aneinander zu wachsen, so wie dies am Beispiel von Leo und Carol sichtbar wurde.

Wir glauben, dass jede Beziehung über das Potenzial zur Heilung verfügt. Heilung heißt in diesem Sinne, die eigene Ganzheit zu erkennen und ganz Mensch zu werden. Heilung bedeutet im Hinblick auf Beziehungen nicht die Abwesenheit von Konflikten, Krisen und Verletzungen, sondern die Fähigkeit, mit diesen «Störungen» leben und an diesen wachsen zu können.

«Das Störende will in seinem Wesen ganzheitlich verstanden werden, damit seine Herausforderung fruchtbar werden kann. Heilungsvorstellungen auf dieser Grundlage umfassen auch das Unbestimmte, die Offenbarung des Dunklen und Ungewissen» (Paolo J. Knill).

Wir sprechen in diesem Zusammenhang von Beziehungsresilienz. Aus unserer Sicht geht es in der Beziehung darum, sich dem anderen mit all seinen Stärken und Schwächen und den dazugehörenden Gefühlen zu zeigen. Dieser wiederum hat die Aufgabe, verbal und gefühlsmäßig authentisch darauf zu reagieren und sich auf den anderen zu beziehen. Dies triggert auf beiden Seiten alte und unverheilte Wunden aus der eigenen GeSchichte, vielleicht reißt es diese sogar auf und bringt die damit verbundenen Gefühle an die Oberfläche. Dabei geht es darum, alte Verletzungen und die dazugehörenden Gefühle anzunehmen, Mitgefühl für sich selbst zu entwickeln (nicht zu verwechseln mit Selbstmitleid), gut für sich zu sorgen und die Verantwortung für sich und seine GeSchichte zu übernehmen. Bezogensein heißt Lebendigsein, in Kontakt sein mit sich selbst, dem Partner und der Mitwelt. Wie in den vorhergehenden Abschnitten ausgeführt, trägt Beziehung zur Entwicklung eines jeden Individuums bei, da durch den anderen Situationen ausgelöst und Dinge an ihn herangetragen werden, die er sonst kaum wahrnehmen würde. Neue Impulse und daraus resultierende Veränderungen, freiwillige und unfreiwillige, bieten die Gelegenheit, in alten GeSchichten gebundene Energien umzuwandeln und sie als neue Kraft und Ressource zu nutzen. Gelebte Beziehungsdynamik stärkt auf diese Weise die individuelle seelische Resilienz der einzelnen Partner, was sich wiederum förderlich auf die Beziehungsresilienz auswirkt.

Zusammenfassend lässt sich sagen: Beziehung trägt das Potenzial zur Heilung in sich. Sie fordert uns auf, notwendige Schritte in Richtung Selbstheilung zu gehen. Diese wird für uns dann erkennbar, wenn wir bereit sind, in den Spiegel zu schauen und uns mit dem Geschauten in Bezug zu setzen – egal, ob wir es positiv oder negativ bewerten. Sich im Anderen zu erkennen bedeutet, sich der eigenen Ganzheit, des eigenen Heilseins, bewusst zu werden. Durch diesen Prozess der Selbsterkenntnis wird die Beziehung zu einem Ort der Heilung und zum Paaradies auf Erden. Dieses unterscheidet sich vom himmlischen Paradies dadurch, dass wir uns der Unterschiede bewusst sind und diese als gleichwertig erachten.

Beziehung – Die kleinste Form von Friedensarbeit

> *«Wir können den Wind nicht ändern, aber die Segel anders setzen.»*
> *(Aristoteles)*

Die Dynamik der Liebesbeziehung ist das große Thema dieses Buches. Dieses interpersonale Geschehen steht in Resonanz mit der eigenen Person und stößt in unserem Innern die intrapersonale Beziehung zwischen Sonnen- und Schattenseiten, Macht- und Ohnmachtthemen an. Dass aus einer Polarisierung in der Paarbeziehung und dem daraus entstehenden Unverständnis ein Geschlechterkampf entstehen kann, ist nur allzu bekannt. Dass der Verteilkampf von Macht, Gütern, Ressourcen und Rechten auf einer internationalen Ebene auch etwas mit der inter- respektive der intrapersonalen Beziehung zu tun haben könnte, klingt vielleicht im ersten Moment etwas weit hergeholt. Aus unserer Sicht handelt es sich jedoch um die gleichen Mechanismen und Dynamiken, die zwischen zwei Menschen wirken, nur in einer anderen Dimension. In einer Welt, in der alles miteinander lebendig vernetzt ist, bleibt nichts ohne Wirkung. Wie wir mit uns selbst umgehen, spiegelt sich in unseren zwischenmenschlichen Beziehungen und in unserem Verhalten unserer Mit- und Umwelt gegenüber, und es hat eine Wirkung auf das Ganze. Es ist wie der berühmte Flügelschlag des Schmetterlings, der auf der anderen Seite der Erde einen Wirbelsturm auslösen kann. So gesehen ist Beziehungsarbeit und die damit verbundene persönliche Entwicklung die kleinste Form von Friedensarbeit.

DREI SCHRITTE ZUM PAARADIES

Ein kurzer Überblick über die drei Schritte zum Paaradies soll Ihnen Orientierung über die grundlegende Entwicklung einer Beziehung geben. Wie immer im Leben handelt es sich nur bedingt um einen gradlinigen Weg, sondern eher um einen Tanz – zwei Schritt vor, ein Schritt zurück und ganze Abfolgen von Schrittkombinationen in verschiedenen Variationen.

WIR verlieben uns, WIR sind ein Herz und eine Seele – eigentlich sind WIR nicht wirklich Zwei, sondern nur mehr ein und derselbe! Die Welt steht Kopf, kein Stein bleibt auf dem anderen – Chaos ist angesagt! Vernunft ist nebensächlich! Die alte Ordnung ist tabu! Menschen in diesem Zustand erleben vielfach, dass sie die ganze Welt umarmen könnten – das wahre Wunder! Alles passt zusammen, und zwar genau so, wie wir es uns immer schon sehnlichst gewünscht hatten. Wir tragen uns gegenseitig auf Händen, sehen und erfüllen uns jeden Wunsch, ohne darüber reden zu müssen – Ergänzung total. Wir leben im Paaradies.

Doch leider geht dieser Zustand meist schleichend und mitunter nur allzu schnell in den Alltag über, den die beiden zu bewältigen haben und der sich nach dem Zustand des Verliebtseins anfühlt wie der Kater nach einem Rausch. Und so wie der Kater oft mit Kopf- oder anderen Schmerzen einhergeht, so tut auch diese Art von Ernüchterung meist weh. Plötzlich sehen wir den anderen nicht mehr als den, der uns so wunderbar ergänzt, sondern als jemanden, der uns verletzt, nervt und gegen uns ist. Wir wollen wieder Raum für uns selbst haben, nicht mehr alles gemeinsam mit dem anderen tun. Oft ist es sogar so, dass genau die Eigenschaften des anderen, die uns anfänglich so faszinierten genau zu den Eigenschaften mutieren, die uns jetzt auf die Palme bringen. Die einst rosaroten Luftballons schrumpfen und werden zu den roten Knöpfen, die sich beide nun gegenseitig drücken. Das kommt der Vertreibung aus dem Paaradies gleich.

Das könnte nun der Anfang vom Ende sein. Doch das muss es nicht sein. Es kann auch den Anfang von Liebe und Verbundenheit bedeuten. Diese in die Realität umzusetzen braucht Engagement, und sie erfordert Mut und Demut. Das beinhaltet, dem anderen aufrichtig zu begegnen und sich einander zuzumuten, ohne zur Zumutung zu werden; im anderen sein eigenes Spiegelbild zu erkennen und das ohne Wenn und Aber; den anderen als den zu sehen, der er wirklich ist und ihn in seiner Komplexität und seinem Anderssein zu (be)achten; sich selbst mit seinen Sonnen- und Schattenseiten anzunehmen, für sich zu sorgen und Eigenverantwortung für die eigene GeSchichte und die eigenen Gefühle zu übernehmen.

Es stellt eine große Herausforderung für beide Partner dar, sich selbst als Ganzes wahrzunehmen und zugleich als Teil eines größeren Ganzen. Es bedeutet, an sich und mit dem anderen zu «arbeiten» und das alles ohne Garantie auf ewiges Glück. Doch genau dieser Weg garantiert eine lebendige und bereichernde Beziehung, die sich immer mal wieder wie das Paaradies auf Erden anfühlt.

Zwei essenzielle Werkzeuge für die Beziehungskiste

Bevor wir in den folgenden Kapiteln das Paaradies betreten, möchten wir Ihnen zwei grundlegende Werkzeuge vorstellen, die Sie immer wieder brauchen werden, falls Sie den Anregungen «Für die Beziehungskiste» nachgehen wollen: das Gespräch mit Sprechstab und das Paarbuch.

Für die Beziehungskiste – Das Gespräch mit Sprechstab

Der Sprechstab ist ein uraltes Element aus der indianischen Kultur und Bestandteil des Paargesprächs (siehe S. 144ff.). Er eignet sich, um einem schwierigen Gespräch eine Struktur zu geben, sodass jede Person ihren ungestörten Rederaum hat.

- Suchen Sie sich gemeinsam einen Gegenstand, zum Beispiel ein besonderes Stück Holz oder einen schönen Stein, der Ihnen von nun an als Sprechstab dient. Sie können sich auch einen ganz persönlichen Sprechstab gestalten, verziert mit eigenen Symbolen.
- Legen Sie das Thema fest, worüber Sie sprechen wollen.

- Bestimmen Sie gemeinsam einen Ort, an dem Sie ungestört miteinander reden können – keine Kinder, kein Handy – einfach nur Sie beide.
- Vereinbaren Sie eine Zeit, zum Beispiel sechzig oder neunzig Minuten für das Gespräch. Hüten Sie gemeinsam die Zeit.
- Legen Sie den Sprechstab in die Mitte zwischen sich. Derjenige, der den Stab in Händen hält, hat einen geschützten Rederaum. Das kann auch Schweigen sein, um zum Beispiel klare Gedanken zu fassen. Der andere hört aufmerksam zu, bis der Sprechende den Stab wieder in die Mitte legt und damit kundtut, dass für den Moment genug gesagt ist. Der Sprechstab ist nun frei für den anderen oder auch wieder für den Gleichen, falls noch etwas zu ergänzen ist.
- Achten Sie darauf, von sich, Ihrem Erleben und Ihren Gefühlen zu sprechen. Bleiben Sie möglichst beim Thema. Wichtig: Stellen Sie keine Fragen! So sind beide frei, das ins Gespräch einzubringen, was sie möchten.
- Nach der vereinbarten Zeit ist das Gespräch zu Ende. Reden Sie nicht weiter darüber, lassen Sie das Thema einen Moment ruhen und falls gewünscht, vereinbaren Sie in den kommenden Tagen ein weiteres Gespräch.

Für die Beziehungskiste – Das Paarbuch

Das Paarbuch ist ein wunderbares Erinnerungsbehältnis für die Erkenntnisse, die Sie aus Ihren Beziehungserfahrungen und durch die Anregungen in diesem Buch gewinnen. Es hilft, sich die Einsichten später wieder zu vergegenwärtigen und kann eine wahre Schatztruhe sein.

- Schaffen Sie sich ein Notizbuch an, das fortan Ihr Paarbuch sein wird und das Sie auf Ihrem Weg zu zweit begleitet.
- Achten Sie darauf, dass es beiden jederzeit zugänglich ist.

Das Paaradies der Verliebten
—
Ein Herz und eine Seele

Jedem Anfang wohnt ein Zauber inne – Ein Paargespräch

Andrea: Endlich angekommen! Endlich habe ich dich gefunden! Das wusste ich, ohne zu denken, als ich dich näher kennenlernte. Eine unbewusste Suche hatte mich angetrieben und nicht zur Ruhe kommen lassen. Ich war 37, unverheiratet und hatte keine Kinder, obschon ich immer gerne welche gehabt hätte. Ich lebte damals in einer Beziehung, in der mir Auseinandersetzung, tiefgründige Gespräche und die damit verbundene Nähe fehlten. Gleichzeitig stand ich beruflich an einer Schwelle, hatte gerade meine angestammte Tätigkeit als Archäologin aufgegeben und den Schritt in die beratende Selbstständigkeit gewagt. In dieser Phase lernte ich dich in einer Gruppe von Menschen kennen, die zusammen eine «Lebensschule» aufbauen wollten. Sofort war klar: «Dieser Mann gefällt mir, er ist so eigenständig, frech und frei.»

Peter: Ich ging auf die 50 zu und war mit meinem Singledasein so zufrieden, dass ich an vier von fünf Tagen am Morgen gerne aufgestanden bin. Verschiedene wertschätzende Männer- und innige bis intime Frauenfreundschaften trugen zu meiner Zufriedenheit bei. Meine selbstständige Tätigkeit, meine Altbauwohnung mit Holzheizung in der Stadt und mein Beziehungsnetz – es gab nichts, was mir wirklich fehlte. Und dann hat mir ein Freund ein Bild von dir gezeigt – und ich war wie elektrisiert. «Die Frau muss ich kennenlernen!» Und schon bald, in besagter «Lebensschule», bin ich dir begegnet. An unseren Sitzungen mit anderen haben wir von Anfang an Wortgefechte ausgetragen. Die elektrischen Kriechströme wurden schnell stärker: Etwas unternehmen will ich mit der Frau, die hat Power und orientiert sich an Werten, die mit den meinen verwandt sind. Aber das Wichtigste für mich war: Ich konnte ich sein, musste weder meine Worte auf die Goldwaage legen, noch mich lang erklären – du verstandest meine Welt, ich fühlte mich angenommen. Für mich war klar: «Mit dieser Frau will ich mich zusammentun, mit ihr fühle ich mich stark.»

Andrea: Bald schon fanden wir ein gemeinsames Projekt und beim Vorbereiten war schnell klar: «Es geht nicht um dieses Seminar, es geht um uns zwei.» Schnell und stürmisch war der Anfang. Ich fühlte mich im siebten Himmel, doch irgendwie machte mir diese Intensität und Direktheit auch Angst. Zudem ich noch in einer Beziehung war. Nach unserem ersten Zusammensein brauchte ich erst mal Distanz und Zeit. Wie sollte das weitergehen? Ich war verliebt und verwirrt. Es gab so viel Grundlegendes, das sich einfach stimmig anfühlte, unsere Haltung dem Leben gegenüber, unsere langen tiefsinnigen Gespräche über Gott und die Welt, unser gemeinsames Interesse an der Arbeit mit Menschen, und, und, und ... Ich fühlte mich erkannt und angenommen. Doch war ich bereit für eine Trennung? Wollte ich mich wirklich mit Haut und Haar auf diese neue Beziehung einlassen? Eigentlich alles nur rhetorische Fragen, denn irgendwie war es bereits klar und es gab gar nichts mehr zu entscheiden. Die Frage war nur, wie und wann handeln. Drei Monate später zog ich zu dir in deine Singlewohnung, und unser gemeinsames Leben nahm seinen Anfang.

Peter: Ja, dieser Anfang – du sagst «schnell und stürmisch»: Mir schien es, als hätte ich gar keine Wahl. Alles war augenblicklich klar, und ich war überhaupt nicht darauf vorbereitet. Mein so bequem eingerichtetes Leben mit so wenigen Verpflichtungen und so viel Freiheit war in Gefahr. Auf der anderen Seite warst du mit einer Art «Ruf» anwesend, ähnlich einer Berufung – unüberhörbar. Ich fühlte mich gefangen und unfähig, eine Entscheidung zu treffen. Ich war froh, dass wir uns anfangs einen guten Monat lang weder sahen noch etwas voneinander hörten. Bei unserem zweiten Treffen, unserer ersten gemeinsamen Nacht, verblassten alle Bedenken, und ich wusste: «Jetzt bin ich bereit zu heiraten.» Als du im selben Augenblick deine Bereitschaft zu heiraten auch aussprachst, war für mich nur noch Staunen, kein Denken mehr möglich. Ich wollte dich ganz und sofort! Bereits zwei Monate später bist du bei mir eingezogen.

Andrea: Der gleichzeitige Gedanke ans Heiraten war wirklich ein Moment zum Staunen. Und elf Monate später war es so weit – wir gaben uns das Ja-Wort. Ich kann mich sehr gut an den Augenblick erinnern, als du auf dem Standesamt unterschrieben hast. Tränen liefen mir unablässig übers Gesicht, denn ich war so gerührt über dein bedingungsloses Ja zu mir. Einfach ein klares Ja: «Ich will dich, so wie du bist.»

Heute, nach langen Jahren gemeinsamer Arbeit mit Paaren und vielen Gesprächen über unsere eigene Beziehung, weiß ich noch etwas mehr darüber, was meine Tränen so unaufhaltsam überfließen ließ. Es hatte mit meiner eigenen GeSchichte zu tun. Meine Eltern haben vor mir in den ersten Schwangerschaftsmonaten vier Kinder verloren. Sie wollten unbedingt ein Kind und am liebsten einen Jungen. «Archäologische Expeditionen» an meinen Anfang zeigten mir auf, dass ich nicht einfach ein Ersatz oder irgendein Kind oder «halt nur ein Mädchen» sein wollte. Ich hätte mir gewünscht, dass meine Eltern mich gemeint hätten. Vor diesem Hintergrund fühlte sich mein inneres Kind durch dein klares Ja voll und ganz angenommen und hatte endlich ein Zuhause gefunden.

Peter: Deinen Rückblick auf unsere Heirat finde ich spannend. Für mich hat unsere Standesbeamtin diese offizielle Zeremonie so inoffiziell und privat gestaltet, dass ich gar nicht gemerkt habe, dass ich einen offiziellen, staatlich anerkannten Vertrag eingegangen bin. Ich habe mich ohne Angst, dass meine Freiheit beschnitten würde, in die Gesellschaft einbinden lassen. Und darüber war ich erstaunt. Deine Tränen auf dem Standesamt haben mich berührt – endlich ein Mensch, der mit mir ohne Wenn und Aber meine Welt teilen wollte. In meiner Herkunftsfamilie hatte ich mich mit meiner Art ausgeschlossen gefühlt. Ich war der Einzige, der kein Studium absolvierte. Meine Landdienstgeschichten interessierten niemanden. Ich war der erste Sohn, doch meine Eltern hatten auf eine Sabine gehofft. Und dann kam halt ich. Viele Jahre später, nach dem vierten Sohn, hat mein Vater sein erstes Auto dann Sabine getauft.
Du hättest ein Bub werden sollen und ich ein Mädchen – das ergibt auch ein Paar! Ich bin ein Mann mit vielen weiblich und du bist eine Frau mit vielen männlich konnotierten Eigenschaften. Wie viele Paare haben wir schon mit genau diesem Thema begleitet!

Du bist alles, was mir fehlt – Die perfekte Ergänzung

«Was uns wirklich ausmacht, ist nicht greifbar, ist jenseits allen Wissens. Wir geben uns der Liebe hin, weil sie uns wenigstens fühlen lässt, was wir nicht wissen können ... – und nur darauf kommt es an – am Ende.» (LOUIS MALLE)

Einssein

ALLES beginnt im Mutterbauch. Alle werdenden Menschen sind während neun Monaten eins mit der Mutter. Alles, was die Mutter erlebt, fühlt, denkt, teilt sie, ohne das beeinflussen zu können, mit dem werdenden Kind. Niemand ist in dieser Zeit eigenständig. Wir leben in Symbiose mit der Mutter. Das Erleben dieser Zeit im Mutterbauch prägt unsere ersten Beziehungserfahrungen und beeinflusst unsere späteren Beziehungen.

Auch wenn die Schwangerschaft schwierige Phasen beinhalten kann, erlebten wir alle einmal Momente, in denen wir uns völlig aufgehoben, geborgen und getragen fühlten. Dieses Gefühl des Einsseins prägt sich tief in unser Unbewusstes ein. Doch mit dem Durchtrennen der Nabelschnur beginnt ein neues Leben als eigenes Individuum (Unteilbares). An diesem Punkt fallen wir sozusagen aus dem Paradies in die Welt der Erkenntnis, aus der Ganzheit in die Getrenntheit der irdischen Welt, aus der totalen Verbundenheit in eine existenzielle Isolation. Die Verbundenheit mit dieser «EinsWelt», aus der wir kamen, verblasst mit der Zeit, doch speist die Erinnerung daran unsere Sehnsucht nach Verschmelzung mit einem anderen Menschen. Dieses Gefühl des Einsseins möchten wir wiederfinden. Es ist richtungsweisend für unser Beziehungsleben. Wir sehnen uns nach jemandem oder nach etwas, mit dem wir wieder in die Ganzheit eintauchen können, und zwar dauerhaft. Keine einfache Suche, denn nichts ist von Dauer auf dieser irdischen Welt. Wir erleben dieses Einssein nur noch in speziellen Momenten, zum Beispiel in der Verliebtheit, in der sexuellen Vereinigung, der Ekstase oder der spirituellen Einkehr.

Der Weg vorwärts in die Vergangenheit

Wie wir bereits gesehen haben, finden zwei Menschen aufgrund einer ähnlichen Verletzung und ihres gegensätzlichen Umgangs damit zusammen.

Sie erkennen sich unbewusst und sehen blind, ob sie ihre GeSchichten auf der gefühlsmäßigen Ebene miteinander reinszenieren und sich dabei gegenseitig Heilung sein können. Ist dies der Fall, öffnet sich für die beiden das Tor ins Reich der Beziehung. Dann wird ihnen bewusst, dass sie sich voneinander angezogen fühlen und eine große Attraktivität füreinander haben. Ob diese Attraktion Liebe auf den ersten Blick bedeutet, ist noch ungewiss. Manchmal zeigt sich diese Anziehung auch in ihrem Gegenteil: Aus Angst vor dieser Beziehung empfinden wir vielleicht geradezu eine starke Ablehnung für den anderen. So kann es sein, dass die Beziehung trotz großer Anziehungskraft nicht zustande kommt, da wir nicht dafür bereit sind. Öfters lässt sich am Beziehungsanfang auch eine Ambivalenz zwischen Anziehung und Abstoßung beobachten. Die Ambivalenz hängt aus unserer Sicht mit schwierigen Erlebnissen während der Schwangerschaft und in der frühen Kindheit zusammen, was einerseits die Sehnsucht nach und andererseits die Angst vor Beziehung vergrössert.

Angst kann ebenfalls dadurch ausgelöst werden, dass zwei Menschen mit ihren GeSchichten perfekt zusammenpassen und die Beziehung schicksalhaft erscheint. Diese Angst lässt sich in diesem Moment meist gar nicht genau benennen. Sie hat wohl mit einer Vorahnung der angstbesetzten Themen zu tun, die in dieser Beziehung nach der «Rosa-Wolken-Zeit» aus dem unbewussten Raum ins Bewusstsein treten könnten. Doch hat die Verliebtheit erst einmal gewonnen und sind die Ängste beiseitegeschoben, scheint dem gemeinsamen Glück nichts mehr im Wege zu stehen.

Im Paaradies der Verliebten

Verlieben wir uns, «rennt» unser inneres Kind direkt in die Arme des Partners. «Du bist alles, was ich mir schon lange gewünscht habe – du bist alles, was mir fehlt.» In der Verliebtheit fühlen sich die meisten von uns dem frühen Zustand des Einsseins, den wir in der Schwangerschaft erlebt haben, sehr nahe. Wir fühlen uns geborgen, aufgehoben und glücklich. Endlich haben wir den Traumpartner gefunden! Endlich den Richtigen! Alles passt. Wir tragen uns gegenseitig auf Händen und lesen uns jeden Wunsch von den Lippen ab. Die Ergänzung ist perfekt. Zusammen sind wir ganz! Das Gefühl, ein Herz und eine Seele zu sein, lässt uns auf Wolke sieben schweben.

Eros' Pfeil hat uns mitten ins Herz getroffen. Eros, Sohn des griechischen Kriegsgottes Ares und der Liebesgöttin Aphrodite, selbst ein Kind der Gegensätze, ist verantwortlich für die Erotik. Diese sinnlich-verführerische Attraktivität der Gegensätze, die in der Verschmelzung eins werden und die Kraft haben, Neues hervorzubringen und Leben weiterzutragen. Im Ausnahmezustand der Verliebtheit sind wir in einer anderen Sphäre, in der andere Gesetze zu gelten scheinen. Unmögliches wird möglich. Wir sind frech, fröhlich, flexibel und tun Dinge, die wir uns alleine nie zutrauten. Wir sprengen Grenzen, und neue Welten tun sich auf. Die graue Alltagswelt verschwindet, alles andere wird nebensächlich, es gibt nur noch uns zwei. Auseinandersetzungen, Probleme, schlechte Laune … all das war gestern. Heute sind wir überwältigt von der Schönheit und der perfekten Harmonie des Daseins. Die Welt erscheint uns in ihrer ganzen Farbenpracht, und wir sind mittendrin und haben teil daran. Ein Wunder!

Das «Wundermittel Verliebtheit» ist perfekt und wirkt garantiert – ob als Heilmittel oder Droge, das hingegen hängt ganz von unserem Umgang damit ab.

Der Weg rückwärts in die Zukunft

Verliebtsein könnte als eine «regressive Vision» bezeichnet werden. Ein Zustand, den wir aus der Vergangenheit kennen, in der Gegenwart erleben und der uns als Wegweiser in die Zukunft dienen kann. Die Erinnerung an dieses Gefühl des rundum Aufgehobenseins in Zeiten des Verliebtseins erleichtert die Orientierung in späteren Phasen der Beziehung, wenn sich die gemeinsamen Wege im Nebel zu verlaufen drohen. Sie ist unser Kompass und hält uns auf Kurs. Erfahren zu haben, wie es sich anfühlt, ganz zu sein, hilft uns, die Herausforderung anzunehmen, uns im anderen zu erkennen und damit unsere Ungeteiltheit, unsere Individualität wiederzufinden. Die Erinnerung an die Anfangszeit der Beziehung hilft uns, miteinander weiterzugehen, auch wenn wir uns nicht mehr eins fühlen. Damit übernehmen wir die Verantwortung für unseren Weg der Heilung und bleiben trotzdem in Bezug zum anderen und zur Mitwelt.

Sie wundern sich vielleicht, wie kurz das Kapitel zur Verliebtheit ausfällt. Wir versichern Ihnen, dass dies wenig mit dem Thema zu tun hat. Es gäbe hier noch manch schöne Romeo-und-Julia-Geschichte zu erzählen, doch suchen verliebte Paare, die im siebten Himmel schweben, selten eine Paartherapie auf.

Die Vertreibung aus dem Paaradies — Polarisierung

Nicht mit dir und nicht ohne dich – Ein Paargespräch

Andrea: Ein Buch zu schreiben, dieses Vorhaben hat uns schon längere Zeit beschäftigt. Doch immer blieben wir irgendwo stecken. Meist dauerte es eine ganze Weile, bis einer von uns das Projekt wieder aufnahm und versuchte, einen Weg aus der Sackgasse zu finden. Jetzt sind wir am Schreiben und wieder holt uns die alte Problematik ein. Ich bin frustriert und wütend. Mit Christas Hilfe haben wir zu dritt ein Konzept erarbeitet, und ich habe in stundenlanger Arbeit die vielen transkribierten Gespräche in diese Struktur eingeordnet. Das gibt doch Orientierung, was inhaltlich in die jeweiligen Kapitel gehört. Doch du schreibst einfach wild drauflos, ohne dich darum zu kümmern, legst dann deine Papiere auf meinen Schreibtisch und erwartest, dass ich es wieder auseinandernehme und strukturiere. So quasi hinter dir aufräume. Ich verstehe nicht, dass du dich nicht an dieses Konzept halten kannst!

Peter: Deine Schuldzuweisung macht mich grantig, und unser Konzept beschneidet mich in meiner Kreativität, in meiner Art zu schreiben. Die Strukturen und Vorgaben machen mich total konfus, und ich fühle mich unfrei. Klar war ich mit dabei, als wir das Konzept erarbeitet haben, aber wenn ich mir ein Kapitel herausnehme und zu schreiben beginne, müsste ich bei jedem Satz, der mir in den Sinn kommt, überlegen, wohin der passt. Da gehen bei mir alle Lichter aus, und ich habe ein Brett vor dem Kopf. Und das erinnert mich stark an meine Schulzeit, die ich nur geschafft habe, weil ich gut im Raten war und intuitiv oft das Richtige getroffen habe. Das, was ich in meinem Leben bis jetzt gebraucht habe, habe ich sicher nicht in der Schule gelernt! Mir kommt es so vor, als wolltest du mich belehren und so formen, dass ich nach der Pfeife der Vorgaben tanze. Ich erlebe dich überhaupt nicht hilfsbereit – was ist das schon für eine Arbeit, das, was ich schreibe, wieder in die entsprechenden Kapitel zu verteilen? Ich fühle mich völlig allein. Du bist für dich und ich für mich, und dazwischen ist eine Wand. Allein bin ich verloren, und am liebsten würde ich den Bettel hinschmeißen!

Andrea: Dein «was ist das schon für eine Arbeit» macht mich grad noch wütender. Es macht mich ohnmächtig und verzweifelt, dass du nicht siehst, wie viel Aufwand die ganze Sortiererei bedeutet. Du siehst nicht, wie viel ich bis jetzt schon für unser Buch getan habe und gibst mir das Gefühl, das sei ja alles nichts. Ich spüre keinerlei Wertschätzung. Ich fühle mich ebenfalls sehr alleine. Die ganze Kopfarbeit hängt in dem Fall an mir, ja mehr noch, auf diese Weise entsteht einiges an Mehrarbeit, die ebenfalls ich zu erledigen habe. Manchmal denke ich, ich wäre besser bedient, dieses Buch alleine zu schreiben als für zwei denken und arbeiten zu müssen. Auch ich bin nahe daran, das Ganze abzubrechen.

Peter: Du redest von «keinerlei Wertschätzung» – und wo ist deine Wertschätzung für meinen Beitrag? Mir ist klar, dass ich ohne dich keine Chance hätte, ein Buch für eine breitere Leserschaft zu schreiben – dafür mache ich zu wilde und oft nur schwer nachvollziehbare Gedankensprünge. Dass ich aber in kürzester Zeit ein Sammelsurium und einen Reichtum an Ideen hinzaubere und meine unkonventionellen Herangehensweisen auch einen fruchtbaren Boden für dich bilden, dazu habe ich noch kein Sterbenswörtchen von dir gehört. Ich höre nur immer, dass das nicht hierhergehört, ich zu faul sei, das Konzept zu studieren, dass ich zu weit aushole und so weiter. Darin höre ich keinerlei Wertschätzung. Ich bin verzweifelt und frage mich, wer eigentlich die Wahnsinnsidee gehabt hat, zusammen ein Buch zu schreiben? Das hätten wir doch wissen müssen, dass wir viel zu unterschiedlich an die Sachen herangehen und uns dadurch gegenseitig schachmatt setzen.

Du hast mir gerade noch gefehlt – Die perfekten Gegensätze

«Jeder Mensch liebt im anderen das Andere in sich selbst.»
(Werner Sprenger)

Von rosaroten Luftballons und roten K(n)öpfen

Eine Teetasse steht zwischen zwei Menschen. Der eine sieht den Henkel rechts, der andere sieht ihn links – und doch ist es die gleiche Tasse. Wie dieses Beispiel zeigt, ist das Gegenteil das Gleiche, nur von der anderen Seite her betrachtet. Wollen die beiden, die auf die Teetasse blicken, dies jedoch nicht wahrhaben, können sie sich bis in alle Ewigkeiten streiten, wessen Sichtweise die richtige ist. Aus diesen unterschiedlichen Blickwinkeln kann die anfänglich unwiderstehliche Anziehung einer Liebesbeziehung im Gegenzug in zerstörerischem Hass enden. Die amerikanische Filmkomödie «Der Rosenkrieg» aus dem Jahr 1989, in der einem das Lachen immer wieder vergeht, ist dafür ein eindrückliches Beispiel. Diese Geschichte einer konfliktreichen Scheidung ist sicher überzeichnet, doch gefühlsmäßig nachvollziehbar. Ohne zu wissen, wie uns geschieht, kann der «siebte Himmel» zur «Hölle» oder eben zum «Rosenkrieg» werden. Denn wir orten unbewusst, doch treffsicher die neuralgischen Punkte des anderen – so präzise, wie wir sie bewusst nie finden würden. Dieses Phänomen wollen wir im Folgenden etwas genauer betrachten.

Die Phase der Verliebtheit ist unseren Beobachtungen zufolge nach spätestens zwei bis drei Jahren zu Ende. Manchmal auch viel schneller. Innerhalb dieser Zeitspanne verflüchtigen sich die rosa Wolken, die Schmetterlinge im Bauch fliegen davon, und wir landen von Wolke sieben äusserst unsanft auf dem Boden der Realität. Die goldenen Zeiten sind vorbei, und die Köstlichkeiten des Paaradieses der Verliebtheit haben an Reiz verloren. Das Gefühl des Einsseins löst sich zusehends auf. Die Welt um uns herum taucht wieder auf und fordert ihren Tribut. Unser Leben dreht sich nun nicht mehr ausschließlich um den geliebten Menschen. Der Alltag mit all seinen Anforderungen und Pflichten hält Einzug. Auseinandersetzungen, Reibungen und Konflikte stören die einstmals innige Nähe und schaffen schmerzlich Distanz.

Wieder einmal werden wir aus dem Pa(a)radies vertrieben. Diesmal nicht aus dem Mutterbauch, sondern aus dem Paaradies der Verliebten. Und wieder fallen wir – wie schon bei unserer Geburt – aus der Einheit. Wo vorher kein Unterschied zu sein schien, gibt es plötzlich Differenzen, wo vorher grenzenlose Möglichkeiten waren, stoßen wir mit einem Mal an Grenzen, wo vorher Gemeinsamkeit war, ist wieder Einsamkeit. Mehr und mehr wird uns bewusst: «Wir sind nicht Eins, sondern Zwei.» Die Interessen des anderen sind nicht mehr ausschließlich die eigenen. «Ich habe keine Lust mehr, jedes Wochenende zum Bergsteigen zu gehen. Viel lieber möchte ich die Zeit mit Freunden bei einem guten Gespräch und einem Glas Wein verbringen.» «Mir sagt die Oper eigentlich gar nicht so viel, ich gäbe viel dafür, wieder mal ein richtiges Rockkonzert zu besuchen.» Auch die Verhaltensweisen des anderen gehen uns plötzlich mehr auf die Nerven, als dass sie uns glücklich machen. Die liebevolle und angenehme Hilfsbereitschaft des Partners, die ich anfänglich so attraktiv fand und über die ich so glücklich war, erlebe ich nun als erdrückende Überfürsorglichkeit, die mich zunehmend stört und alte Gefühle aus meiner Kindheit aufleben lässt. «Ich bin doch kein kleines Kind!». Oder die unterhaltsame und charmante Art der Partnerin, die ich so genoss, weckt nun meine Eifersucht und ruft mein Kontrollbedürfnis auf den Plan. Erstaunlicherweise sind es dieselben Eigenschaften, die uns anfänglich am anderen so fasziniert haben und uns in die Verliebtheit lockten, die uns nun zu nerven beginnen.

Wir benutzen für dieses Phänomen die Metapher der «rosaroten Luftballons», die mit der Zeit zu «roten Knöpfen» schrumpfen und schließlich rote Köpfe verursachen. Wir drücken diese Knöpfe beim andern mit geradezu schlafwandlerischer Sicherheit und machen uns damit gegenseitig das Leben schwer.

Am Beispiel von Franziska und Michael, dem jungen Paar, das wir Ihnen bereits vorgestellt haben, wird dies gut sichtbar.

Gleich zu Beginn, als sie sich kennenlernten, ist Franziska aufgefallen, dass Michael ein Mann mit Tiefe ist, der sich mit sich und der Welt auseinandersetzt. Das hat sie sich schon lange gewünscht, denn das gibt ihr Sicherheit. Eine Sicherheit, die sie in ihrer Kindheit schmerzlich vermisste.

Ihr Vater, der sich keine Kinder gewünscht hatte, verließ die Familie, als sie acht Jahre alt war. Da ihre Mutter arbeiten musste, war sie oft auf sich allein gestellt und hatte das Gefühl, dass sich niemand um sie kümmert. Sie lebte erst bei der Mutter und dann beim Vater, meist in Patchworkfamilien, zu denen sie sich nicht wirklich zugehörig oder von denen sie sich gar ausgeschlossen fühlte. Sie war entwurzelt. Es wirbelte sie wie ein loses Blatt durchs Leben und sie sehnte sich nach Halt gebenden Wurzeln und Zugehörigkeit. Da war Michael genau der Richtige. Denn er ist kein Luftikus, sondern ein solider und verantwortungsbewusster Mann mit Boden unter den Füßen. Mit ihm wollte sie eine Familie gründen, ihn konnte sie sich vorstellen als Vater ihrer Kinder.

Michael wurde auf Franziska aufmerksam, weil ihn ihre spielerische Leichtigkeit faszinierte, mit der sie durchs Leben geht. Diese annehmende Selbstverständlichkeit dem Leben gegenüber fehlte ihm seit Anbeginn. Er wurde als zwei Wochen altes Baby von seiner Mutter getrennt, da er aufgrund von Magenkoliken ins Spital musste. Diese frühe Trennung führte zu einer tiefgründigen Suche. Er wollte Verstehen und in Beziehungen nicht einfach alles dem Zufall überlassen. Er wünschte sich Nähe, Beständigkeit und Verlässlichkeit. Sein «Den-Dingen-auf-den-Grund-Gehen» gab ihm eine gewisse Erdenschwere und gleichzeitig sehnte er sich nach Unbeschwertheit und spielerischem Sein. Genau das konnte Franziska ihm bieten. Mit ihr bekam sein Leben Flügel.

Der gegensätzliche Umgang mit diesen Urverletzungen von Entwurzlung und Verlassenheit sorgte für die unwiderstehliche Anziehung. Beide fanden im anderen einen Teil, den sie zwar auch in sich trugen, jedoch nicht leben konnten, den sie schmerzlich vermissten und deshalb beim anderen suchten. So verliebte sich «die Bodenhaftung in die luftigen Flügel». Verschmolzen im Paaradies der Verliebten fühlten sich beide mit dem ergänzenden Teil des anderen ganz. Beide konnten sich mit dem anderen das einverleiben, was sie bislang nicht leben konnten: Franziska den festen Boden unter den Füßen und Michael die spielerische Leichtigkeit. Als die Verliebtheit nun schwand und mit ihr das Gefühl der symbiotischen Einheit spürte jeder, dass ihm der Teil des anderen fehlte, den dieser hingegen immer noch hatte: Franziska die

Lockerheit und Michael den sicheren Halt. Der fehlende Teil war nur noch im anderen sichtbar und schien einem selbst verloren, was nun Trauer auslöste und zum Ärgernis wurde.

Wenn die beiden sich polarisieren, was im Laufe der Zeit öfters passiert ist, regt sich Franziska über Michaels Grübelei und sein ewiges Ringen mit dem Leben auf. Seine Schwere und sein «alles Ergründen und Verstehenwollen» gehen ihr dann auf den Geist. Sie möchte einfach wieder mal «ohne Bleifüße» drauflos leben. Michael findet Franziska in solch polarisierten Phasen leichtsinnig und oberflächlich und hält an seiner Art als der besseren fest. Polarisiert kritisieren sie sich gegenseitig und regen sich über den anderen maßlos auf. Und dies aufgrund derselben Eigenschaften, die sie am anderen anfänglich so attraktiv fanden.

Für die Beziehungskiste – Reflexion zu rosa Luftballons und roten Knöpfen

Nutzen Sie einen ruhigen Zeitpunkt und eine gute Stimmung für ein ungestörtes Gespräch am besten mit Sprechstab (siehe S. 48f).

- Gehen Sie folgenden Fragen nach: Wie war unsere erste Begegnung? Welche Eigenschaften machten ihn*sie attraktiv für mich? Welche Eigenheiten nerven mich heute und sind Zündstoff für Konflikte?
- Sie können diese Fragen auch zuerst für sich selbst beantworten und Ihre Sichtweisen danach im gemeinsamen Gespräch austauschen.
- Vielleicht machen Sie sich ein paar Notizen in Ihr Paarbuch.

Täuschung – Ent-Täuschung

Wir sind enttäuscht. Es war verlorene Liebesmüh, den Mond aus dem Wasser fischen zu wollen. Der Traumprinz war doch nur ein Frosch, die Traumfrau eine Fata Morgana, das innig harmonische Miteinander eine Illusion. Auf jede Täuschung folgt unweigerlich eine Ent-Täuschung. Haben wir uns wirklich so im anderen getäuscht? Passen wir etwa doch nicht zusammen? Schon wieder sehen wir uns mit derselben Problematik konfrontiert wie in unserer letzten Beziehung. Was machen wir nur falsch? Fragen über Fragen. Zweifel reihen sich an Zweifel.

Der Fall aus dem Paaradies der Verliebten ist meist ein schleichender Prozess. Wir ziehen uns langsam vom Partner zurück und entfremden uns unmerklich Schritt für Schritt. Den Kummer und die damit verbundenen Gefühle teilen wir oft über lange Zeit nicht miteinander. Nicht zuletzt, weil wir meinen, dadurch noch ein Stück der Verliebtheit retten zu können. Wir verbannen Enttäuschung, Zweifel, Trauer und Wut ins stille Kämmerlein oder verdrängen sie gänzlich. Oder wir reden mit anderen darüber und schütten unser Herz einer guten Freundin oder einem treuen Freund aus, ohne dass der Partner davon weiß. Oft ist es auch das Unvermögen, sogenannte negative Gefühle auszudrücken, da die meisten von uns den Umgang damit nicht gelernt haben. Indem wir uns dem anderen verschließen, verstärken wir das Gefühl des Isoliertseins und verursachen auf beiden Seiten viel Leid.

So schlägt die Verliebtheit schleichend in Enttäuschung, Misstrauen und vielleicht sogar Hass um. Wir sind wütend, haben das Gefühl, der andere habe unser Glück des All-eins-Seins zerstört, sich gegen uns gestellt und sei schuld an unserer Verzweiflung und Einsamkeit. Oder wir sind wütend auf uns selbst, weil wir es wieder einmal nicht geschafft haben, das Glück zu halten, und kommen zu der Überzeugung, einfach beziehungsunfähig zu sein.

Wie gerne wären wir doch im Paaradies der Verliebten geblieben. Die Welt aber dreht sich weiter und wir uns mit ihr. Wir werden uns schmerzlich bewusst, dass wir das Glück nicht festhalten können und alles vergänglich ist. Die Einheit, in der wir uns so aufgehoben und genährt fühlten, scheint verloren und zerstört. Wir fühlen uns auseinandergerissen, sind wieder zwei, daher die Ver-zwei-flung. Wo vorher Nähe war, ist jetzt Distanz. Wie schon bei der Geburt werden wir mit unserer existenziellen Isolation und Ohnmacht konfrontiert. Diese erneute Ent-zwei-ung ist mit doppeltem Schmerz verbunden. Wir spüren den aktuellen Schmerz der Entzweiung, und damit werden unbewusst die Erinnerungen an den alten Schmerz über unsere Trennung aus der Symbiose mit der Mutter wach. Dieser alte Schmerz verbindet sich mit dem aktuellen und verstärkt die unliebsamen Gefühle im Hier und Jetzt.

Wer ist schuld am Rauswurf aus dem Paaradies der Verliebten? Wer von beiden war die Schlange und verführte den andern mit dem Apfel der Erkenntnis?

Machtspiele in der Beziehung

Mit solchen Fragen beginnen in der Beziehung die Machtspiele. Der Ball in diesem Spiel ist die existenzielle Ohnmacht. Damit meinen wir jene Ohnmacht, die keiner will und die doch in jede Beziehung gehört, da durch diese unweigerlich Erinnerungen an frühste existenzielle Abhängigkeiten als Baby und Kleinkind geweckt werden. Blitzschnell wird der «existenzielle Ohnmachts-Ball» hin und her geworfen, als wäre er glühend heiß.

Keiner der beiden will sich daran verbrennen, keiner den Schmerz der alten Verletzungen wieder erleben. Der eine geht dabei in die Kompensation und demonstriert seine Macht. Der andere bleibt in der Hemmung und überzeichnet seine Ohnmacht. Das «Spiel» von Macht (Kompensation) und Ohnmacht (Hemmung) ist eine grundlegende Paardynamik, die wir alle kennen. Landläufig wird der «Mächtige» als derjenige gesehen, der uneingeschränkt machen kann, was er will. Der «Ohnmächtige» scheint hingegen ohne Macht, ihm wird bestenfalls Mitleid entgegengebracht. Die Wenigsten erkennen die Ohnmacht in der Macht respektive die Macht in der Ohnmacht. Wenn wir im Folgenden vom «Macht-Ohnmacht-Spiel» sprechen, meinen wir jene Dynamik, in der die Macht des einen auf der Ohnmacht des anderen beruht und nicht jene Macht, die als Eigenmacht bezeichnet werden kann, und ebenso wenig jene Ohnmacht, die wir eingangs als existenzielle Ohnmacht beschrieben haben.

Ohnmacht und Abhängigkeit bestimmen von Anfang an unsere Beziehungen. Wir alle kennen sie bestens aus unseren Kinderjahren. Damals prägte sich auch unser Umgang damit. Es gibt grundlegende Abhängigkeiten, positive wie negative, die wir alle erleben, und die uns miteinander verbinden. Zum Beispiel jene in der Schwangerschaft und bei der Geburt. Situationen, in denen wir symbiotisch mit der Mutter verbunden und ihr deshalb auch existenziell vollkommen ausgeliefert sind. Auch für Kleinkinder sind Bezugspersonen überlebenswichtig. Während wir aufwachsen, erleben wir Ohnmacht und Abhängigkeit in unterschiedlichsten Situationen. Wir sind den mächtigen Erwachsenen ausgeliefert und fühlen uns ihnen gegenüber mehr oder weniger ohnmächtig. Natürlich bietet uns ihre Überlegenheit auch Schutz und Geborgenheit, doch diesen Blickwinkel wollen wir für den Moment aussen vor lassen.

Dieses Gefühl der existenziellen Ohnmacht und der damit verbundenen Angst vor dem Tod wollen wir auf keinen Fall mehr erleben, und so entwickeln wir schon als Kind verschiedene Überlebensstrategien.

Dazu ein Beispiel: Erinnern Sie sich an unser Paargespräch «Nicht mit dir und nicht ohne dich» über unsere Auseinandersetzung in Bezug auf das Buch? In einem weiteren Paargespräch haben wir den ungelösten Konflikt, über den wir beide in der Zwischenzeit nachgedacht hatten, nochmals aufgenommen. Was um Himmels willen hatte unser Buch mit unserer Zeit als Baby zu tun?

Andrea: Wenn ich über das Gefühl der Hilflosigkeit und des Alleingelassenwerdens nachdenke und meine GeSchichte damit in Bezug setze, werde ich schnell fündig. Meine Mutter scheute sich in der Schwangerschaft, mit mir wirklich in Kontakt zu gehen, aus Angst nach den vier Aborten vielleicht noch einen weiteren Verlust erleben zu müssen. Diese Wahrnehmung hatte ich in einer Meditation, die mich in meine eigene Embryonalphase zurückführte. Diese Kontaktlosigkeit und das daraus resultierende Gefühl, nicht richtig zu sein, schmerzten. Zudem war ich Teil der Angst meiner Mutter, dass ich es nicht schaffen könnte. Und da war auch noch die Trauer über den Verlust meiner Geschwister, die sie mit sich trug und mir auf meinen Weg ins Leben mitgab. Ich fühlte mich mit all dem alleinegelassen. Unbewusst fand ich folgende Strategien, um die Hilflosigkeit, die Isolation und das Nicht-richtig-Sein zu vermeiden: «Ich mach mein Leben alleine und brauche niemanden» und «Ich leiste für sechs (meine Mutter hatte später noch einen Jungen verloren), damit ihr nicht merkt, dass ihr nur ein Kind habt und nicht sechs.»

Peter: Wenn ich über die durchlebten Gefühle des Mich-gefangen-fühlens-in-der-Enge, der Verzweiflung, dass ich es nicht schaffe, der Aufgabe gerecht zu werden und des Alleingelassenwerdens nachdenke, dann kommt mir mein Lebensanfang in den Sinn. Ich muss mich in den letzten Tagen der Schwangerschaft sehr stark bewegt und mir dabei die Nabelschnur um Hals und Brust gewickelt haben. Dann kam ich schlussendlich in Steißlage auf die Welt. Ohne fremde Hilfe wäre ich gestorben. Die ersten drei Monate wollte ich nicht leben, nicht trinken, ich wurde blau dabei … – ich habe nur zusammen mit meiner Mutter und dem Kinderarzt, der jeden Tag bei uns vorbeischaute, überlebt. Meine ganze Kindheit hindurch brauchte ich aus gesundheitlichen Gründen viel Fürsorge und Aufmerksamkeit. Noch heute lösen enge Strukturen und das Gefühl, keine Bewegungsfreiheit zu haben, in mir schnell die alte GeSchichte aus. Meistens hilft mir die Wut dabei, nicht in Hilflosigkeit und existenzieller Ohnmacht zu versinken. Mit meinem querschlagenden Betragen habe ich dafür gesorgt, dass die anderen sich um mich kümmerten. Um meine Todesangst nicht mehr erleben zu müssen, wählte ich unbewusst die Strategie des Hilfesuchenden. Mein Credo: «Ich brauche Kontakt zu anderen, um zu leben.»

Andrea: Wenn ich das jetzt wieder mit dem Buchschreiben in Bezug setze, heißt das: Wenn ich mich zurückziehen und alleine vor mich hinbrüten kann, dann öffnen sich mir Welten. Diese bleiben für mich unerreichbar, wenn du immer wieder auf meine Hilfe angewiesen bist, und das macht mich wütend.

Peter: Und für mich heißt das: In einem unkonventionellen offenen Raum bin ich kreativ. Mit deiner Hilfe kann ich partizipieren – kann ich mich fetzen, auseinandersetzen und meine farbigen Ideen einbringen – allein im stillen Kämmerlein, wie du das am liebsten machst, da passiert bei mir gar nichts. Da bin ich verloren.

Unser Gespräch macht die beiden Überlebensmodi deutlich: «Ich schaffe es alleine und brauche niemanden» und «Ich brauche Kontakt zu anderen, um zu leben.» Diese stehen sich diametral gegenüber und jeder reinszeniert mit dem anderen seine GeSchichte. Wir streiten uns aufgrund unserer Urverletzung, die für beide existenziell war. Energetisch ist es förmlich ein Kampf auf Leben und Tod, der die Dynamik unserer Auseinandersetzungen speist und ihre Heftigkeit ausmacht, denn keiner will mit der alten existenziellen Ohnmacht konfrontiert werden.

Existenzielle Überlebensstrategien

Kinder sind erfinderisch und kreativ. Das Kind, das wir einmal waren, fand seine eigene Überlebensstrategie im Umgang mit seiner existenziellen Ohnmacht. Diese Überlebensstrategie kommt im Seilziehen um Macht und Ohnmacht nach dem Fall aus dem Paaradies der Verliebten wieder zum Einsatz und macht sich auch später immer mal wieder in Konflikten bemerkbar, wie obiges Beispiel zeigt. Denn mit der Ent-zweiung in der Beziehung wiederholt sich gefühlsmäßig die Trennung aus der Einheit mit der Mutter bei der Geburt. Die unbewusste Devise lautet: Nur nie wieder an die alten Orte der Abhängigkeit, der Hilflosigkeit, des Ausgeliefertseins und der damit verknüpften Angst vor dem Tod zurückkehren!

Grundsätzlich können wir die Überlebensstrategien in zwei Gruppen einteilen: Formen der Kompensation und Formen der Hemmung. Diese Muster erinnern an altbewährte, über Jahrmillionen entwickelte Strategien, die uns vor allem aus dem Tierreich bekannt sind. Bei einer existenziellen Bedrohung haben sich Angriff, Todstellreflex und Flucht erfolgreich bewährt. Wir können die Formen der Kompensation mit dem Angriff und die Formen der Hemmung mit dem Todstellreflex vergleichen. Die Flucht würde einer Trennung entsprechen. Uns werden im Folgenden die Formen der Kompensation und die Formen der Hemmung in der Beziehung interessieren.

Ohnmächtige Macht – Formen der Kompensation

In der Kompensation verstecken wir die eigene Ohnmacht unter machtvollem Gehabe. Wir tun alles, um überlegen zu bleiben, und drängen den anderen bewusst oder unbewusst in die Rolle des Ohnmächtigen. Dies können wir auf zwei verschiedene Arten tun: indem wir bewusst-mächtig oder unbewusst-mächtig auftreten.

Bewusst-mächtig heißt, die Macht deutlich zu zeigen, sie aktiv und aggressiv zu leben. Aufmerksamkeit wird durch autoritäres Verhalten und hierarchische Positionierung eingefordert. Der Bewusst-Mächtige unterdrückt alle, die sich unterdrücken lassen, um selber nie mehr das Gefühl der Ohnmacht erleben zu müssen. Zu finden ist dieser in Rollen wie «der Tyrann», «die unerbittliche Erzieherin», «der autoritäre Boss», «die Herrschsüchtige», um nur einige Beispiele zu nennen. Die offensichtlichste Form dieser Dynamik ist die der häuslichen Gewalt. Oder jemand wird verbal ausfällig, wenn die Dinge nicht nach seinen Wünschen laufen. Doch gibt es auch subtilere Formen, um den anderen zu entwerten oder zu unterdrücken und ihn damit klein und ohnmächtig zu halten. So sagt beispielsweise der eine zum anderen «Was, das weißt du nicht, das ist ja nicht zu fassen, lass mich das machen», und gibt ihm damit zu verstehen, dass er unfähig ist.

Unbewusst-mächtig zu sein bedeutet hingegen, die Macht «versteckt» auszuüben. Die Macht und die damit verbundene Aggression werden gut getarnt und unbewusst ausgeübt. Anerkennung bekommt der Unbewusst-Mächtige über sozial «gutes» Verhalten. Er hilft unbewusst all jenen, die ihn an seine eigene Ohnmacht erinnern könnten, und lebt paternalistisch seine Macht in einer Art Elternrolle aus. Zu finden ist dieser Typ in den Persönlichkeitsanteilen wie dem «fürsorglichen Patron», «der sich aufopfernden Helferin», «dem Großzügigen», «der allseits Verständnisvollen». Häufig ist dieses Verhalten in der Beziehung mit einem Menschen mit offener Sucht zu finden. Es ist die Dynamik des Co-Abhängigen mit dem Abhängigen. Der Helfende tut alles Menschenmögliche und noch viel mehr, ist selbstlos und rechtschaffen. Er behandelt den Abhängigen wie ein unmündiges Kind und geht davon aus, dass dieser ohne ihn verloren sei und ihm viel zu verdanken habe. Auch hier gibt es verfeinerte Formen, die in Sätzen zum Ausdruck kommen, wie «Ich habe immer so viel Verständnis für dich, jetzt könntest du dich doch einmal nach mir richten!» «Ich habe immer gewusst, dass du mich nicht wirklich liebst, sonst würdest du dir von mir helfen lassen.» «Ich bin immer so großzügig mit dir, und das ist jetzt der Dank dafür.»

Wir sprechen bei der Kompensation von einer «ohnmächtigen Macht». Hier versteckt sich das ohnmächtige Kind, das wir einmal waren, hinter einer aufgeblasenen, übergroßen Person, die entweder «autoritär erziehende» oder «überfürsorgliche» elterliche Züge aufweist.

Um diese Rollen spielen zu können, braucht es auf der anderen Seite einen Ohnmächtigen, der mitspielt und sich dieser Macht unterordnet.

Machtvolle Ohnmacht – Formen der Hemmung

In der Hemmung überzeichnen wir die eigene Ohnmacht und tragen sie wie ein Schutzschild vor uns her. Wir erzwingen positive oder negative Aufmerksamkeit für unsere Bedürftigkeit und unser Opferdasein. Auf diese Weise erschließen wir uns die Macht, die in der Ohnmacht steckt. Auch hier gibt es eine bewusst-ohnmächtige und eine unbewusst-ohnmächtige Form.

In der bewusst-ohnmächtigen Form gibt uns die Ohnmacht die Legitimation, Vergeltung zu üben an dem, der uns unterdrückt. Es ist bewusst aggressives Handeln in Form von Rache, Schadenfreude, Verleumdung, Verrat oder Intrigen. Der Ohnmächtige erzwingt durch sein Verhalten meist negative Aufmerksamkeit, doch das ist immer noch besser als gar keine. Rollen, die dazugehören, sind «der Angstbeißer», «die Intrigantin», «der Betrüger», «die Verräterin». In Beziehungen zeigt sich dies häufig in der Freude darüber, dass es dem anderen jetzt auch mal so dreckig geht wie einem selbst: «Jetzt siehst du auch einmal, wie das ist.» Oder im Fremdgehen mit der Haltung, dem Partner eins auszuwischen und sich dafür zu rächen, dass er nie auf die eigenen Wünsche und Bedürfnisse eingegangen ist. Der Ohnmächtige wünscht sich Genugtuung, denn diese wirkt entlastend und vermittelt ihm für diesen Moment die Macht, den anderen kleinzumachen.

Unbewusst-ohnmächtig heißt, die Ohnmacht als lähmend zu erleben, sich als Opfer der Umstände zu sehen und meist, ohne es zu merken, in der Ohnmacht zu versinken. Der unbewusst Ohnmächtige ist sich seiner Macht nicht bewusst und fühlt sich ausgeliefert. Seine Aggressivität richtet er in Form von Autoaggression gegen sich selbst. Oder in Form von passiver Aggression, indem er die Umstände und/oder den anderen verantwortlich macht für sein Elend. Das Schicksal trifft immer ihn, nie den anderen, so glaubt er. Damit appelliert er unbewusst an das Mitleid und die Hilfsbereitschaft des Gegenübers. Aufmerksamkeit wird ihm über Hilfe und Rücksichtnahme zuteil. Typische Rollen wären hier «der ewige Looser», «das Opfer», «die Sensible», «der Kranke» ... In Beziehungen ist dies der Partner, der in der Rolle des ohnmächtigen, unmündigen Kindes verharrt, während der andere ihm helfen und die ganze Verantwortung tragen muss. Oder ein kranker Partner, der vom anderen stillschweigend und selbstverständlich Rücksichtnahme und Verzicht verlangt. Sätze, die zu dieser Art von Dynamik gehören, sind zum Beispiel: «Ich kann nicht, weil …». «Jetzt geht es mir schon so mies, und nun kommst du auch noch mit deinen Ansprüchen.» «Du weisst doch, dass mich das in Angst versetzt, du könntest doch wenigstens ein bisschen Rücksicht nehmen.» Der unbewusst Ohnmächtige macht sich total abhängig vom anderen und kann diesem dadurch immer die Schuld für sein Opferdasein zuschieben. Seine Macht ist die Manipulation über die Schuldgefühle, die er beim anderen auszulösen versucht.

Wir sprechen bei der Hemmung von einer «mächtigen Ohnmacht». Hier versteckt sich das ohnmächtige Kind, das wir einmal waren, hinter einem übergroßen unberechenbaren oder unmündigen Kind.

Um die damit verbundenen Rollen zu «spielen», braucht es auf der anderen Seite einen ohnmächtig Mächtigen, der «mitspielt».

Sowohl in der Hemmung als auch in der Kompensation sind beide in gewisser Weise machtlos, da sie vom Gegenüber abhängig sind. Beide sind in einem «Nicht mit dir und nicht ohne dich» gefangen und setzen sich gegenseitig schachmatt.

Solche Machtspiele finden sich in allen Beziehungen. Paare spielen sie unablässig in wechselnden Rollen, die in verschiedenen Lebenssituationen und Lebensbereichen variieren können. So hat der eine beispielsweise die Macht in der Kindererziehung, während der andere diese in der Sexualität ausspielt. Paare sind sich dessen mehr oder weniger bewusst und je nach Zeitpunkt und Situation hat «das Spiel» einen anderen Drive. In akuten Konfliktsituationen können Macht und Ohnmacht sehr schnell hin und her wechseln, sodass mal der eine und dann wieder der andere Oberwasser hat. Doch meist ist eine Rollenverteilung vorherrschend und jeder greift auf seine bevorzugte Strategie zurück.

Halten Sie sich an dieser Stelle noch einmal die Dynamik in den beiden vorangegangenen Paargesprächen vor Augen: Andrea ging mit ihrer Strategie des Alleingangs in eine ohnmächtige Macht und Peter mit seiner Strategie des Hilfsbedürftigen in eine machtvolle Ohnmacht.

Für die Beziehungskiste – Reflexion zum Macht-Ohnmacht-Spiel

Nutzen Sie einen ruhigen Zeitpunkt und eine gute Stimmung für ein ungestörtes Gespräch am besten mit dem Sprechstab (siehe S. 48f.).

- Gehen Sie folgenden Fragen nach: Wie sehen unsere eigenen Macht-Ohnmacht-Spiele aus? Wie sind unsere Rollen verteilt? Wechseln wir sie je nach Situation und Thema? Gibt es ein Muster, das vorherrschend ist?
- Sie können diese Fragen auch vorgängig je für sich beantworten und Ihre Sichtweisen danach im gemeinsamen Gespräch austauschen.
- Vielleicht machen Sie sich ein paar Notizen in Ihr Paarbuch.

Schuld und Unschuld in der Beziehung

Wir möchten hier noch kurz an einem Beispiel auf die Dynamik von Schuld und Unschuld im Zusammenhang mit dem Thema Macht und Ohnmacht eingehen. Es handelt sich dabei um ein Phänomen, dessen wir uns meist nicht bewusst sind.

Zu Beginn des Buches haben wir Ihnen Manuela und Enrico mit ihrer Außenbeziehungsthematik vorgestellt. Für dieses Paar gäbe es in Bezug auf das Thema Schuld und Unschuld vier Möglichkeiten. Im Folgenden spielen wir fiktiv die verschiedenen Varianten durch.

Ich bin unschuldig und mächtig – Du bist schuldig und ohnmächtig

Enrico weist Manuela die Schuld für seine Außenbeziehung zu. «Würdest du dich nicht immer zurückziehen und mehr auf meine Bedürfnisse eingehen, wäre es gar nicht so weit gekommen. Ich habe schließlich nur für mich gesorgt und damit Druck aus der Beziehung rausgenommen.»

«Ich habe alles richtig gemacht, mich trifft keine Schuld. Du hingegen machst alles falsch und bist verantwortlich für den gegenwärtigen Beziehungsknatsch», lautet hier die Devise.

Wir schieben dem anderen die Schuld in die Schuhe. Und damit auch gleich die Verantwortung für die aktuelle Beziehungsmisere. «Hättest du nicht ...», «Weil du ...», «Würdest du nur ...» heißt es dann. Wir sind uns dabei der Tatsache nicht bewusst, dass wir dem Ohnmächtigen damit die mächtige Rolle zuweisen und uns paradoxerweise selbst in die Ohnmacht manövrieren. Wieso dies so ist? Derjenige, dem die Schuld zugeschoben wird, in unserem Beispiel Manuela, erhält damit auch die alleinige Macht, die Situation zu verändern. Alles hängt von ihr ab. Wenn Manuela anders wäre, dann ... Der Unschuldige hingegen wird dadurch, ohne es zu wollen, paradoxerweise zum Ohnmächtigen, der nichts tun kann als darauf zu warten, dass der andere etwas verändert.

Ich bin unschuldig und ohnmächtig – Du bist schuldig und mächtig

Manuela schiebt Enrico die ganze Schuld für die Affäre zu. «Ich habe mich immer wieder um unsere sexuelle Beziehung bemüht, auch in Zeiten, als es mir schlecht ging. Jetzt weiss ich, wieso du nie darauf eingegangen bist. Du hast mein Vertrauen verspielt und die Beziehung zerstört.»

«Ich habe nichts falsch gemacht, ich bin unschuldig. Du trägst die ganze Verantwortung für unseren Konflikt, weil du ...» lautet hier die Aussage.

In dieser Situation schiebt der Ohnmächtige, hier Manuela, dem Mächtigen die Verantwortung zu und verstärkt damit die eigene Ohnmacht und die Macht des anderen. Die alleinige Veränderungsmacht liegt damit beim Mächtigen, in unserem Beispiel bei Enrico.

Ich bin schuldig und mächtig – Du bist unschuldig und ohnmächtig
Enrico nimmt alle Schuld zu sich, zeigt sich reuig und schwört Besserung: «Ich habe unsere Beziehung leichtfertig aufs Spiel gesetzt, dabei ist sie mir so viel wert. Ich habe alles zerstört, bitte vergib mir. Ich schwöre dir, dass so etwas nie wieder vorkommen wird.»

«Ich bin schuld, ich habe alles falsch gemacht – und dich ins Unglück gestürzt.».

Es gibt Momente, da nehmen wir die Schuld freiwillig auf uns. Meist tun wir dies in Situationen, in denen die Schuld aus gesellschaftlicher Sicht offensichtlich bei uns liegt oder wenn wir uns wünschen, die Sache möglichst schnell wieder «ungeschehen» zu machen. Zum Beispiel, wenn jemanden die Wut gepackt hat, er verbal ausfällig oder im Extremfall sogar handgreiflich wurde oder wenn, wie in unserem Beispiel, die Partnerin die Affäre entdeckt hat. Dann zeigen wir uns reuig, waschen uns mit dem Schuldbekenntnis rein und machen uns damit unangreifbar.

In dieser Situation nimmt der Mächtige, hier Enrico, die alleinige Verantwortung für den Konflikt zu sich und verstärkt damit unbewusst seine Macht und die Ohnmacht des anderen. Manuela wird sich dadurch zwar entlastet fühlen, doch verfügt sie über keinerlei Veränderungsmacht und muss darauf vertrauen, dass Enrico sich tatsächlich ändert.

Ich bin schuldig und ohnmächtig – Du bist unschuldig und mächtig.
Manuela nimmt alle Schuld zu sich: «Ich war in letzter Zeit so sehr mit mir selbst beschäftigt und hatte überhaupt keine Energie mehr für die Beziehung. Hätte ich doch ...»

«Ich habe alles falsch gemacht und deshalb bin ich selber schuld, wenn du jetzt ...»

Der Ohnmächtige, in unserem Beispiel Manuela, fühlt sich schuldig, und nimmt damit paradoxerweise unbewusst die Macht zu sich zurück. Er hätte es in der Hand gehabt, dass die Beziehung jetzt anders aussähe. Er macht den «Mächtigen» damit von sich abhängig und sozusagen machtlos.

Die Dynamik von Schuld und Unschuld ist das Gegenspiel zur Dynamik von Macht und Ohnmacht. Und sollten Sie jetzt ein paar Knoten im Hirn haben, präsentieren wir Ihnen hier dieses paradoxe Phänomen nochmals vereinfacht in zwei Sätzen: Schieben wir dem anderen die Schuld zu, haben wir zwar die Unschuld, doch damit auch die Ohnmacht. Haben wir die Schuld, so haben wir auch die Macht, denn nur wir können die Situation verändern.

Aus der Sicht der Ganzheit gibt es jedoch keinen Schuldigen und Unschuldigen und auch keinen Mächtigen und Ohnmächtigen. Beide sind sie gleichermassen für die gegenwärtige Beziehung verantwortlich und jeder trägt seinen Teil dazu bei, mit allem, was er tut und nicht tut. Auf diese Ebene werden wir später noch vertiefter eingehen.

Polarisierung – Wie weiter nach der Vertreibung aus dem Paaradies?
Nach dem Fall aus der Einheit sind wir also wieder zwei. Nun fühlen wir uns aber nur mehr als ein Halbes. Die im Paaradies der Verliebten so ideal anmutenden Ergänzungen, die uns Geborgenheit, Stabilität und Sicherheit verliehen, verkehren sich nach und nach in ihr Gegenteil. Ohne es zu wollen sind wir mit der ganzen Last unserer LebensgeSchichte wieder auf uns selbst gestellt und spüren, wie sehr uns der ergänzende Teil des Partners fehlt. Nach dieser großen Enttäuschung und der bitteren Erkenntnis, dass das Paaradies der Verliebten mit einem Verfalldatum versehen ist, gibt es im Wesentlichen zwei Möglichkeiten. Entweder wir tun nach außen hin so, als sei das alles nicht geschehen und versuchen weiterhin, ein Herz und eine Seele zu bleiben, während wir uns innerlich weiter voneinander entfremden. Oder wir entzweien uns offensichtlich mehr und mehr, indem wir uns in Zwist und Streitereien erschöpfen. Die meisten Paare leben erst einmal eine Mischform aus beidem, bis zu dem Punkt, an dem nichts mehr geht. Dann aber geht es ums Ganze.

Vom trügerischen zum pragmatischen Arrangement – Komplementäre Symbiose

Rettung und Katastrophe
«Die Geschichte eines Mannes, der immer am Rande der Katastrophe lebt, aber sich dort so schonend bewahrt, dass er nie ganz fällt. Er rettet sich durch sein Dasein – ohne Katastrophe. Am Ende geht ihm auf, dass eben dies die Katastrophe seines Lebens war: den Fall nicht gewagt zu haben. Die Rettung war die Katastrophe: die Katastrophe wäre die Rettung gewesen.» (AUS HANS SANER, DIE ANARCHIE DER STILLE)

So wie der Mann in dieser Geschichte versuchen auch wir in Beziehungen häufig, die «Katastrophe» zu vermeiden, und gehen stattdessen lieber ein Arrangement ein.

Im trügerischen Arrangement halten beide Partner, auch nachdem die rosa Wolken der Verliebtheit verblasst sind, an der Vorstellung des Einsseins fest. Wo vorher ein Herz, eine Seele und zwei Beine waren, ist jetzt bei jedem nur noch die Hälfte. Es ist, als würden sie je auf einem Bein stehen und sich gegenseitig stabilisieren. Keiner will diese Balance und Übereinstimmung (zer)stören.

Das Paar beginnt, sich gegenseitig zu schonen, Konflikte zu vermeiden und dem anderen das Innerste nicht mehr zu zeigen. Sie lächeln einander an, obschon sie wütend sind oder beißen die Zähne zusammen, obschon sie sich ungerecht behandelt und verletzt fühlen. Beide haben sie keinen Mut, sich dem anderen zuzumuten.

Mit der Zeit entfremden sie sich innerlich mehr und mehr und sind immer weniger aufeinander bezogen. Doch bleiben sie in den sich ergänzenden Rollen und leben so, als wären sie eine Person, aufgespalten in zwei Teile.

Sie verharren in einer komplementären Symbiose. Dabei blenden sie Anteile ihrer selbst aus und erleben sie in Projektion beim anderen, der eine in der Kompensation (Elternrolle, Macht), der andere in der Hemmung (Kindrolle, Ohnmacht). Selten steht eine bewusste Entscheidung hinter dieser Beziehungsform. Eher ist es die Angst vor der Wahrheit, die hier den Kitt der Beziehung ausmacht. Zusätzlich spielen oft bewusst oder unbewusst äußere Gründe mit, die für ein solches Arrangement sprechen: die Kinder, der gemeinsame Besitz, die gesellschaftlichen Normen …

Äußerlich ist ein solches pragmatisches Arrangement oft umrahmt von einem «normalen» Paaralltag. Die beiden gehen zusammen aus, sie fahren als Familie in den Urlaub, haben einen eingespielten Alltag und oft regelmäßigen, ritualisierten Sex. Innerlich jedoch haben sich die Partner zurückgezogen und distanziert, manchmal unbewusst resigniert. Dort, wo vorher Beziehung war, ist jetzt Gewohnheit. Die oft große Distanz und die zunehmende Gleichgültigkeit zwischen ihnen sind meist gut getarnt durch «positive» Eigenschaften wie gegenseitige Toleranz,

ausgeprägte Rücksichtnahme oder ein bewundernswertes Verständnis für die Freiheitsliebe des anderen. Eine solche Beziehung zeichnet sich durch eine gewisse Bequemlichkeit aus. Nur keine schlafenden Hunde wecken lautet die Devise. Des lieben Friedens willen werden Konflikte und Reibung vermieden. Auseinandersetzungen sind rar und eine Streitkultur fehlt oft gänzlich. Es sind eingespielte Paare mit eingeschliffenen Rollen, für die ein ruhiges Nebeneinander wichtiger ist als ein bewegtes Miteinander. Solange beide bereit sind, sich den Gegebenheiten anzupassen, läuft die Beziehung mit wenig Reibung und fühlt sich über weite Strecken harmonisch an. Eingespielt und sich gegenseitig immer wieder bestätigend, dass es gut ist, wie es ist, kann eine solche Gewohnheitsbeziehung durchaus Bestand haben. Manchmal so lange, bis dass der Tod sie scheidet. Auch wenn diese Beziehungsform äußerlich dem gesellschaftlichen Ideal entspricht, bietet sie doch wenig Raum für Wachstum und Entwicklung.

Wir haben für diese Art von Beziehung das Bild von einem sinkenden Boot, das nach und nach immer tiefer im Wasser zu liegen kommt. Jede Art von Bewegung wird in der Situation immer gefährlicher, weil sonst Wasser über den Bootsrand ins Innere dringen könnte. Auf das Paar übersetzt heißt das: Bewegung muss, zu welchem Preis auch immer, vermieden werden. Gerät das Boot dennoch ins Schwanken, sei es durch äußere oder innere Umstände, ist die Katastrophe meistens vorprogrammiert, und das Boot gerät schnell in Seenot. Beide haben weder für den Notfall geübt noch sind sie gute Schwimmer. Oft bricht für beide damit eine Welt zusammen, die sie gemeinsam und ohne fremde Hilfe aufgebaut haben. Wobei: Ohne fremde Hilfe stimmt nicht ganz, denn die omnipräsenten Vorbilder in Film und anderen Medien helfen tatkräftig mit, dieses Beziehungsmodell als das einzig richtige darzustellen. Sie geben vor, wie ein «ideales normales Paar» zu sein und was es zu tun hat. Paare, die sich in diesem Sinne arrangiert haben, werden von außen oft als Traumpaare wahrgenommen. Die Fassade stimmt, das Bild passt, auch wenn dahinter eine gewisse Beziehungslosigkeit herrscht. Das Umfeld fällt meist aus allen Wolken, wenn aus scheinbar heiterem Himmel die Fassade zusammenbricht und die Realität dahinter sichtbar wird. «Das hätten wir nie gedacht, die beiden waren doch immer so nett miteinander, nie hatten sie Streit und jetzt so was!»

Die Bewegungen von außen, die das Boot zum Kentern bringen könnten, sind vielfältig. Oft sind es schicksalhafte Ereignisse, die nicht allein in unserer Hand liegen, welche die eingespielten Gewohnheiten durcheinanderbringen und eine Krise auslösen: der Verlust der Arbeitsstelle, der Tod eines nahestehenden Menschen, Schwierigkeiten mit den Kindern, ein Unfall, eine erschütternde Krankheitsdiagnose mit gravierenden Folgen. Oder es wird eine heimlich gelebte Affäre, die der andere oft jahrelang nicht bemerkt hat, aufgedeckt. Der Seitensprung eines der beiden Partner kommt ans Tageslicht, oder es werden andere Heimlichkeiten enthüllt. Meist ist es ein dummer Zufall, der diese Geheimnisse ans grelle Licht des Bewusstseins zerrt. Das eingespielte Gefüge der Gewohnheit wird zerstört und die gegenseitige Beziehungslosigkeit sichtbar.

Aber auch Bewegungen der beiden selbst können das Boot in Seenot bringen. Nehmen wir ein Beispiel: Beide haben sie als Kinder oft gehört «Sei ruhig und rede nicht so viel» oder Ähnliches. Als Erwachsene tut sich nun der eine schwer im Gespräch und ist geübt im Stillsein und Zuhören. (Hemmung/Kindrolle/Ohnmacht) Der andere redet gern und viel und kann kaum ruhig sein (Kompensation/Elternrolle/Macht). Jeder lebt einen Anteil seiner selbst durch den anderen. Bewegung von innen gibt es dann, wenn einem von beiden der Spielraum zu eng wird und ihm damit die Ohnmacht und Abhängigkeit bewusst werden, die in seiner Rolle stecken. Wenn er nun dagegen zu rebellieren beginnt, kommt Veränderung ins Spiel. Das Boot gerät ins Wanken, und Wasser dringt ein. Es kommt zwangsläufig zu Auseinandersetzungen und Konflikten. Meist ist es derjenige in der Hemmung, der den Anstoß gibt. Oft ist die Last und die damit verbundene Ohnmacht (Kindrolle) so erdrückend, dass er aus purer Verzweiflung die Flucht nach vorn ergreift und seinem Unwohlsein Ausdruck verleiht. Will er sich aus der Kindrolle befreien, um wachsen zu können, muss «der Kleine aufstehen und dem Großen die Stirn bieten». Und das ohne Hilfe des «Großen», denn sonst bleiben die Rollen unverändert. Ermuntert in unserem Beispiel der Große den Kleinen mit den Worten «Sag du doch auch mal was», bleiben sich die Rollen gleich. Erst wenn sich der «Kleine» daran stört, dass er nie zu Wort kommt und er sich aus eigener Initiative ins Gespräch einbringt, ändert sich etwas.

Derjenige in der Kompensation (Elternrolle) wird sich selten aus eigenem Antrieb verändern wollen, da für ihn der Leidensdruck meist zu gering ist und die Kompensation der Vermeidung der Ohnmacht dient. Geschehen kann dies dennoch, wenn ihm die Verantwortung und die damit verbundene Abhängigkeit zu belastend werden. Durch die Bewegung eines der Partner beginnt sich die komplementäre Symbiose immer häufiger in eine konkurrenzierende Symbiose zu verwandeln.

Seilziehen in der Beziehung – Konkurrenzierende Symbiose

Wenn die komplementäre Symbiose ins Wanken gerät, beginnen die Paare immer häufiger zu streiten. Sie stehen sich jetzt gegenüber, «jeder auf einem Bein». Es ist, als würden sie einbeinig aneinander ziehend und zerrend ein Seilziehen veranstalten. Sie versuchen, den anderen mit aller Kraft wieder in die alte Balance zu ziehen, indem sie ihn entweder in die Kindrolle drücken oder in die Elternrolle zwingen wollen. Wären sie wieder ein Herz und eine Seele wie in der traumhaften Phase der Verliebtheit oder wenigsten wieder in der komplementären Symbiose ihres Arrangements, könnte Frieden einziehen. Doch da beide kraftvoll ziehen, polarisieren sie sich mehr und mehr und erschöpfen sich in diesem kräfteraubenden, einbeinigen Seilziehen. Würde einer loslassen, so würden beide hinfallen, was «der Katastrophe» gleichkäme und vielleicht die Trennung bedeuten würde. Aus Angst vor dem Fall halten beide verzweifelt fest.

Da beide trotz der gegenseitigen Abstoßung sich paradoxerweise doch brauchen, um im Gleichgewicht zu bleiben, sprechen wir auch hier von einer Symbiose, allerdings nicht von einer komplementären, sondern einer konkurrenzierenden.

Bei der konkurrenzierenden Symbiose entsteht im Beziehungspool des Paares ein Verteilkampf. Meist ist es derjenige, der das Gefühl hat, in der Beziehung zu kurz zu kommen, der sich eines Tages wehrt und damit die herkömmliche Dynamik infrage stellt. Vergegenwärtigen wir uns dies am vorangegangenen Beispiel. Der Stille beansprucht eines Tages aus Unzufriedenheit mehr Rederaum, wodurch derjenige, der normalerweise das Wort führt, etwas von seinem «Territorium» hergeben muss. Dies tut er meist nicht freiwillig, denn viel zu reden ist seine Strategie, um der alten Ohnmacht des «Schweigenmüssens» auszuweichen. So entsteht ein Kampf um die Verteilung von Reden und Schweigen, wovon es im Beziehungspool je hundert Prozent gibt.

Eine konkurrenzierende Symbiose kann zu Streitereien ohne Ende führen, bei denen es letztlich nur Verlierer gibt. Beide schimpfen nur über den anderen und machen sich gegenseitig Vorwürfe. Mit der Zeit wird es immer schwieriger, in den harmonischen Modus der komplementären Symbiose zurückzufinden, da bereits viel Geschirr zerschlagen ist und sich beide verletzt fühlen. Die Konflikte werden häufiger, länger und verfahrener. Beide erschöpfen sich im Seilziehen, bis sie keine Kraft mehr haben. Sie können nicht wirklich loslassen, ein Nebeneinander ist kaum mehr möglich und das Miteinander liegt weit zurück in der Vergangenheit. So sitzen beide gemeinsam in der Falle des «Nicht mit dir und nicht ohne dich».

Bei der konkurrenzierenden Symbiose werden zwei Ebenen unterschieden: die Konkurrenz auf der Kindebene und die Konkurrenz auf der Elternebene.

Auf der Kindebene geht es um eine emotionale Konkurrenz: «Wer ist das ärmere Schwein?»

Der «Bauch» hat das Sagen und die beiden streiten sich darum, wer mehr leidet, mehr Verständnis braucht, unschuldiger ist, mehr Grund hat, wütend zu sein … Sie geben dem anderen die Macht, indem sie

ihm die Schuld und die Verantwortung zuweisen, appellieren an sein Mitgefühl oder sinnen auf sinnlose Rache. In dieser Form kochen die Emotionen hoch und finden oft dramatischen Ausdruck. Beide versuchen den anderen in die Elternrolle und damit in die Verantwortung zu drücken.

Oft sehnt sich einer von beiden irgendwann nach Struktur und Vernunft, und schon ist die Elternrolle greifbar nahe. Grundsätzlich herrscht aber auf beiden Seiten nackte Verzweiflung. Übernimmt einer die Elternrolle, hat das «eine verletzte Kind» wieder einen «fürsorglichen Elternteil». Damit ist die komplementäre Symbiose wieder hergestellt, die Beziehung für den Moment gekittet und die Welt so lange in Ordnung, bis sich das «verletzte Kind», das leer ausging, wieder meldet.

*Nehmen wir ein Beispiel aus dem Paaralltag von Franziska und Michael: Kurz zwei Sätze damit Sie, liebe*r Leser*in, wieder auf dem Laufenden sind: Michael hatte seine Reise nach Südamerika, die er schon plante, bevor er Franziska kennenlernte, angetreten. Er kehrte dann aber nach fünf Wochen wieder zurück, da es ihm physisch und psychisch nicht gut ging. Einige Zeit danach haben die beiden eine Familie gegründet und geheiratet.*

Aufgrund ihrer KindheitsgeSchichten haben beide Angst, verlassen zu werden und zu kurz zu kommen. Michael deshalb, weil er, kaum auf der Welt, ins Krankenhaus musste, und Franziska, weil sie vom Vater verlassen und von der Mutter mehr oder weniger sich selbst überlas-

sen wurde. Darum streiten sich die beiden verlassenen Kinder öfters verzweifelt darum, wer für den anderen da sein muss. Beide sind sie eifersüchtig, wenn die Aufmerksamkeit des Gegenübers einen anderen Fokus einnimmt. Michael ist eifersüchtig auf seinen kleinen Sohn, der so lange gestillt wird und so viel Zuwendung bekommt. Michael hat im Moment akute Magenprobleme. Unbewusste Erinnerungen an die Spitalsituation als Säugling werden dadurch wach, und das Kind in ihm bräuchte ebenfalls dringend mütterliche Fürsorge. Er fühlt sich vernachlässigt und wendet seine Aufmerksamkeit anderen Frauen zu. Ein altes Muster, denn die Pflegefachfrauen im Spital waren damals seine Rettung. Schon in den ersten Wochen nach seiner Geburt machte er die Erfahrung, dass die Mutter allein nicht genügte, um für sein Wohlbefinden zu sorgen. Diese «Rettungsmanöver» wiederum triggern Franziskas GeSchichte und wecken ihre Eifersucht. Sie fühlt sich wertlos und nicht gesehen. Einerseits als Mutter in ihrem Bemühen, dem gemeinsamen kleinen Sohn jene liebevolle Fürsorge und Aufmerksamkeit zukommen zu lassen, die sie als Kind schmerzlich vermisste, andererseits als Frau. Erinnerungen an ihren Vater werden wach. Eifersüchtig machen sich beide Vorwürfe und Szenen. Das geschieht in der Hoffnung, dass schließlich der andere die fürsorgliche Elternrolle übernimmt.

In der konkurrenzierenden Symbiose auf der Elternebene geht es um eine intellektuelle Konkurrenz: «Wer hat recht?» Der Kopf hat das Sagen, und es wird um Dogmen, Glaubenssätze und die Wahrheit gestritten. Dieser Streit ist zu Beginn meist wenig emotional, doch hinter dem Besserwissertum finden wir auch hier auf beiden Seiten Verzweiflung. Jeder versucht die Macht zu behalten und den anderen in die Kindrolle und die Ohnmacht zu drängen.

Es beginnt ein endloses Hin und Her, ein unfruchtbares Vorwurfspingpong, bis einer schließlich erschöpft aufgibt, Gefühle zeigt und die Kindrolle übernimmt. Damit ist die komplementäre Symbiose wieder hergestellt, die Beziehung für den Moment wieder im Lot und die Welt in Ordnung – bis zur nächsten Runde.

Hier gleich noch einmal ein Beispiel aus dem Alltag von Franziska und Michael: Die beiden haben seit der Geburt ihres Sohnes wenig Zeit

füreinander und auch wenig Freiraum für sich selbst. Franziska hat wieder begonnen zu arbeiten und Michael hat aufgrund seiner immer wiederkehrenden Magenprobleme, für die es auf der physischen Ebene keine Erklärung gibt, seinen Job aufgegeben und kümmert sich um den Kleinen. Jetzt stehen die Ferien vor der Tür. Ihre Bedürfnisse für diese Zeit sind sehr ähnlich: Zeit für sich haben, gemeinsame Zeit als Paar und Zeit als Familie. Doch streiten sie sich, wie diese Zeit zu planen ist. Er möchte alles genau festlegen und eine Art Stundenplan erstellen. Sie möchte zwar eine Liste mit den Bedürfnissen und Möglichkeiten machen, doch zeitlich offenlassen, wann was geschieht. Daraus entsteht eine endlose unfruchtbare Auseinandersetzung, ein Seilziehen um die richtige Vorgehensweise, was beiden die Vorfreude auf die Ferien vergällt.

Schauen wir etwas genauer hin, so sehen wir, dass der Streit das Kernthema ihrer Beziehung sichtbar macht und dass die beiden eigentlich darum streiten, wessen Überlebensstrategie die bessere ist. Wie eingangs dieses Kapitels beschrieben, gehen Franziska und Michael mit ihren existenziellen Urverletzungen der Entwurzelung und Verlassenheit sehr unterschiedlich um. Franziska passt sich der jeweiligen Lebenssituation leichtfüßig und unkompliziert an, wohingegen Michael diese sehr ernst nimmt, alles ergründen und nichts dem Zufall überlassen will. Beide möchten um keinen Preis ihre frühere Ohnmacht spüren und vertei-

digen daher ihre Strategie vehement. Michael, indem er die Ferien bis ins kleinste Detail planen und Franziska, indem sie das Geschehen den jeweiligen Gegebenheiten und aktuellen Bedürfnissen anpassen möchte. Gibt Michael in diesem Streit nach, ist er gefühlsmäßig mit seiner alten GeSchichte konfrontiert, dass etwas nicht nach Plan laufen könnte. Das heißt, die Angst des kleinen Jungen würde reaktiviert, der ohnmächtig und alleine im Spital liegt, getrennt von der Mutter und herausgerissen aus seinem vertrauten Umfeld. Gibt Franziska in dieser Auseinandersetzung klein bei, ist es für sie, als ob wie damals alles vorprogrammiert ist und sie würde all den alten unliebsamen Gefühlen begegnen: der Ohnmacht und der Einsamkeit des kleinen Mädchens, das ganz nach Plan der Eltern mal der Mutter, mal dem Vater ausgeliefert ist und dessen Bedürfnisse nach Zuwendung und Geborgenheit zu kurz kommen.

Die oft heftigen und in kurzen Abständen wiederkehrenden Streitereien in der konkurrenzierenden Symbiose, seien sie auf der Kind- oder der Elternebene, sind meist der Grund, weshalb Paare eine Therapie beginnen. Sie sind oft sehr verzweifelt, fühlen sich beide gefangen, sehen keinen gemeinsamen Weg mehr und können sich doch nicht trennen. Sie befinden sich in einer Pattsituation: «Nicht mit dir und nicht ohne dich».

Bevor wir uns damit befassen, was für Auswege es aus dieser Sackgasse gibt, möchten wir den Blick noch etwas gezielter darauf richten, was unsere Gegenwart mit der Vergangenheit zu tun hat.

Das Damals im Heute

«Der Spruch der Vergangenheit ist immer ein Orakelspruch: Nur als Baumeister der Zukunft, als Wissende der Gegenwart werdet ihr ihn verstehen.» (FRIEDRICH NIETSCHE)

Fast alle Wurzeln wachsen im Dunkeln, und so ist auch unser menschliches Dasein zu ungefähr neunzig Prozent im Unbewussten verankert. Man könnte also sagen, das Bewusste denkt und das Unbewusste lenkt. Wir meinen jedoch, das Leben im Griff zu haben und es bewusst steuern zu können. Das Bewusste denkt, dass es denkt, und wird dennoch gelenkt! Wir vergessen, dass wir irdische, geschichtliche Wesen sind und unsere Vergangenheit in der Gegenwart und für unsere Zukunft eine größere Rolle spielt, als uns lieb ist. Ein Blickwinkel, der so gar nicht in unsere Zeit der Machbarkeit passt, doch sicher einen Blick wert ist.

Unser ganz persönliches Beziehungsverhalten ist von Erfahrungen geprägt, die mit der Zeugung, der Zeit im Mutterbauch und den ersten Kinderjahren zusammenhängen. Auch die Beziehungen, die wir als Kind um uns herum erlebten, haben wir uns als Vorbild einverleibt. Alles, was wir als Kind bewusst oder unbewusst erlebt haben, wirkt in uns weiter und beeinflusst unser gegenwärtiges Leben. Damals wurden unsere ureigenen Erlebensgrundsteine in Sachen Beziehung gelegt. Wir haben meist keine bewusste Erinnerung daran, doch in unserem Körper ist alles gespeichert. Unser Körpergedächtnis erinnert sich daran, es folgt unbewussten Mustern und reagiert im Hier und Jetzt physisch und psychisch auf die entsprechenden Auslöser. Beziehungskonflikte bringen uns auf direktem Weg mit dem Erleben und den Gefühlen des Kindes von damals in Kontakt. Schwierig erkennbar und nicht einfach zugänglich, bergen sie den Schlüssel zu ungeahnten Schätzen und Ressourcen.

Beziehungsschule – Wo lernen wir, wie Beziehung geht?

Ob Mann oder Frau, die Mutter-Kind-Bindung prägt unser Beziehungsverhalten grundlegend. Sie spiegelt sich in der Art, wie wir später als Erwachsene Bindungen in Liebesbeziehungen eingehen.

Von der Mutter wird das heranwachsende Mädchen sein späteres Beziehungsverhalten als Frau lernen. Auch sein Bezug zum Frausein wird durch sie beeinflusst. Für den heranwachsenden Knaben ist die Mutter oft seine «erste Liebe» und prägt grundsätzlich sein späteres Beziehungsverhalten gegenüber Frauen.

Die Beziehungsschule des Vaters wirkt ebenfalls von Anfang an und hat Einfluss auf unser Beziehungsverhalten. Für den Knaben ist die Beziehung zum Vater wichtig für seine Identitätsfindung als Mann. Zudem wird er durch ihn sein Beziehungsverhalten als Mann erlernen. Für das heranwachsende Mädchen kann die Beziehung zum Vater seine «erste Liebe» bedeuten, und sie bildet die Basis für sein Beziehungsverhalten zu Männern. In der Theorie ist das alles ganz logisch und einfach, in der Praxis komplex und oft schwierig zu erkennen.

Die Beziehung der Eltern spielt schon während der Zeugung und der Schwangerschaft eine wichtige Rolle, auch wenn wir sie hauptsächlich über die Mutter wahrnehmen. Die Elternbeziehung ist für den Knaben wie für das Mädchen ein erstes Vorbild für das eigene Kontakt- und Beziehungsverhalten. Später, in der eigenen Beziehung, werden wir eher den väterlichen oder eher den mütterlichen Teil einbringen. Oft suchen wir in unseren Beziehungen «die Mama» oder «den Papa». Die mütterliche respektive väterliche Rolle muss nicht geschlechtsspezifisch sein, so kann der Partner auch «die Mutter» oder die Partnerin «den Vater» verkörpern. Auch die Beziehung zu Geschwistern ist Teil unserer frühen Beziehungsschule.

In unserer Arbeit lassen wir Paare daher in einer der ersten Sitzungen ihre Erinnerungen an die Beziehung zu ihren Eltern erzählen. Oder wir lassen sie im Rollenspiel die Beziehung ihrer Eltern erleben. Diese Erfahrungen sind für das Paar fast immer genauso erhellend wie für uns. Da finden sich schnell viele Parallelen zur aktuellen Beziehung und ähnliche Verhaltensweisen und -muster können erkannt und verstanden werden. Der Apfel fällt wahrlich nicht weit vom Stamm. Wir bleiben unseren erlernten Mustern treu, auch wenn uns das nervt. Die Elternbeziehung ist auf unserer «Festplatte» ohne reset-Taste eingraviert und prägt uns für den Rest unseres Lebens. Wenn uns dies bewusst ist, können wir die

Konflikte, die dadurch entstehen, besser verstehen, einordnen und immer wieder einen veränderten Umgang damit finden.

Bei diesem Fokus auf die Eltern geht es uns nicht darum, ihnen die Schuld an den eigenen Schwierigkeiten in die Schuhe zu schieben. Uns geht es um Bewusstwerdung. Wir gehen davon aus, dass Eltern bewusst nichts falsch gemacht haben. Sie haben zu jeder Zeit gemäss den Umständen und ihrer Bewusstheit ihr Bestes gegeben, auch wenn dies heute manchmal schwer zu erkennen ist. Sie selber haben auch eine Kindheit gehabt, sie sind Abkömmlinge ihrer Eltern mit deren GeSchichte und so weiter. Das sind endlose Einflüsse, die wir gar nicht alle überblicken können und auch nicht müssen. Man könnte das Zusammentreffen mit unseren Eltern auch Schicksal oder Zu-Fall nennen. Auf jeden Fall wurden wir nicht gefragt, ob wir bei diesen Eltern zur Welt haben kommen wollen, und falls wir uns dafür entschieden haben sollten, können wir uns nicht mehr daran erinnern.

Vergangene Zeiten mit all ihren guten und schlechten Erfahrungen und Gefühlen bilden den Boden unserer Gegenwart und die Grundlage unserer Zukunft. Auf diesem Boden können wir uns weiter ent-wickeln und unser Potenzial entfalten. Genauso wie die Blumen, welche die Erde des Gartens brauchen, die aus nichts anderem als umgewandeltem, abgestorbenem Material besteht, um ihre Schönheit zu entfalten und dem Himmel entgegenzuwachsen. Die Erdoberfläche ist der Ort, wo Himmel und Erde sich küssen, wo Vergangenheit und Zukunft sich im Hier und Jetzt treffen.

Die Gefühlskiste – Reinszenierung

Jedes Erleben wird über die Sinneseindrücke aufgenommen, und unser Körper ist eine wahre Schatztruhe an verschiedensten Erfahrungen. Sinneseindrücke und Gefühle wurden dort über die Jahre abgelagert. Einer archäologischen Stätte gleich bergen diese biographischen Schichten kostbares Material: Freude über Gelungenes, Trauer, Wut, Schuld, Scham und Angst über Schmerzhaftes, Verlorenes und Unerfülltes. Lebendige Antworten auf den Kreislauf von Werden und Vergehen. Unsere Freude wurde gern gesehen und konnte mit anderen geteilt werden. Die schmerzhaften und schwierigen Erfahrungen konnten jedoch meist keinen

adäquaten Ausdruck finden und wurden verdrängt. Wir haben sie in eine Kiste gepackt und sie gleichsam im Keller oder auf dem Dachboden abgestellt. Weil diese ungeliebten Gefühle in unserer zivilisierten Welt nicht erwünscht sind, hatten wir keine Vorbilder, um einen guten Umgang mit ihnen zu finden. Wir weichen Trauer, Wut, Schuld, Scham und Angst aus, weil sie zu bedrohlich sind und wir auch keine Möglichkeit sehen, sie zu zeigen. Da diese alten Verletzungen nach Heilung und die damit verbundenen Gefühle nach Beachtung und Ausdruck suchen, reinszenieren wir unsere alten Erfahrungen immer wieder aufs Neue. Mit jeder Wiederholung werden wir an die alten Gefühle in der Kiste erinnert. Je nach Intensität der aktivierten Gefühle ergeben sich verschiedene Szenarien. Vielleicht bleibt es bei der Erinnerung, oder die Kiste öffnet sich nur ein wenig und es gelingt uns, die aktuellen Gefühle zu den alten in die Kiste zu packen und den Deckel rasch wieder zu schließen. Dies erscheint für den Moment angenehm, doch füllt sich damit die Kiste mehr, und mehr und das kann mit der Zeit bedrohlich werden. Der Druck steigt und damit das Risiko einer unkontrollierten Explosion. Das macht Angst. Wir müssen dadurch immer mehr unserer Lebensenergie darauf verwenden, die Kiste zu kontrollieren. Wir versehen sie mit Schloss und Riegel, doch die Angst vor den eingeschlossenen Gefühlen bleibt. Wir haben alle Hände voll zu tun, uns unsere Vergangenheit vom Leib zu halten, und verlieren damit wertvolle Energie, die wir zur Gestaltung unseres Lebens brauchen könnten.

Die Beziehung wird damit zur Gefahr, denn der Partner könnte jederzeit unsere Abwehr- und Kontrollstrategien durcheinanderbringen. Der Partner wird so zum «potenziellen Feind». Wir müssen jederzeit damit rechnen, dass er unbewusst die Lunte zündet und uns unsere Vermeidungsstrategien keinen adäquaten Schutz mehr bieten.

So kann es geschehen, dass der Deckel der Gefühlskiste mit Wucht auffliegt und wir von den aufgestauten Gefühlen überflutet werden. Die alten, in der Kiste verstauten Gefühle verbinden sich mit den gegenwärtigen Gefühlen und drängen nach außen. Aus diesem Grund reagieren wir in einer aktuellen Situation oft heftiger als erwartet, und aus einer Mücke wird ein Elefant.

Dies passiert besonders häufig in unserer aktuellen Beziehung, da wir einander durch unsere Aktionen und Reaktionen die roten Knöpfe mit großer Treffsicherheit drücken. So bekommen wir in der Beziehung Gefühle ab, die nur zum Teil uns gelten und von denen ein Großteil zur je eigenen GeSchichte gehört. Die Erfahrungen der Gegenwart werden durch die Brille der Erinnerung gesehen und bewertet. Meist versuchen wir die Kiste nach dem Ausbruch möglichst schnell wieder zu schließen. Der Druck hat etwas nachgelassen. Wir machen uns jedoch gleich wieder daran, die Kiste zu füllen. Auf diese Weise bleiben unsere GeSchichten und damit wertvolle Ressourcen und Lebensenergien unserem Bewusstsein unzugänglich.

Anders betrachtet, hilft uns die Beziehung durch das wiederholte gegenseitige Evozieren von Gefühlen dabei, bisher Unverdautes bewusst zu machen. Das Gegenüber sorgt also dafür, dass die Gefühlskiste öfters mal aufgeht, wodurch sich die Möglichkeit bietet, alte Gefühle und Verletzungen zu erkennen, sie anzunehmen, zu verstehen und zu verdauen.

Hier möchten wir den Lebensweg von Manuela und Enrico noch etwas genauer beleuchten. Sie erinnern sich an das Paar, das uns wegen einer heimlich gelebten Außenbeziehung aufsuchte, die nach vier Jahren ans Licht kam, als sich Manuela über Enricos Gereiztheit wunderte und nachfragte.

Der aktuellen Situation vorangegangen war sechs Jahre zuvor die Schwangerschaft mit ihrem schwer behinderten Kind und die schwierige Entscheidung, das Kind frühzeitig zur Welt zu bringen, im Wissen, dass dies seinen Tod bedeutete. Es gab wenig Raum für einen würdevollen Abschied, da ein Sternenkind in der Schweiz nicht kremiert und bestattet werden darf. Die Eltern blieben mit ihrem Schmerz, der Trauer und den damit verbundenen Schuld- und Schamgefühlen allein. Dieser Schicksalsschlag hat bei beiden tiefe Spuren hinterlassen. Das Leben aber ging weiter.

Ein halbes Jahr danach begann Manuela eine neue Ausbildung zur Grafikerin und betrat damit das Berufsfeld, auf dem sich Enrico schon seit Jahren mit einer eigenen Agentur bewegte. In den Jahren nach der Totgeburt ihrer Tochter verlor sie nach und nach alle ihre Freundinnen, die mit ihrer Entscheidung von damals nicht hatten umgehen können. Das Bewusstsein, dass sie das Kind geboren und damit getötet hatte, und das Erschrecken darüber, dass sie, wie sie selbst sagte, «töten kann», belastete auch sie zusehends. Diese Gefühle konnte sie mit niemandem teilen. Ein Jahr, bevor die beiden zu uns kamen, musste sie die Arbeit niederlegen, da sie psychisch und physisch am Ende war und Raum für sich brauchte. Eine Einzeltherapie brachte wieder etwas Ordnung in ihr emotionales Chaos und zum Zeitpunkt der Paarbegleitung war sie dabei, wieder in den Arbeitsprozess einzusteigen.

Enrico arbeitete nach kurzer Unterbrechung mit Erfolg weiter. Zwei Jahre nach dem schwerwiegenden Ereignis lernte er seine Geliebte kennen, und sein Doppelleben nahm seinen Lauf. Seit einigen Monaten ist das Geheimnis gelüftet, und er lebt unverstellt in bei-

den Beziehungen. Enrico ist innerlich zerrissen und kann sich nicht entscheiden. Er fühlt sich Manuela sehr verbunden, und gleichzeitig braucht er dieses Ausbrechen, da es ihm in der Beziehung mit ihr oft zu eng ist.

In den Sitzungen wurde Schritt für Schritt fassbar, wie beide unbewusst die Vergangenheit in der Gegenwart reinszenierten. Vor dem Hintergrund ihres frühesten Werdens ließen sich die aktuellen Ereignisse einbinden und verstehen.

An dieser Stelle möchten wir zwei Bemerkungen vorausschicken:

- Zu den Empfindungen und Gefühlen in der vorsprachlichen Zeit eines Kindes (Zeugung, Schwangerschaft, Geburt und die ersten Kinderjahre) gibt es oft wenig beweisbare Fakten. Es geht dabei oft um Körperempfindungen und gefühlte Stimmigkeit. Um subjektive Wahrnehmung. Um etwas, das in unserem Innersten Resonanz findet und dem es zu vertrauen gilt. Wenn wir mit Klienten diesen vorsprachlichen Raum erkunden, orientieren wir uns an den Erkenntnissen der pränatalen Psychologie.
- Abtreibungen stehen wir wertfrei gegenüber. Es ist die sehr persönliche Entscheidung eines jeden Paares und einer jeder Frau. Eine tiefgreifende Entscheidung, deren Tragweite niemand als Ganzes überblicken kann.

Enricos GeSchichte: Er war der Zweitgeborene von Zwillingen. Seine Schwester war bei der Geburt 800 Gramm schwerer als er. Schon kurz nach der Geburt musste er wieder ins Spital, da er statt zuzunehmen an Gewicht verlor und sein Leben gefährdet war. Er war seiner Zwillingsschwester in allen Belangen unterlegen, bis er Elternhaus und Heimatdorf verließ, weit weg in eine fremde Stadt zog, sein eigenes Ding machte und Erfolg hatte.

Mit der Auseinandersetzung um Leben und Tod, welche die Abtreibung des Kindes mit sich brachte, kam er mit seinem inneren kleinen Jungen in Kontakt, der im Mutterbauch mit seiner Schwester um sein Überleben kämpfte. Als sein eigenes Kind später starb, starb auch ein Teil von ihm. Manuela wurde für ihn unbewusst zur Zwillingsschwester, die die Kraft in sich trug, ihn zu vernichten. Mit der Entfremdung, die sich in der Beziehung nach der Abtreibung breitmachte, wiederholte sich das frühe Gefühl der Isolation, die er in seiner Zeit als Säugling im

Spital, getrennt von Mutter und Schwester, erlebt hatte. Damals wurde er von fremden Frauen umsorgt. Sie retteten sein Leben und diese «bewährte Hilfe» hat er sich in Form seiner Geliebten wieder geholt, um auf keinen Fall in die alte existenzielle Ohnmacht zu geraten.

Zudem drang Manuela mit ihrem Berufswechsel in sein Revier vor, und die alte Angst, die «Zwillingsschwester» könnte ihm den Rang ablaufen, flackerte wieder in ihm auf. Unbewusst veranlasste ihn das, sein «Zuhause zu verlassen» und anderweitig mit einer anderen Frau sein Glück zu suchen. Doch blieb er Manuela aufs Engste verbunden, ebenso wie seiner Zwillingsschwester und seiner Mutter. Diese Bindung war nicht so einfach zu lösen.

Manuelas GeSchichte: Ihr Start auf dieser Erde blieb im Dunkeln und war, wie vieles aus ihrer Kindheit nur gefühlsmäßig zu fassen. Fakten gab es wenige: Als Kind zog sie sich öfters total in ihre eigene Welt zurück. Mit zweiundzwanzig Jahren beschloss sie, mit einer anderen Identität zu experimentieren, und legte sich einen neuen Namen zu.

Was sich in Manuelas GeSchichte wiederholte, war schwieriger zu fassen und enthüllte sich in den Sitzungen erst nach und nach. Sie wusste nichts über ihre eigene Schwangerschaft und Geburt und gab sich in Bezug auf ihre HerkunftsgeSchichte bedeckt. Wenn wir Fragen stellten, zog sie sich immer wieder zurück. Trotz ihres messerscharfen Verstandes fehlten ihr die Worte. Ihre beiden Namen ließen auf eine «innere Zwillingssituation» schließen. Zwei Anteile, die in ihr vereint und doch Welten auseinander waren. Sie lehnte den Persönlichkeitsanteil ab, den sie unter dem Namen Manuela in der ersten Hälfte ihres Lebens verkörperte. Mit diesem Teil wollte sie nichts mehr zu tun haben und von uns auch nicht damit konfrontiert werden. Ihren neuen Namen wählte sie, weil der Klang sie faszinierte, ohne über die Bedeutung des Namens Bescheid zu wissen, der mit der lebengebenden und todbringenden weiblichen Kraft in Zusammenhang gebracht wird. Damit verband sie sich lange vor der Abtreibung mit dem Thema des «Leben-Nehmens». Im Zusammenhang mit ihrer behinderten Tochter wurde sie zwangsläufig zum «Todesengel».

Obschon Manuela die Analogien unsererseits zunächst über weite Strecken ablehnte, fügten sich für uns all diese Puzzlestücke allmählich zu einer Hypothese zusammen. Manuela könnte in ihrer Zeit im Mutterleib früh ein Zwillingsgeschwister verloren haben und sich diesbezüglich schuldig fühlen. Schuldig für seinen Tod und schuldig für ihr eigenes Leben, für das Beanspruchen des ganzen Raums. Ihre schicksalhafte Verstrickung mit dem Thema Leben und Tod könnte sich dadurch verstehen lassen, und ihre beiden Identitäten ergäben Sinn. Als wir die Hypothese aussprachen, begann Manuela berührt zu weinen. Es fühlte sich für sie stimmig an. Der Bann der Isolation war gebrochen, und nach und nach wurde die aktuelle Lebenssituation verständlicher.

Unser Bestreben in der Begleitung ist es, den Klienten beim Öffnen der alten Gefühlskiste behilflich zu sein oder den weit aufgerissenen Deckel der Kiste wieder so weit zu schließen, dass die Gefühle nicht alles überschwemmen. Wir zeigen ihnen Möglichkeiten, wie sie den Deckel ihrer Gefühlskiste einen Spalt offen halten können, damit die Oberwellen der jeweiligen Gefühle kontinuierlich abfließen können. Die Gefühlsenergie kann so zum Ausdruck kommen und sich dadurch in wertvolle Lebensenergie umwandeln, was einem seelischen Verdauungsprozess gleicht. Auf praktische Möglichkeiten einer psychischen Verdauung werden wir zu einem späteren Zeitpunkt nochmals zurückkommen (siehe S. 139ff., 202f.).

Bleiben wir noch einen Moment beim Beispiel von Manuela und Enrico und fassen zusammen:

Beide teilen sie vermutlich eine ähnliche Urverletzung. Beide erlebten gefühlt als Ungeborene durch ihren Zwilling im Mutterbauch eine existenzielle Bedrohung und mit dieser einhergehend eine abgrundtiefe Einsamkeit.

Beide entwickelten aufgrund ihrer Urverletzung eine gegensätzliche Überlebensstrategie. Enrico, auch nach der Geburt in der Schwebe zwischen Leben und Tod, machte die Erfahrung, dass er nur getrennt von seinen Liebsten mit Hilfe von anderen Menschen überlebt hat. «Ich überlebe nur in der Außenwelt mit anderen», lautet sein Glaubenssatz. Manuela musste sich von ihrem verstorbenen Zwilling «trennen», um selber wachsen zu können. Rückzug in ihre eigene Welt war das Muster, das sie rettete. «Ich überlebe nur alleine in meiner Innenwelt», lautet ihr Glaubenssatz. Mit dem Muster des Rückzugs bleibt sie auch heute für andere unerreichbar, denn sie verschwindet, wie ihr verstorbener Zwilling, im unfassbaren Raum. Diese Isolation ist sowohl ihr «sozialer Tod» als auch ihr Überlebensraum. Er schützt und isoliert sie gleichzeitig.

Diese Überlebensmuster kommen zum Tragen, sowie eine aktuelle Situation die alte existenzielle Ohnmacht triggert.

Trigger: Die Schwangerschaft mit ihrer behinderten Tochter zwingt beide, über Leben und Tod eines anderen Wesens zu entscheiden. In der Kleinen spiegelt sich ihre eigene frühe Existenz als vom Tod bedrohtes Ungeborenes. Die damit verbundenen Emotionen in der Gefühlskiste werden hoch gespült. Die entsprechenden Überlebensmuster beginnen zu laufen, und die GeSchichten reinzenieren sich.

Die Beziehungsdynamik basiert auf der Zwillingsthematik und dem damit verbundenen Überlebenskampf. Sie verknüpft die beiden Themen Schutz und Isolation. Für beide bedeutete die Trennung vom Zwilling sowohl Schutz und Überleben als auch Isolation und abgrundtiefe Einsamkeit. Als Enrico und Manuela eine Familie gründen und sich näher miteinander verbinden wollten, wurden sie schicksalhaft von ihren GeSchichten eingeholt. Beide erlebten über das werdende und sterbende Kind ihre eigene Zwillingsgeschichte. Die Entscheidung zur Abtreibung machte Manuela zur «Täterin», während Enrico sich mit der Kleinen identifizierte. Er machte sich damit zum «Opfer» und erlebte den eigenen Überlebenskampf von damals.

Nach dem Tod der Kleinen projizieren beide den Zwilling wieder auf den anderen, verstrickt in den je eigenen Überlebenskampf. Manuela wiederholt ihr Rettungsmuster und zieht sich in den Schutz ihrer Innenwelt zurück. Dadurch kommt Enrico mit seiner alten Isolation in Kontakt, die im Spital seinen Überlebenskampf begleitete. Er antwortet mit seinem Muster. Dort, wo er sich tief verbunden fühlt, geht er auf Distanz und sucht den Schutz einer anderen Frau, die sein Überleben garantiert. Zieht er in Erwägung, die Beziehung zu Manuela aufzulösen, kommt sie mit ihrem inneren Ungeborenen in Kontakt. Dann fällt sie in ihre existenzielle Ohnmacht, den damit verbundenen Überlebenskampf und ihre abgrundtiefe Einsamkeit. Entscheidet er sich für Manuela, kommt er mit seinem inneren Ungeborenen in Kontakt und seiner eigenen Todesangst, weil er seinen Raum weiterhin mit «der Zwillingsschwester» teilt. Wird es ihm dann zu eng, wird er wieder ausbrechen wollen. Will Enrico beide Beziehungen leben, wird es für Manuela untragbar, denn «zu dritt» kann sie nicht leben. Würde sie sich von Enrico trennen, wäre sie wieder in der Rolle der Täterin und er in der Rolle des Opfers.

Ihre Überlebensmuster bringen die existenzielle Ohnmacht und die Isolation des anderen aufs Tapet, und je mehr sie sich darin polarisieren, desto tiefer sitzen sie in der Falle des «Nicht mit dir und nicht ohne dich».

Seine Überlebensstrategie ist für die Außenwelt sichtbar, ihre nicht. Von außen gesehen, wird er aktiv und sie bleibt passiv, doch sind sie, wie wir gesehen haben, beide zu je fünfzig Prozent für die Beziehungsdynamik verantwortlich.

Die Enthüllung der Außenbeziehung ermöglichte beiden den Zugang zu ihren alten Gefühlen und befreite sie ein Stück weit aus ihrer Isolation.

Falls Sie jetzt verwirrt sind ob all der vielen Bezüge und Ihnen die Klarheit verschwimmt, liegt das in der Natur der Sache, da alles gleichzeitig mit allem verwoben ist. Gefühlsmäßig haben Sie dann eine Ahnung, wie es uns allen ergeht, wenn sich das Damals im Heute reinszeniert.

«Es passiert» … – Wenn das innere Kind das Ruder übernimmt

Die meisten von uns kennen Situationen in ihrem Leben, in denen sie neben sich stehen, von Gefühlen überwältigt werden und das Lebensschiff ohne Kapitän seinen Kurs fährt. In solchen Situationen übernehmen unsere inneren Kinder das Ruder, nicht bewusst, sondern unbewusst. Durch irgendeine, oft alltägliche Begebenheit wurden sie geweckt und greifen nach der Führung. Es ist, wie wenn ein alter Film gestartet wird, den wir nicht stoppen können: «Es passiert». Ein Nachhall aus der Vergangenheit im Jetzt, basierend auf dem psychologischen Grundsatz «Was mir angetan wurde, das tue ich mir selber und anderen an».

Das folgende Paargespräch schildert hierzu zwei Beispiele. Diese werden einerseits beschrieben und andererseits kommentiert und mit der GeSchichte aus der Vergangenheit verbunden.

Peter: Mir kommt ein Erlebnis aus meiner Zeit als Betriebshelfer in der Landwirtschaft in den Sinn. Ich war zu dieser Zeit allein auf einem Hof für die Kühe, Rinder und Kälber verantwortlich. Der Bauer war im Spital mit einer Schulterverletzung. Ein frisch geborenes Stierkalb, erst eine gute Stunde alt, wollte nicht trinken. Ich habe alles Mögliche und Unmögliche versucht, doch nichts hat geholfen. Schließlich habe ich aus purer Verzweiflung mit den Fäusten auf das frisch geborene Kalb eingeschlagen. Weinend bin ich dann neben ihm zusammengebrochen und habe es umarmt. Nach drei Tagen hat das Kalb endlich getrunken. Es hat überlebt. Viele Jahre später bin ich in einer Therapiesitzung – ich fühlte mich damals in einer ausweglosen Beziehung wie gefangen – wieder auf diese Erinnerung gestoßen. Schmerzlich wurde mir bewusst, dass ich damals im Kuhstall der eigenen Hilflosigkeit als Neugeborenes begegnet war.
Ich selbst wurde in Steißlage mit der Nabelschnur um den Hals geboren. In den ersten drei Monaten bin ich immer blau angelaufen, wenn ich trinken sollte. Kaum auf der Welt war ich der Todesangst begegnet. Und im Kuhstall bin ich ihr erneut begegnet und habe sie nochmals durchlebt, indem ich mich mit dem Kalb identifizierte, das nicht trinken wollte. Mit dem Kalb stand meine eigene Todesangst wieder im Raum, und indem ich auf das Tier eintrommelte, wollte ich diese Angst auslöschen. Erst mein Zusammenbruch und die Umarmung des Kalbes, mit der ich auch mein inneres, neugeborenes Kind umarmte, brachten mich wieder ins Hier und Jetzt und in meine Rolle als Betriebshelfer zurück. Der lange Moment, in dem mein inneres Kind das Ruder übernommen hatte und ich wie von Sinnen war, war für mich als erwachsener Mann eine echte Bedrohung und hatte mein Handeln bestimmt.

Andrea: Obschon ich diese Kalb-Geschichte nicht zum ersten Mal höre, kommt sie mir jedes Mal sehr heftig entgegen und löst etwas aus. Ich glaube, sie macht mir Angst: Angst, bei dir Aggression auszulösen, wenn ich mich in unserer Beziehung ohnmächtig, hilflos und unentschlossen zeige. Nicht, dass ich dich je gewalttätig erlebt hätte. Doch trotzdem ist sie da, diese Angst. Vor kurzer Zeit hatten wir eine Situation erlebt, die mich das Muster verstehen und aufschlüsseln lässt.
Wir hatten vereinbart, zwei Wochen freizumachen, um am Buch weiterzuschreiben, und just da wurde ich krank. Starke Bauchschmerzen plagten mich. Aus Pflichtgefühl und um dich nicht zu enttäuschen, riss ich mich zu-

sammen und wollte trotzdem am Buch arbeiten. Gleichzeitig fühlte ich mich als Opfer und gab dir innerlich die Schuld daran, dass ich mir nicht die Zeit nehmen durfte, krank zu sein. Fieber gesellte sich hinzu, und ich war muffig und gereizt. Ich fühlte mich hin- und hergerissen zwischen Aufgeben und Dranbleiben und konnte mich zu nichts entschließen.
Damit hatte mein inneres Kind das Ruder übernommen und «ich tat mir das an, was mir angetan wurde». Als Kind war ich oft krank. Doch meine Eltern beunruhigte das sehr, denn sie hatten ja nur mich und um dem entgegenzuwirken, begann mein Vater damit, mich abzuhärten, körperlich und seelisch. «Zähne zusammenbeißen und keine Tränen wegen solcher Bagatellen», lautete die Devise. Im alten Film, der sich reinszenierte, hattest du die Rolle meines Vaters, dem ich es recht machen und dafür geliebt werden wollte und von dem ich im Gegenzug Fürsorge erwartete.

Peter: Anfänglich versuchte ich dir auf meine Weise zu helfen, doch egal, wie ich mich verhielt, nichts ist bei dir angekommen. Mir war, als wolltest du in der Pattsituation verharren – stur und bockig. Das machte mich hilflos und wütend zugleich. Dein Hin und Her löste in mir ein tiefes Unbehagen aus, und ich wollte nichts mehr mit dir zu tun haben. Ich stieß dich innerlich weg – was äußerlich vermutlich sehr radikal wirkte. – Du hast mich an den kleinen frisch geborenen Peter, dem nicht zu helfen war, erinnert, genau wie das Kalb im Eingangsbeispiel und wieder lief der alte Film zum Glück in abgeschwächter Form.

Andrea: Ja, dein vehementes «Mich-weg-haben-Wollen» war gut spürbar und deine Worte in diesem Moment deutlich. Ich fühlte mich angegriffen und alleingelassen. «Siehst du denn nicht, dass ich krank bin? Und jetzt gibst du mir grad noch eins oben drauf. Wozu tue ich mir das an, krank zu arbeiten, wenn du mir jegliche Unterstützung entziehst, eigentlich würde ich dafür einen extra liebevollen Umgang verdienen», dachte ich bei mir. Ungerecht und ohnmächtig fühlte es sich an und Wut stieg auf. Sie machte sich kurz Luft, doch war es besser, mich jetzt zu verziehen. Ich stapfte davon. Es gab keinen Grund mehr, weiterzuarbeiten, wozu auch, und endlich hatte mein inneres Hin und Her ein Ende. Fertig mit Tapfersein. Ich wollte nur noch für mich sorgen. Ich entschloss mich dazu, ins Bett zu gehen und die Sache auszukurieren. Zu meinem Erstaunen zeigtest du dich ein paar Stunden später wie ein umgekehrter Handschuh: mir zugewandt, einfühlsam und unterstützend.

Ich verstand die Welt nicht mehr, doch war ich einfach nur glücklich über den wundersamen Wandel.
Deine radikale Abgrenzung hat meinem alten Film Einhalt geboten und mir ermöglicht, die Verantwortung für mich zu übernehmen und diese nicht weiter an dich zu delegieren.

Peter: Allein mit mir wurde mir die Angst, die ich um dich hatte, bewusst. Angst, dass du auf diese Weise irgendwann zusammenbrichst. Als ich dann sah, dass du dich entschieden hattest, für dich zu sorgen, und dich ins Bett legtest, konnte ich wieder auf dich zugehen. Mein Wandel war für mich nicht so krass, doch ich freue mich, dass du meine «edlen» Seiten genießen konntest. Deine Selbstfürsorge hat mich aus meiner GeSchichte «erlöst». Wieder hast du mich an den frisch geborenen Kleinen erinnert. Jetzt aber hatte er sich entschieden zu trinken, genau wie damals das Kalb. Das vermochte den alten Film zu stoppen und brachte mich zurück ins Hier und Jetzt.

Wieder einmal also war «es passiert»: Unsere beiden inneren Kinder hatten das Ruder übernommen und unsere alten Filme abspulen lassen. Und wieder einmal haben wir beim nachträglichen Reflektieren beide viel von uns selbst und dem anderen verstanden.

Die gemeinsame Reflexion hilft dabei, sich selbst und den anderen anzunehmen und einander zu verzeihen. Zudem kann jeder für sich andere Handlungsmöglichkeiten erkennen, die über das rettende Muster hinausgehen, die das hilflose, ausgelieferte Kind damals für sich fand. Mehr zum inneren Kind, seinen möglichen Verletzungen und einem heilenden Umgang damit finden Sie im Kapitel «Das innere Kind zu sich nehmen» (siehe S. 189ff.).

Der Evergreen – Das immergrüne Muster in der Beziehung

Als Evergreen bezeichnen wir den Konflikt beziehungsweise das Konfliktthema in einer Beziehung, das «immergrün» wiederkehrt. Egal, wie lang ein Paar schon zusammen ist, wie sehr es sich schon mit der Thematik befasst hat und in was für einer Beziehungsphase es sich gerade befindet, kein Paar kommt um den Evergreen herum. Das hat etwas Gemeines und etwas Geniales zugleich.

Steht das Gemeine im Vordergrund, wird ein Paar das immergrüne Zeugs nicht mehr wollen und damit beginnen, diese Auseinandersetzung zu umschiffen wie ein gefährliches Riff. Beide Partner beginnen zum Beispiel zu schweigen, um den endlosen und unfruchtbaren Evergreen-Diskussionen, die sich im Kreis drehen, aus dem Weg zu gehen. Wir kennen die Reizwörter des anderen und wollen uns um keinen Preis mehr in dieselben ausweglosen Situationen begeben. Wir sehen den frustrierenden Ausgang bereits voraus. Das Thema wird jedoch «immer grün» bleiben, und die Auseinandersetzungen verlagern sich mit großer Wahrscheinlichkeit auf einen anderen Bereich. Es ist keine archäologische Ausgrabung nötig, um den Evergreen zu finden. Er steckt in jeder Auseinandersetzung, und so wie jeder Brosame über das ganze Brot Auskunft gibt, reicht meist ein Konfliktbeispiel, um darin die Dynamik des Evergreens zu finden. Wie die oben beschriebenen Beispiele zeigen, liegt der Schlüssel in den Gefühlen, die jeder Einzelne in der Konfliktsituation hat. Diese Gefühle sind beiden altbekannt.

Jeder Mensch hat sein oder seine Themen und jedes Paar hat sein oder seine Themen. Die Themen des einen passen mit den Themen des anderen zueinander wie Haken und Ösen und verhaken sich im Moment des Konflikts. Diesen Verschluss als gegeben, unausweichlich und unlösbar zu sehen, ist eine Möglichkeit. Eine andere ist, den Verschluss wieder zu öffnen und die Haken und Ösen unter die Lupe zu nehmen. Ist ein Paar bereit dazu, wird es schon bald nicht mehr wissen, wer den Haken mitbringt und wer die Öse auslegt. Ob der Haken oder die Öse zuerst da war, ist meistens nicht mehr eruierbar und schlussendlich auch nicht wichtig. Tatsache ist, dass wir blitzschnell einhaken. Unsere Kernverletzungen sind sich vertraut, und die unterschiedlichen Strategien, um damit umzugehen, ziehen sich an wie zwei Magnete. Unsere gegenseitigen heftigen oder verhaltenen Reaktionen zeigen auf, dass unsere Kernverletzungen getriggert und die Vernarbungen aufgeschürft oder gar wieder geöffnet wurden. Die beidseitigen Reaktionen, in denen sich alte und aktuelle Gefühle vermischen, verhaken sich ineinander und schaukeln sich gegenseitig hoch.

Das sind düstere Bilder, die sich aber nicht mehr so schwer anfühlen, sobald wir uns bewusst werden, dass der Evergreen auch die Hoffnung des «Immergrünen» beinhaltet, die Hoffnung also, dass etwas bleibt und weitergeht. Das Leben ist gnädig mit uns, denn mit einer immensen Geduld zeigt es uns immer wieder auf, wo es langgeht und eröffnet uns damit Gelegenheiten, die gleiche Situation verändert anzugehen. Ein immer wiederkehrender Krisenherd stellt somit auch ein enormes Potenzial dar, um neue Lösungen zu suchen und zu finden. Wir können an unserem Evergreen scheitern, oder wir können daran wachsen. Wir können uns beim Seilziehen erschöpfen oder auch erleichtert feststellen, dass wir am selben Strick ziehen. Das Geniale daran ist, dass jedes Paar immer wieder die Chance hat, sein spezifisches Thema anzugehen und damit auch das jedes Einzelnen.

Wenn es beiden Partnern gelingt, sich irgendwann auf sich selbst zurückzubesinnen und die Schuld nicht immer beim anderen zu suchen, findet vielleicht jeder für sich heraus, woher er die bei sich wahrgenommenen Gefühle, Gedanken oder auch Körperreaktionen kennt. Erkennen wir uns in unserer «alten» GeSchichte wieder, dann sind wir aus dem alten Film ausgestiegen und wieder im Hier und Jetzt. Diese Erkenntnisse einander mitzuteilen führt zu großer Nähe – und genau darin liegt eines der Geschenke des Evergreens.

Wege aus der Sackgasse – Mit dir oder ohne dich

«Viele sind hartnäckig in Bezug auf den einmal eingeschlagenen Weg, wenige in Bezug auf das Ziel.» (FRIEDERICH NIETZSCHE)

Nach diesem Ausflug in die Vergangenheit möchten wir Ihnen im Folgenden mögliche Wege aufzeigen, die aus der Sackgasse herausführen können.

Wenn ein Paar uns aufsucht, das in der «Nicht mir dir und nicht ohne dich»-Falle steckt, geht es uns nicht in erster Linie darum, dass dieses Paar zusammenbleibt. Für unser Verständnis liegt Erfolg darin, wenn zwischen den Partnern Klarheit entsteht und sie sich entscheiden können, ob sie ihren persönlichen Evergreen weiterhin mit dem anderen leben und daran arbeiten möchten oder eben nicht.

Wie wir gesehen haben, sind viele Paare wie verkeilt ineinander. Sie können weder miteinander noch ohne einander sein. Sie brauchen sich und ertragen sich kaum mehr. Es handelt sich dabei um eine Pattsituation, die auf eine ausgediente und ungesund gewordene Symbiose hinweist, in der der Einzelne weder sich selbst noch den anderen wirklich wahrnehmen kann. In dieser Situation verliert sich jede Erkenntnis im Rauch der erhitzten Gemüter oder in der Resignation. Abkühlung oder Bewegung bringt dann nur eine sanfte Trennung der Symbiose. Dies ist meist ein erster Schritt in Richtung Klärung. Dieser beinhaltet, den anderen und sich selbst wieder als eigenständige Individuen wahrzunehmen. Als zwei ganze Personen, die beide mächtige und ohnmächtige Anteile in sich tragen. Damit verbunden ist die Erkenntnis, dass beide aus dem gleichen Defizit heraus wirken und dass sie eigentlich im selben Boot sitzen.

Sich polarisieren, distanzieren und auseinandersetzen, wie dies in der Phase der Vertreibung aus dem Paaradies der Verliebten passiert, ist eine wichtige Etappe auf dem Weg zu Klarheit und Eigenständigkeit. Doch was die Klarheit zu guter Letzt bringt, ist ungewiss. Eine Entscheidung wird entweder zu einer Scheidung führen oder zu einem handfesten Ja ohne Wenn und Aber. Erkennen die Partner den Machtkampf, den sie führen, um die eigene existenzielle Ohnmacht zu vermeiden, und werden ihnen die Rollen bewusst, die sie in ihrer Beziehungsdynamik einnehmen, kann jeder wieder bei sich ankommen.

Möchten beide etwas daran verändern, so besteht Hoffnung auf einen gemeinsamen Weg. Möchte einer aber einfach wieder zurück in die alte Symbiose und seine Rolle beziehungsweise seine Machtposition behalten, das heißt jemanden «beeltern» (Elternrolle, Macht) oder von jemandem «beeltert werden» (Kindrolle, Macht in der Ohnmacht), dann wird es schwierig, in ein neues Gleichgewicht zu finden. Dann kommt es entweder zu einer Trennung, oder die beiden kehren ins altbekannte Arrangement zurück.

Wir als beratende Außenstehende kennen den Weg eines Paares nicht und wissen daher nicht, was für ein Paar gut ist. Doch wir können mit einem Paar den Boden für eine Entscheidung bereiten, damit aus dem Jein ein klares Nein oder ein klares Ja werden kann. Dabei sind wir uns sicher, dass jeder Einzelne und jede Beziehung diesen Spannungsbogen und diese Auseinandersetzung braucht, um sich weiter zu entwickeln. So gesehen sind der Fall aus dem Paaradies der Verliebten und die damit verbundene Krise letztlich auch eine Chance.

Dazu noch eine Geschichte:

Glück oder Unglück?
Eine Geschichte aus China erzählt, dass einst in den Bergen ein Bauer in ganz bescheidenen Verhältnissen lebte. Er hauste da mit einem Sohn und einem Pferd und bestellte seinen Acker …
Eines Tages kamen Wildpferde von den Bergen und entführten sein einziges Pferd. Als die Leute vom Dorf kamen und mit ihm um den Verlust seines einzigen Pferdes trauern wollten, antwortete er:
«Glück oder Unglück, wer weiß das schon?»
Eines Nachts, lange Zeit später, kam das getürmte Pferd wieder zurück und brachte ein Junges mit. Und wieder kamen die Leute vom Dorf, um ihm zu seinem Glück zu gratulieren. Er antwortete:
«Glück oder Unglück, wer weiß das schon?»
Als der Sohn das Jungpferd einzureiten begann, warf es ihn ab und er brach sich beide Beine. Und die Leute vom Dorf kamen wieder und wollten mit dem Bauer um den verunfallten Sohn trauern und er antwortete:

«Glück oder Unglück, wer weiß das schon?»
Als bald darauf das Militär in die Berge kam, um junge Männer für den Krieg einzuziehen, zogen sie ohne den verletzten Sohn des Bauern von dannen. Und die Leute vom Dorf kamen wieder und wollten dem Bauer zu seinem Glück gratulieren, und er antwortete:
«Glück oder Unglück, wer weiß das schon?»
Und so kann sich die Geschichte fortsetzen bis …
(Eine alte Parabel aus China)

Das Glück als einpolig zu sehen ist ähnlich fatal, wie die Phase der Verliebtheit als unvergängliches Beziehungsideal hochzuhalten. Glücklich verliebt zu sein ist ein wunderbarer Moment, doch geht er wieder vorbei. Wenn das Glück etwas Dauerhaftes sein soll, muss es ein Bewusstseinszustand sein, der dadurch entsteht, dass er das ganze Leben in all seinen Aspekten zu umfassen vermag. Erst dann fühlen wir uns nicht mehr bedroht durch das, was wir im Moment als negativ, schmerzhaft, verzweifelt oder … erleben, wie zum Beispiel den Fall aus dem Paaradies der Verliebten. Wir sind uns bewusst, dass Glück auf diese Art betrachtet nicht einfach ein Hochgefühl ist, sondern ein grundlegendes Einverständnis mit dem, was geschieht – egal, ob es sich in dem Moment positiv oder negativ anfühlt. Das bedingt letztlich ein umfassendes Ja zum Leben. Aus dieser Warte möchten wir die verschiedenen Wege betrachten, die sich nun einem Paar in der Sackgasse eröffnen.

Trennung

Sich trennen – Trennung –, das tönt für viele Menschen so endgültig und trostlos. Dafür gibt es gute Gründe. Wir alle haben unsere Geburt als eine definitive und schmerzvolle Trennung einer nahen Beziehung erlebt. Je nachdem, wie wir unsere Ankunft auf dieser Welt erlebt haben, sind wir durch das Geschehen mehr oder weniger traumatisiert. Dieses Trauma teilen alle Menschen. Damit ist einfach erklärt, warum wir Trennung fast immer als «alleingelassen werden» und meistens als «kalt» erleben. Doch jede Trennung kann auch Freiheit und Fortschritt sein und einen Entwicklungsschritt bedeuten.

Wir erleben in der Arbeit mit Paaren manchmal, dass sich die Karrengleise über die Jahre mit der Heftigkeit der Konflikte und den sich gegenseitig zugefügten Verletzungen so tief eingefressen haben, dass die Beteiligten sich nicht mehr daraus befreien können. Jeder Befreiungsversuch endet wieder im selben Gleis. Die Kräfte reichen nicht mehr aus, oder die verheißungsvollen Partnerangebote im Internet sind zu verlockend, um der Beziehung noch mal eine Chance zu geben.

Es gibt auch Paare, die sind innerlich bereits getrennt, wenn sie zu uns kommen. Präziser gesagt: Meist ist einer der beiden innerlich schon weg. Oft ist sich derjenige dessen aber nicht wirklich bewusst, doch der andere spürt etwas, ohne es genau benennen zu können. Das erzeugt Spannung. Die Gedanken und Gefühle wirbeln durcheinander und drehen sich im Kreis. In solch einer Situation bringt bereits die Möglichkeit einer Trennung vielfach Entspannung und damit auch Klarheit. Ab und an ist sich jemand auch bewusst, dass er sich eigentlich schon verabschiedet hat, doch er traut sich nicht, dies zu äußern. Er erhofft sich von uns die Entscheidung oder die Legitimation für eine Trennung. Beides tun wir nicht, da jeder Partner die alleinige Verantwortung für seine Entscheidungen trägt und nur er selbst weiß, was für den Moment das Richtige ist.

Trennungen sind oft radikal und gefühlskalt. Ein solches Ende könnte man als Affekthandlung bezeichnen. Dies ist dann der Fall, wenn dem einen auf einmal alles zu viel wird und er Hals über Kopf alles hinter sich lässt. Dann fehlt dem Abschied meist die Würde. Was Würde und Trennung miteinander zu tun haben? Sich in Würde trennen heißt, sich ehrlich zu begegnen und dem Schmerz, der Trauer, der Wut und all den unangenehmen Gefühlen Ausdruck zu geben. Sich damit zu zeigen, ohne sich hinter dem Schutzschild des «Darüberstehens» zu verstecken. Würde hat auch mit der Würdigung der gemeinsamen Zeit zu tun. Wie auch immer die Beziehung war, es gab verliebte und glückliche Zeiten und sicherlich manch gute Momente. Von alldem müssen wir uns ebenfalls verabschieden.

Eine Trennung löst auf beiden Seiten schmerzhafte Gefühle aus, und wir tun gut daran, diese nicht achtlos wegzustecken. Wenn wir diese einfach in unsere Gefühlskiste packen, könnten wir es später schwer haben, uns ohne Angst auf eine neue Beziehung einzulassen.

Eine Trennung bedeutet keineswegs die Lösung aller Beziehungsprobleme. Wir können uns zwar von einem Menschen trennen, doch wir können uns niemals von uns selbst trennen. Auch wenn wir uns aus einer schwierigen Beziehung verabschieden, nehmen wir uns, unsere GeSchichte und die damit verbundenen Themen mit. Diese werden wir in einer neuen Beziehung wieder reinszenieren. Auch als Single – dann eben mit anderen Menschen aus unserem Umfeld. Wir werden uns und unserer GeSchichte wieder begegnen – entweder in derselben Rolle wie zuvor oder im Part der Gegenseite. Auch da und immer wieder ist das Gegenüber alles, was uns fehlt! In einer neuen Beziehung die Rolle des vormaligen Partners innezuhaben und seine Position kennenzulernen, kann sehr heilsam sein. Das bedeutet auch, dass sich in der neuen Beziehung über kurz oder lang die altbekannte Dynamik und der Evergreen wieder zeigen werden. Dabei kann es allerdings sein, dass die Vorzeichen günstiger sind, und wir uns nun getrauen, uns einzulassen. Oder der neue Partner ist vielleicht eher bereit, die Krise als Chance wahrzunehmen. Oder wir sind um Erfahrungen reicher und daher bereit, den Weg der Bewusstwerdung ein Stück weiterzugehen, um eine neue Facette unserer selbst zu entdecken.

Zurück ins altbekannte Arrangement

Wenn nur einer der beiden aus seiner Rolle aussteigen möchte, der andere aber daran festhält und beiden die Kraft zur Trennung fehlt, kehrt das Paar in seine eingespielten Rollen der komplementären Symbiose zurück. Die alte Dynamik bietet zu diesem Zeitpunkt die Sicherheit des Bekannten und wird nicht weiter hinterfragt. In solch einer Situation bricht eine Paarberatung ab. Die Konfliktzonen werden fortan gemieden. Das Paar schont sich, und die beiden führen gemeinsam ein «getrenntes Leben», wie dies im «pragmatischen Arrangement» weiter vorne bereits ausführlich beschrieben wurde. Manchmal hält diese Art von Harmonie, bis dass der Tod sie scheidet. Manchmal ist der Frieden jedoch nur von kurzer Dauer, die alten Themen melden sich zurück und drängen zu einer Veränderung. Glück oder Unglück, wer weiß das schon?

Menschwerdung – Erkenne dich selbst

Knüpfen wir nochmals an die Geschichte des chinesischen Bauern an. Dessen Sicht auf das Glück bedeutet für die Beziehung ein klares Ja zum anderen. Ein umfassendes Ja, ohne Wenn und Aber, schließt übrigens

Zweifel und Unsicherheit nicht aus. Doch ganz gleich, was passiert und wie sich beide gerade fühlen, setzen sie sich bewusst auseinander und suchen und finden immer wieder einen gemeinsamen Weg. Mit dieser Haltung gehört Positives wie Negatives zu einer glücklichen Beziehung. Damit öffnet sich der Weg von der Verliebtheit zur Liebe. Wenn wir es immer mal wieder schaffen, diesen Raum jenseits aller Wertung zu betreten, können wir aneinander und miteinander wachsen. Auf diese Weise wird die Beziehung zu einem Ort der Selbsterkenntnis, des Wachstums und der Heilung. Wie dieser lebendige Beziehungsweg aussehen könnte und was das für jeden bedeuten kann, beleuchten wir im dritten Kapitel «Das Paaradies auf Erden – Menschwerdung».

Zusammenfassend bleibt zu sagen: Egal, welchen Weg wir gehen, jede Entscheidung hat ihre Sonnen- und Schattenseiten, auch wenn es im entscheidenden Moment so aussieht, als gäbe es nur die eine Seite. Egal, wie wir uns entscheiden, den Themen aus der eigenen GeSchichte können wir nicht ausweichen. Wir kommen nicht darum herum, uns damit auseinanderzusetzen, ob in der bestehenden Beziehung, als Single oder in einer neuen Partnerschaft. Unser Lösungsansatz ist daher: ehrlich hinschauen, sich ein Herz fassen und den Mut entwickeln, um sich und den anderen beherzt zu lieben.

Die Wege der Beispiel-Paare:
An dieser Stelle möchten wir Sie, liebe*r Leser*in, noch daran teilhaben lassen, wo sich die Paare befanden, als sie die Paarbegleitung bei uns abschlossen.

Manuela und Enrico
Manuela und Enrico haben sich «ohne Wenn und Aber» gemeinsam auf den Weg gemacht und kurz vor Abschluss der Sitzungen geheiratet. Sie haben sich damit bewusst der Herausforderung ihrer Zwillingsthematik gestellt und die Aufgabe, sich je um ihr eigenes inneres Kind zu kümmern, angenommen. Ihr Evergreen in Bezug auf Isolation und Verbundenheit, auf Raum geben und Raum nehmen, wird sie weiterhin

begleiten. Dieses Thema wird die Beziehung hoffentlich immer wieder von Neuem beleben und jedem Stück für Stück mehr Bewusstheit schenken.

Carol und Leo
Als Carol und Leo die Begleitung beendeten, hatten sie gemeinsam ein kleineres Haus bezogen. Leo hatte seine Stelle aufgegeben und war gerade dabei, sich selbstständig zu machen, was einiges an Verunsicherung mit sich brachte. Carol hatte in der Zwischenzeit eine verantwortungsvolle Stelle angenommen, die ihr viel Anerkennung bringt und sie in ihrem Selbstbewusstsein stärkt. Die beiden begegnen sich vermehrt auf Augenhöhe. Immer wieder mal fallen sie in ihre alten Muster, reflektieren diese im regelmäßigen Paargespräch und finden wieder ein Stück ihres eigenen Lebenspuzzles. Höhen und Tiefen begleiten ihren gemeinsamen Weg. Krisen lassen sie manchmal fast verzweifeln und dann beherzt wieder ein Stück weiter wachsen.

Franziska und Michael
Als Franziska und Michael die Sitzungen bei uns abschließen, steht die Geburt ihres zweiten Kindes bevor. Ihre Rollen werden sich nach der Geburt wieder umkehren. Michael wird wieder vermehrt im Außen unterwegs sein, und Franziska wird die Fürsorge für die beiden Kinder übernehmen. Michael hat sich mit der Betreuung seines Sohnes und seines inneren Kindes, der Auseinandersetzung mit seiner Krankheit und dem Wechsel in einen handwerklichen Beruf mehr Selbstfürsorge gegeben und einen sicheren Boden unter den Füßen zugelegt. Franziska hat in ihrer beruflichen Auseinandersetzung, ihrer Familienzeit und der Beschäftigung mit ihrem inneren Kind mehr Eigenständigkeit und Selbstwert entwickelt. Nach ihren Konflikten, die sich immer wieder an ihrem Kernthema «Aufmerksamkeit, Kontakt und Zugehörigkeit» entzünden, können beide schneller wieder Distanz nehmen und aus der «Konkurrenz» aussteigen. Das Paargespräch, dessen Regelmäßigkeit sich im Familienalltag zwar schwierig gestaltet, hilft ihnen dabei.

Alle Paare hatten bei Abschluss der Sitzungen einen gefüllten «Werkzeugkoffer», Klarheit über ihre Dynamik und vielseitiges Wissen zum

Thema Beziehung. Hilfe zur Selbsthilfe – nun galt es, die Werkzeuge weiter zu nutzen und die neuen Erkenntnisse und Haltungen selbstständig zu vertiefen.

Wir wenden uns im nächsten Kapitel «Das Paaradies auf Erden – Menschwerdung» den Werkzeugen und Sichtweisen zu, die wir Paaren mit auf den Weg geben und die aus unserer Warte für einen gemeinsamen lebendigen Beziehungsweg hilfreich sind.

Das Paaradies auf Erden
—
Menschwerdung

Ich bin ganz – Bewusstwerdung jenseits von Gut und Böse – Ein Paargespräch

Peter: Ich weiß nicht genau warum, aber zu diesem Thema kommt mir einer meiner Träume in den Sinn. Ich habe ihm damals den Titel «Himmel und Hölle» gegeben. Ich habe ihn dir vor einiger Zeit erzählt. Während ich erzählte, saßen wir wie jeden Morgen bei unserem ausgedehnten Frühstück. Ich war noch etwas benommen von der Traumsequenz.
«Ich liege nackt im Bett mit Lea. Ich spüre ihren Rücken an meinem nackten Bauch, alles fühlte sich ganz natürlich und unschuldig an. In mir trage ich ein himmlisches Gefühl von Reinheit, Harmonie und Selbstverständlichkeit, eine Art von Heiligkeit.
Plötzlich denke ich an dich, stelle mir vor, dass du mich suchen könntest, mein Zimmer leer auffindest und du mich so in Leas Bett sehen könntest … Von diesem Moment an ist schlagartig alles anders. Äußerlich hat sich nichts verändert. Ich sehe Lea und mich unverändert im Bett liegen, doch in mir tobt ein Gedankenkrieg. Ich suche nach irgendwelchen Erklärungen und Rechtfertigungen. Und suche in mir nach Anzeichen sexueller Erregung. Ich bin völlig verunsichert, ob ich mich nicht doch erregt habe und mit heimlichen Absichten in Leas Bett gestiegen bin … Ich foltere mein Hirn mit Fragen und erfinde Antworten, nur um meine Fragerei zu befriedigen. Ich finde keine Ruhe, meine Sinne sind wie taub und innerlich ist kein Anzeichen von Heiligkeit mehr. Die ganze Situation ist für mich zu einer gedanklichen Hölle geworden, während ich unverändert in friedvoller Embryostellung nackt in Leas Bett liege. So bin ich aufgewacht – völlig erschöpft.»

Andrea: Ja, ich kann mich daran erinnern, wie du mir diesen Traum erzähltest. Wie immer, wenn du mir von einem Traum mit einer anderen Frau erzählst, wird ein leises Misstrauen und eine Portion Eifersucht wach.

Obschon ich weiß, dass alle Personen im Traum Anteile deiner selbst sind und sie nichts mit der Realität zu tun haben. Doch hat nicht besagte Frau erst vor Kurzem ziemlich offensichtlich mit dir geflirtet? Läuft da vielleicht doch etwas hinter meinem Rücken? Nein, das kann nicht sein, wir haben doch gerade erst darüber gesprochen, wie wohl und zufrieden wir uns in unserer Partnerschaft fühlen. Kann ich dir und uns vertrauen? Kann ich mir und meiner Wahrnehmung trauen? Solche Fragen und halbherzige Antworten wirbelten während deiner Erzählung durch meinen Kopf.
Gleichzeitig war ich auch sehr berührt, dass du etwas so Intimes mit mir teilst. Ein Beweis für deine Nähe und dein Vertrauen zu mir. Wenn ich jetzt, ein paar Jahre später, über unser Gespräch am Morgentisch reflektiere, kommt mir der Anfang unseres Zusammenseins in den Sinn. Damals hatten wir in den ersten paar Wochen eine heimliche Liebschaft miteinander. Ich befand mich in deiner Rolle mit ein paar wesentlichen Unterschieden. Es fühlte sich zwar traumhaft und heilig an, doch es war Wirklichkeit und keineswegs so unschuldig, wie du es in deinem Traum beschrieben hast. Das heißt, mir ist die Rolle der «Fremdgeherin» bekannt. Und doch verunsichert es mich bereits, wenn du nur ganz unschuldig davon träumst.

Peter: Es tut mir gut zu erfahren, dass in solchen Situationen auch dein Kopfkino mit all den Fragen zu laufen beginnt– so bin ich damit nicht allein. Stimmt: Am Anfang unseres Zusammenseins gab es für kurze Zeit eine heimliche Dreiecksbeziehung. Ich wollte dich aber nicht mit einem anderen Mann teilen und habe dich bald zu einer Entscheidung gedrängt: entweder ganz oder gar nicht! Ich ertrage selbst gemachte Unsicherheiten und Spannungen schlecht und Heimlichkeiten schon gar nicht. Ich will Klarheit, Wahrhaftigkeit, und in einer Liebesbeziehung will ich an erster Stelle stehen. So war ich froh, dass ich damals nicht deinen Part hatte. Ich wäre meinem Gedankenkrieg – ähnlich wie im Traum – total ausgeliefert gewesen. Und so habe ich deinen heimlichen «Fremdgang» damals wortstark verurteilt und bin ihm damit auch geschickt ausgewichen! Mich selbst verurteilen wollte ich nicht, dafür liebte ich meine Prinzipien zu sehr. Mit dir, meinem Traum und der Erkenntnis, dass ich mich ja in dir spiegle, sieht das Ganze jetzt anders aus. Mein Gedankenkrieg verweist auf einen großen blinden Fleck: Ich bin eifersüchtig, was ich lange und vehement verneinte. Und könnte auch fremdgehen. Du hast es mir vorgemacht – zum Glück.

Andrea: Deine Erkenntnis wirkt auf mich wie eine sanfte Rehabilitation, fühlte ich mich doch damals zerrissen, schuldig und verurteilt. Obschon die Heimlichkeit auch eine gewisse Faszination auf mich ausübte, wollte auch ich so schnell wie möglich klare Verhältnisse. Ich brauchte jedoch noch einen Moment, um den Mut zu fassen und meine Angst vor dem Geständnis und dem Neuland, das dadurch aufbrach, zu überwinden. Und ja, zum Glück habe ich die nötige Courage aufgebracht.

Peter: Immer wieder bin ich beeindruckt, wie Beziehung funktioniert. Wie ich dir und du mir den Spiegel vorhältst. Wie ich Vorwürfe und Verurteilungen, die ich an dich richte, genauso an mich richten könnte. Wie auch nach etlichen Jahren Dinge ins Lot kommen, sobald ich Anteile, die ich bei dir verurteile, zu mir zurücknehmen kann. Anteile, die mich «ganz» machen, jenseits aller Wertung von Gut und Böse.

Beherzt lieben

«Beherzt ist nicht, wer keine Angst kennt, beherzt ist, wer die Angst kennt und sie überwindet.» (Kahlil Gibran)

Eine erste Voraussetzung für eine beherzte Liebe ist das Bewusstwerden, dass uns das gängige Liebesideal in fixen Vorstellungen gefangen hält, denen ein normaler Paaralltag in keiner Weise gerecht wird. Für eine gelingende Beziehung halten wir es für unabdingbar, dieses Paradigma der romantischen Liebe zu revidieren, damit Verliebtheit nicht mit Liebe verwechselt wird.

Die Entromantisierung der Liebe – Das Paar als kleinste Selbsthilfegruppe

«Niemand kennt voraus den Preis, den er bezahlt, bis er was weiß.» (Sten Nadolny)

Lassen Sie uns nochmals an den Anfang der Beziehung zurückkehren. Schmetterlinge kreisen wild im Bauch, und der Körper ist bei jeder Begegnung mit dem neuen Partner wie elektrisiert. Es herrscht Freude, Lust und Glück – ein positiver Ausnahmezustand. Hunger, Schlaf und sonstige Alltäglichkeiten sind in diesem Moment Nebensache.

Wir gehen davon aus, dass die meisten Menschen den Zustand der Verliebtheit schon einmal erlebt haben und sie auch die Erfahrung machten, dass Verliebtheit ein Ablaufdatum, eine Sollbruchstelle hat. Der Zeitpunkt kann unterschiedlich sein, doch er kommt bestimmt. Länger als zweieinhalb Jahre können ihn die wenigsten Menschen hinauszögern. Spätestens dann ist der Zauber der Verliebtheit verflogen, und Wolke sieben ist weitergezogen.

«Wozu das Ganze?», fragen wir uns, nachdem wir diese Beziehungsachterbahn vielleicht schon mehrere Male durchlebt haben. Es ist, als würde einem der Speck durchs Maul gezogen, und das war es dann. Der Geschmack ist betörend, wir fallen hinein (falling in love), und kaum jemand entkommt diesem Zauber. Die Verliebtheit lockt uns in die Beziehung, ob wir es wollen oder nicht. Dass jede Liebesbeziehung zugleich auch die kleinste Form einer Selbsthilfegruppe ist, wissen die wenigsten von uns. Dieses Wissen gehört leider nicht zum Schulstoff. Wir behaupten: Viele Paare würden sich nicht verbinden, wenn sie wüssten, was da alles noch auf sie zukommt. Ist die Liebesbeziehung eine Mogelpackung? Nein, wir sehen einen Sinn darin.

Menschen werden aufeinander aufmerksam, weil sie dieselben Signale aussenden, weil sie an denselben inneren Baustellen arbeiten und weil sie im besten Sinne des Wortes Gleichgesinnte sind. Sie finden sich in einer Liebesbeziehung wieder, um einander zu helfen, die Urverletzung zu heilen und sich selbst zu erkennen. Beziehungen sind eine wirksame Möglichkeit, bewusster zu werden und sich im Menschwerdungsprozess weiter zu entwickeln. Liebesbeziehungen berühren uns im Innersten. Sie gehen unter die Haut. Sie schaffen Verbindung zu unseren tiefsten und frühesten Beziehungs- und Bindungserfahrungen. Dadurch gehen sie einher mit sehr alten Gefühlen der Ohnmacht und Angst. Wahrscheinlich würde sich kaum jemand ohne den Trieb zur Erhaltung der Art und ohne den verführerischen Zuckerguss der Verliebtheit auf ein solches Abenteuer einlassen.

«Wieso, um Himmels willen, wollen Menschen immer wieder den alten Schmerz ihrer Urverletzung beleben? Jeder Mensch möchte doch glücklich sein!» Worte dieser Art hören wir immer wieder. Ja, wir Menschen wollen glücklich sein. Das sehen wir auch so. Wir glauben nicht, dass Menschen bewusst die alten Schmerzen suchen. Wir verstehen Glück jedoch nicht als einen Zustand des Wohlgefühls, sondern als eine Haltung dem Leben gegenüber, die gute und schmerzhafte Zeiten als zum Leben gehörig erachtet. Glück oder Unglück, wer weiß das schon? Wir richten unseren Blick auf die Heilung von Verletzungen. Diese möchten bewusst gepflegt werden. In einer Beziehung leben alte Verletzungen in der Hoffnung auf Erlösung wieder auf. Sie spornen uns an, jeder Verliebtheit entgegenzueilen. Sie wittern darin eine neue Chance, geheilt zu werden.

«Unbewusstes erkennt Unbewusstes irrtumslos», sagt Michael Lukas Moeller. So gesehen gibt es keinen falschen oder richtigen Partner. Es gibt nur den Partner, mit dem wir gerade zusammen sind, und das ist der passende.

Dies ist eine schwierige Grundannahme für Menschen, die gerade unglücklich sind und unzufrieden mit ihrer Beziehung hadern. Doch unsere Erfahrung lehrt uns, dass in jeder Beziehung die Chance zur Heilung steckt. Ob wir diese Chance nutzen können oder an den Herausforderungen scheitern, das hingegen ist, wie wir im letzten Kapitel gesehen haben, ungewiss.

Wir sind uns durchaus bewusst, dass wir damit das romantische und ideale Bild einer Liebesbeziehung zerstören, das dauernde Verliebtheit und seliges Glück bis ans Lebensende verspricht. Ein Bild, wie es uns überall in der Werbung und von den Medien vorgegaukelt wird. Die Vorstellung dieser romantischen Liebe macht es, dass die meisten Beziehungen so schwierig sind. Sie schraubt die Erwartungen in schwindelnde Höhen und verunmöglicht einen lebbaren Alltag zu zweit. Unter diesen unerfüllbaren Anforderungen leiden viele Beziehungen. Unzählige Paare trennen sich, wenn die Verliebtheit abklingt und sich dem Ablaufdatum nähert. Für diese Paare gibt es nur alles oder nichts; etwas dazwischen ist unvorstellbar. In der Beziehung mit Ohnmacht, Veränderungen, Auseinandersetzungen und Einsamkeit umzugehen ist für Menschen mit diesem Liebesideal undenkbar. Und so ergreifen sie die Flucht: die Flucht vor sich selbst und vor einer menschlich verbindenden Beziehung. Denn es ist völlig normal, dass uns der Partner hin und wieder nervt, dass wir gelegentlich aneinander vorbeileben, dass wir zeitweise keinen Sex haben …

Entscheiden wir uns für ein «Alles», dann suchen wir sehn-süchtig nach einer neuen romantischen Liebe und drehen auf der Beziehungsachterbahn die nächste Runde. Entscheiden wir uns für das «Nichts», schwören wir ein «Nie mehr» und wenden uns von Beziehungen frustriert ab in der Annahme, Glück in der Liebe sei uns in diesem Leben nicht bestimmt. Oder wir sperren unsere Sehnsüchte in eine Schublade mit dem Etikett «beziehungsunfähig».

Die Entromantisierung der Liebesvorstellung lässt die Beziehung nach der Verliebtheitsphase auf dem Boden der Realität landen. Wir sehen klarer und können den gemeinsamen Alltag mit allem Drum und Dran besser einordnen und annehmen.

Spannend ist, dass verliebte Paare nicht therapiefähig sind, selbst wenn sie es wollten. Wenn wir verliebt sind, sind wir nicht ganz wir selbst. Ein Teil von uns ist immer beim anderen. Es braucht die Ent-Liebung oder Ent-Täuschung, um die Wirklichkeit zu sehen und erleben zu können.

Getrauen wir uns, die Liebe zu entromantisieren! Wir machen damit Beziehung wieder menschlicher und lebbarer.

«Und könntet ihr in eurem Herzen das Staunen über die täglichen Dinge des Lebens bewahren, würde euch der Schmerz nicht weniger wundersam scheinen als die Freude.» (KAHLIL GIBRAN)

Zwei Formen von Harmonie
Wenn zwei erwachsene, gleichberechtigte Menschen miteinander eine Liebesbeziehung eingehen, ist Reibung vorprogrammiert. Spätestens dann, wenn die rosaroten Luftballons der Verliebtheit geschrumpft sind und die beiden einander die roten Knöpfe drücken, werden oft heftige Gefühle wach. Die Gefühle entladen sich meistens an banalen, alltäglichen Dingen – zum Beispiel an einer stehengelassenen Teetasse, der Verspätung zum abgemachten Nachtessen, dem falschen Wort am falschen Ort und Ähnlichem. Die alten GeSchichten werden damit angestoßen und greifen nahtlos ineinander – jede Überreaktion des einen führt zu einer Überreaktion des anderen. Für das Paar werden aus Mücken Elefanten, für unser Verständnis hingegen ist die Liebe jetzt auf Erkundungstour. Ob sie sich hier wohl niederlassen kann?

Werden ungeliebte Gefühle wie Wut, Trauer, Schuld, Scham, Angst und Schmerz unterdrückt und aus dem Beziehungsalltag ausgeklammert, lebt es sich vordergründig in Frieden und Harmonie. Doch der Schein trügt. Das Eis ist dünn und das Terrain zwischen den beiden unsicher. Die Beziehung erodiert, sie wird mehr und mehr zur Farce. So stirbt die Liebe langsam vor sich hin.

Für viele Menschen ist es unvorstellbar, dass die gegenseitige Offenbarung der tiefsten Gefühle – egal, um was für Gefühle es sich handelt – ein Zeichen der Liebe sein kann. Doch unsere Erfahrung zeigt: Einander gefühlvoll zu begegnen lässt eine solide Verbundenheit und eine tiefgründige Harmonie entstehen. Diese bietet der Liebe einen nährenden Boden und trägt sie auch in stürmischen Zeiten. Aus dieser Erkenntnis erwuchs unser Ansatz «Beherzt lieben», den wir in der Begleitung von Paaren anwenden.

Was heißt beherzt lieben?
Beherzte Liebe hat für uns wenig zu tun mit lieb sein – dafür viel mehr mit authentisch sein und sich in der Beziehung zum Ausdruck bringen. Dazu möchten wir Ihnen eine einfache Gleichung näherbringen. Keine Angst – auch nicht mathematisch Begabte werden ihr folgen können.

> *Die einfache Gleichung*
> *Erste Konstante: Jeder Mensch möchte so, wie er ist, geliebt werden. Einverstanden?*
> *Zweite Konstante: Egal, was dieser Mensch tut oder nicht tut, die einen mögen ihn dafür, die anderen lehnen ihn deswegen ab, und den Dritten ist er gleichgültig. Einverstanden?*
> *Und jetzt die Gleichung: In dem Moment, in dem dieser Mensch nicht genau das lebt, was er ist und sich damit zeigt, mögen ihn die Falschen, lehnen ihn die Falschen ab, und den Falschen ist er gleichgültig. Er ist also gänzlich unter den falschen Menschen.*
> *(Quelle unbekannt)*

Die Gleichung ist verständlich, nicht wahr? Sie zu leben ist schwieriger. Sie fordert uns dazu auf, uns mit allem zu zeigen, wodurch wir uns auch verletzlich und angreifbar machen. Wenn wir in der Beziehung nicht authentisch sind, wenn wir uns und den anderen des lieben Friedens willen schonen, sitzen wir in der Falle und setzen paradoxerweise die Beziehung aufs Spiel. Hinter zu großer Rücksichtnahme versteckt sich nämlich meist Beziehungslosigkeit. Wir glauben, wir seien tolerant, dabei sind wir gleichgültig. Wir werden kaum vom anderen berührt und wissen oft kaum, was ihn wirklich bewegt. Wer nicht so ist, wie er ist, mit all seinen Ecken und Kanten, muss sich ständig bemühen, ein anderer zu sein und eine Fassade aufrechtzuerhalten. Das ist auf Dauer anstrengend, bringt Stress und verbraucht unnötig viel Lebensenergie. Authentisch zu sein bedeutet, den Schongang für sich und den anderen abzustellen. Ungefragtes Schonen «zum Wohl des anderen» bedeutet in Wirklichkeit, sich selbst zu schonen und sich über den anderen zu erheben. Wir bevormunden ihn, indem wir für ihn entscheiden, was er erträgt und was nicht. In dem Moment muten wir uns diesem Menschen nicht mehr zu und erachten ihn nicht als ebenbürtig. Wir wählen für ihn aus – wie die Eltern für ein Kind – was gut für ihn ist und was nicht. Etwas anderes ist es, wenn der andere uns explizit um Rücksichtnahme bittet, etwa weil er krank ist oder weil er aus einem anderen, für ihn triftigen Grund, geschont werden möchte.

Hierzu eine kleine Anekdote:

Zuvorkommende Höflichkeit oder Mist-Verständnis
Ein älteres Ehepaar feierte nach langen Ehejahren das Fest der goldenen Hochzeit. Beim gemeinsamen Frühstück dachte die Frau: «Seit fünfzig Jahren habe ich immer auf meinen Mann Rücksicht genommen und ihm das knusprige Oberteil des Brötchens gegeben, heute will ich mir endlich einmal diese Delikatesse gönnen.» Sie schmierte sich das Oberteil des Brötchens und gab das andere Teil ihrem Mann. Entgegen ihrer Erwartung war dieser hocherfreut, küsste ihre Hand und sagte: «Mein Liebling, du bereitest mir die größte Freude des Tages. Über fünfzig Jahre habe ich das Brötchen-Unterteil nicht mehr gegessen, das ich von Brötchen doch am liebsten mag. Ich dachte mir immer, du sollst es haben, weil es dir so gut schmeckt. (aus Marco Aldinger, BewusstseinserHeiterung)

Sich zumuten, ohne eine Zumutung zu sein
Mit «sich zumuten» meinen wir nicht, für den anderen zu einer Zumutung zu werden. Es geht nicht darum, ihm einfach alles herzlos vor die Füße zu knallen und es so stehen zu lassen.

Entscheidend ist die Grundhaltung und diese erfordert:
• Es für mich zu tun und nicht für oder gar gegen den anderen. Ich bringe meine gegenwärtigen Gefühle ungeschminkt zum Ausdruck und möchte weder dem anderen gefallen noch ihm eins auswischen.
• Die Bereitschaft, in der jeweiligen Situation aufrecht und ehrlich mit mir und dem anderen zu sein.
• Die Bereitschaft, mich zu öffnen, um mit dem anderen in Kontakt zu sein und ihn an meinem Erleben teilhaben zu lassen. Das bedeutet, aus der eingespielten Routine hinauszutreten und mich auf unsicheres Terrain zu begeben.
• Die Bereitschaft, mir und den aktuellen Lebensprozessen zu vertrauen und den Kontrollanspruch über das Beziehungsgeschehen aufzugeben – in

der einen Hand die altbekannten Verlustängste, in der anderen eine gute Portion Mut.

• Die Bereitschaft, das Beziehungsgeschehen zu reflektieren und die Verantwortung für die eigene GeSchichte und die damit verbundenen Gefühle zu übernehmen.

Auch die Grundhaltung des Partners ist entscheidend. Sie bedingt:

• Die Bereitschaft, die Vorstellungen vom anderen immer wieder fallen zu lassen und ihn ernst zu nehmen.

• Das Wissen, Auslöser zu sein für die Reaktionen des anderen, die jedoch nur zum Teil mit mir zu tun haben. Das entbindet mich davon, alles persönlich zu nehmen. Ich trage auch nicht die gesamte Verantwortung für die gegenwärtige Situation, denn für die Beziehung tragen wir diese Verantwortung zu gleichen Teilen (Fifty-fifty-Regel).

• Die Bereitschaft, im ehrlichen Gefühlsausdruck des anderen auch Wertschätzung zu erkennen. Wäre ich dem anderen gleichgültig, würde er sich mir nicht mit dem zeigen, was ihn bewegt.

• Die Bereitschaft, mich selbst wahrzunehmen und das Wahrgenommene ebenfalls ehrlich und gefühlvoll auszudrücken.

In der Hitze eines Konflikts schäumen die Emotionen meist über und diese Grundhaltungen beider sind wie weggeblasen. Erfahrungsgemäss tauchen sie hinterher langsam wieder auf, wenn sich die Köpfe abgekühlt und sich die Gefühlswogen wieder geglättet haben. Dann ist die Bereitschaft gefragt, über das Geschehene zu reflektieren, jeder für sich und beide zusammen. In den folgenden Kapiteln stellen wir geeignete Werkzeuge vor, die Sie bei der Aneignung dieser Grundhaltungen unterstützen können und die für die Reflexion der Beziehung, gerade auch bei schwierigen Themen, hilfreich sind.

Kleider machen Leute

Wir muten uns einem Menschen nur dann bewusst zu, wenn dieser Mensch es uns wert ist. Weshalb sonst sollten wir uns ihm entblößt und verletzlich zeigen? In der Bibel heißt es: «Und sie erkannten sich». Vermutlich ist damit Liebemachen gemeint, und dabei ist nackt sein von Vorteil. Den anderen lieben bedeutet, in jeder Hinsicht nackt vor ihm zu sein und sich mit allen Facetten zu zeigen. Nur so können wir uns gegenseitig immer wieder von Neuem erkennen, nur so können wir Neues kreieren und die Beziehung lebendig gestalten.

In Gesellschaft und im Beruf jedoch empfiehlt es sich, Kleider zu tragen und unsere Rollen, über die wir uns definieren, auszufüllen. Diese geben uns Schutz. Sie sind wie Kleider oder Kostüme, die wir uns anziehen. Bekanntlich machen Kleider Leute! Das ist gut so, denn in einer von Sachzwängen, Erwartungen, Ver- und Geboten besetzten Welt weht ein rauer Wind. Die erworbenen Fähigkeiten, die die Rollen erfordern, geben hierfür den notwendigen Schutz. Je besser wir diese Rollen ausfüllen und die damit verbundenen Fähigkeiten nutzen, desto besser werden wir bewertet.

In unserer Liebesbeziehung jedoch können genau diese Fähigkeiten zur Hypothek werden. Denken Sie nur an einen Polizisten oder eine Therapeutin, einen Krankenpfleger oder eine Sozialpädagogin, die zu Hause nicht aus ihren Rollen aussteigen können. Da sind Probleme mit dem Partner förmlich vorprogrammiert.

Dem Partner gegenüber gilt es daher immer wieder, aus den Rollen auszusteigen, die Kleider abzulegen und sich nackt zu zeigen. Ja, es braucht Mut und Vertrauen, dem anderen sein Innerstes zu offenbaren.

Alle Gefühle dürfen sein

Alle Gefühle – auch die ungeliebten – haben gute Gründe. Diese liegen meist irgendwo in den unteren Schichten des Bewusstseins. Auch wenn wir dies mit der Ratio oft nicht nachvollziehen können, so sorgen die ungeliebten Gefühle doch für unser «not-wendendes» inneres Gleichgewicht. Denken Sie nur an das Fieber, das unserem Körper hilft, wieder ins Gleichgewicht zu kommen. Ungeliebte Gefühle haben eine Berechtigung, und sie möchten beachtet werden. Rufen Sie sich das Bild der Gefühlskiste, die wir auf den vorhergehenden Seiten beschrieben haben, nochmals in Erinnerung. Das Zurückhalten von Emotionen blockiert uns und bindet wertvolle Lebensenergien. Daher ist es wichtig, allen Gefühlen Ausdruck zu geben und die Energie damit in Fluss zu halten. Wird in der Beziehung zum Beispiel Wut getriggert, so hängt sich alte, bislang noch unverarbeitete Wut an die aktuelle. Wenn wir uns dem Partner nun zumuten, bekommt er mehr ab als ihm gehört. Das kann in der Beziehung zu einer «Erstverschlimmerung» führen. Doch wir halten es für gefährlicher, wenn die Wut unterdrückt wird. Stecken wir sie weg, steigt der Druck im «Dampfkochtopf ohne Ventil» und das Risiko einer gewaltigen Explosion mit unberechenbaren Folgen erhöht sich. Oder die Wut entlädt sich in Form von Autoaggression oder richtet sich in versteckter, passiver Weise gegen den anderen. Ein Wutausbruch aufgrund einer aktuellen Situation ist meist das kleinere Übel. Weitaus schlimmer ist es, einem permanenten Kriechstrom von Aggression oder einer unkontrollierten Explosion aufgestauter Wut ausgesetzt zu sein. Mehr dazu finden Sie im Kapitel «Wut tut gut» (siehe S. 155ff.).

In der Arbeit mit einem Paar ist es uns daher wichtig, möglichst bald die gemeinsame Verletzung aus der Kindheit aufzuzeigen. Zugleich betonen wir aber auch, dass jeder für sich und seine eigene GeSchichte und damit für die «alten Gefühle» selbst verantwortlich ist. Wir werden in den folgenden Kapiteln das Thema «Eigenverantwortung» immer wieder aufgreifen und Wege aufzeigen, wie wir bewusster mit unserer GeSchichte und den damit verbundenen Gefühlen umgehen können. Wird dem Paar die ähnliche Verletzung, die sie mit sich herumtragen und die sie miteinander verbindet, deutlich, finden sie sich im selben Boot wieder. Diese Erkenntnis wirkt für den Moment entlastend.

Natürlich wird es immer wieder Situationen geben, in denen uns der Sturm der Emotionen davonträgt und all unser Wissen über die Beziehung hinwegfegt. Das ist nur menschlich. Meist ist erst nach dem Sturm im Reflektieren des Konfliktes Verständnis darüber möglich, was den roten Knopf auslöste und wie dieser gefühlsmäßig mit der Reinszenierung der eigenen alten GeSchichte zusammenhängt. Kann das nach dem Streit eingeordnet und dem Partner mitgeteilt werden, beruhigt sich die Situation relativ schnell. Meist entsteht genau dadurch viel Nähe.

Konserven versus Frische

Schwierig wird es, wenn aufgrund des Wissens um die GeSchichte des anderen vermieden wird, einander die roten Knöpfe zu drücken. Zum Glück ist das kaum machbar. Gefühle lassen sich nicht so radikal kontrollieren. Strategien anzuwenden mag in Ausnahmesituationen hilfreich sein, aber auf die Dauer gehen der Beziehung dadurch wichtige «Vitamine» verloren. Strategien lassen die Beziehung langsam veröden. Es ist, als würde man sich nur noch von Konserven ernähren und als fehle es an Vitalität und Spannkraft. Klar minimieren wir dadurch das Risiko von Konflikten, doch zugleich berauben wir uns auch unserer Entwicklungschancen. Das Beziehungsmobile bleibt nur dann in Bewegung, wenn wir bereit sind, das Gleichgewicht immer wieder zu stören. Indem wir uns gegenseitig verunsichern und beim anderen auch mal falsch liegen, schaffen wir die besten Voraussetzungen für eine lebendige Beziehung. Wenn wir diese Unsicherheit immer wieder zulassen, kann eine tragende Form von Sicherheit entstehen, die dem natürlichen Auf und Ab der Gefühle in einer Beziehung Rechnung trägt.

Gefühlsschwankungen verunsichern – uns selbst und den anderen. Sie lassen sich im Normalfall wenig kontrollieren, obschon wir das gerne tun würden. Irgendwo dringen die feinen Zeichen unterdrückter Gefühlsregungen immer an die Oberfläche, und je unbewusster dies geschieht, desto wirksamer verbreiten sie sich. Muten wir diese einander hingegen so bewusst wie möglich zu, besteht die Chance, dass neue Handlungsmöglichkeiten entstehen. Immer wieder in die gleiche Situation hineingehen, bedeutet nicht automatisch, immer wieder das Gleiche zu tun und zu erleben. Wir können uns in der Situation auch anders verhalten. Achten Sie dabei auf die feinen Nuancen. Meist sind es nämlich nicht die großen Kehrtwendungen, die etwas bewegen, sondern die kaum wahrnehmbaren Veränderungen – ein anderer Tonfall, eine andere Geste oder eine veränderte innere Einstellung.

«Nacktheit» und Authentizität sind in der Beziehung keine Konstanten, sie bedingen einen fortwährenden Prozess des Mit-sich-und-Miteinander-in-Beziehung-Seins. Jeder Schritt, jede Erfahrung, jede Erkenntnis, alles verändert uns von Sekunde zu Sekunde. Damit wir uns daraus keine neuen schützenden Kleider weben, müssen wir uns immer wieder entblößen und uns von Neuem zeigen, um unsere Liebesbeziehung frisch und aktuell zu halten.

In langjährigen Beziehungen hat man oft das Gefühl, einander bestens zu kennen. Manchmal meinen wir sogar, den anderen besser zu kennen, als er sich selbst kennt. Meist sind wir stolz darauf, weil eine solche Feststellung als Zeichen besonderer Vertrautheit gilt. Aus unserer

Sicht aber ist dies das Ende der Beziehung, wenn wir Dinge nicht mehr ansprechen, weil wir sowieso schon zu wissen glauben, wie der andere reagiert, was er antwortet, tut oder nicht tut. Das bedeutet, sich nur noch in gewohnten Bahnen zu bewegen. Wer sind wir dann noch, wenn wir uns zurücknehmen, unsere Ecken und Kanten einziehen und Konfrontationen vermeiden? Sprechen wir mit unserem zahnlosen Verhalten dem anderen nicht auch seine Veränderungsfähigkeit ab und damit die Möglichkeit zu wachsen?

Wenn wir uns oder den anderen schützen möchten, schneiden wir uns von neuen Erfahrungen und damit vom Wachstum ab. Es gilt also immer wieder, in die Beziehung hineinzugehen und alles wieder und wieder einzubringen. Ein solcher Beziehungsweg ist intensiv und erfordert Engagement und Courage. Gut möglich, dass ein solcher Prozess dem einen oder anderen zu anstrengend ist und er die Beziehung lieber auflösen möchte. Doch ohne Risiko ist eine vitale Beziehung einfach nicht zu haben.

Ein verlässliches Ja auf bestimmte Zeit

Um das Vertrauen zu stärken, sich gegenseitig zuzumuten, ist ein verlässliches und bedingungsloses Ja von großem Vorteil. Wir meinen damit nicht eine Heirat im herkömmlichen Sinn, und wir erwarten kein «Ja, bis dass der Tod uns scheidet». Wir meinen ein Ja für einen von beiden bestimmten Zeitraum. Wir selbst versprechen uns alle drei Jahre dieses bedingungslose Ja für weitere drei Jahre. Heiraten bedeutet für uns, zu sich selber und zum anderen bedingungslos Ja zu sagen, und zwar mit allen Sonnen- und Schattenseiten. Und für diesen festgelegten Zeitraum die eigenen Hintertüren und Fluchtmöglichkeiten aufzugeben. Eine solche «Trauung» schafft Vertrauen. Vertrauen, sich sich selbst zuzuwenden und es zu wagen, sich dem anderen zu zeigen. Das Versprechen, miteinander durch dick und dünn zu gehen, ganz egal, was passiert, mildert die Verlustangst. Die Vorstellung, der andere könnte sich umdrehen und für immer aus dem gemeinsamen Leben verschwinden, tritt in den Hintergrund. Das macht es einfacher, sich einander «nackt» zu zeigen, Neues auszuprobieren und Veränderungen zu wagen. Dieses zeitlich begrenzte bedingungslose Ja gewährt dem Paar einen Schonraum, in dem es sich gegenseitig nicht zu schonen braucht.

Dieses klare Ja steht auch für gegenseitigen Respekt und Treue. Das «bedingungslose Ja» lebt in der Intensität der Gegenwart und nicht wie das «Ja, aber» von der Hoffnung auf eine bessere Zukunft. Eine Zukunft, in der sich der andere nach den eigenen Vorstellungen verändern soll, damit alles gut wird.

Sich mit Haut und Haar aufeinander einlassen und sich mit allen Facetten in die Beziehung einbringen heißt sich und den anderen bedingungslos anzunehmen. Damit sind wir gemeinsam auf einem Weg, auf dem jeder sich selbst treu bleiben kann. Treue ist damit ein weit umfassenderer Begriff als im herkömmlichen Sinn.

Beherzt lieben bedeutet also: Wahrnehmend sein für sich und den anderen, sich voneinander berühren lassen, sich auf einander beziehen und das ausdrücken, was der andere in einem auslöst. Ehrlich sein zu sich selbst und zum anderen. Den Konflikt nicht scheuen. Sich ein Herz fassen und den Mut aufbringen, sich dem anderen immer wieder zuzumuten. Sich verletzlich zeigen, ohne sich selbst und den anderen zu schonen. Authentisch sein und dabei die Erfahrung machen dürfen, dass die größten Krisen oft auch die größten Chancen sind.

Der Lotos wächst in dunklen Wassern – Die Ressourcen in schwierigen Gefühlen aufspüren

> *«Der Gerechte lässt sich nicht vom Ungerechten trennen und der Gute nicht vom Bösen; denn sie stehen gemeinsam vor dem Angesicht der Sonne, so als sei ein schwarzer mit einem weißen Faden verwoben.»*
> *(Khalil Gibran)*

Die Ressourcen in schwierigen und schmerzlichen Erfahrungen aufspüren? Wir meinen dies weder zynisch noch masochistisch. Es ist ein ungewohnter Blickwinkel, der nicht leicht fällt, sich aus unserer Sicht jedoch durchaus lohnt. Denn er kann uns näher zu uns selbst führen und gebundene Lebensenergien befreien.

Der Lotos kann hierfür eine Metapher für die im Dunkeln verborgenen Ressourcen sein. Seine Wurzeln wachsen im modrig-schlammigen Untergrund. Und an der Wasseroberfläche bringt er eine wunderschöne, seerosenähnliche, weiße Blüte hervor. In China ist der Lotos ein Symbol für die Liebe, für die harmonische Verbundenheit zweier Menschen und ein Sinnbild der Schöpfungskraft, die aus der Polarität von Yin und Yang erwächst. Dieses Symbol kann auch uns ermutigen, uns auf die Suche zu machen. Doch schauen wir uns zunächst einmal an, was uns dazu veranlasst, in schwierigen Erfahrungen und schmerzlichen Gefühlen überhaupt Ressourcen zu vermuten.

Ressourcen in schmerzlichen Erfahrungen

Zum einen steckt in schmerzlichen Erfahrungen per se eine große Kraft. Menschen, die zum Beispiel im Mutterleib einen Abtreibungsversuch oder eine schwierige Geburt überlebt haben, verfügen über einen starken Lebenswillen und eine enorme Regenerations- und Lebenskraft. Diese Kraft ist die «Sonnenseite» ihres Traumas, die Ressource im Schmerz, das Geschenk im Dunklen.

Zum anderen bildeten wir besondere Fähigkeiten aus, um den Kontakt mit traumatischen Erfahrungen und den damit verbundenen Gefühlen zu vermeiden. Wir haben in unserer Arbeit immer wieder beobachtet, dass persönliche Talente eng mit der Urverletzung in der Kindheit verknüpft sind. Unsere Defizite und Schwächen liegen unseren Stärken zugrunde. Die Basis hierfür legen die mit der Verletzung verbundenen Überlebensstrategien. Dank ihrer entfalten wir bestimmte Talente und bringen sie später in der Außenwelt zum Ausdruck. Sie sind das «Schnittmuster» für unsere Kleider und Rollen, die uns den nötigen Schutz verleihen, wie wir im letzten Kapitel gesehen haben.

Da es sich dabei um eine Überlebensstrategie handelt, die der Vermeidung und Abspaltung der Urverletzung dient, zahlen wir dafür aber oft auch einen hohen Preis. Mit dem Bild des Lotos gesprochen: Wir sind wie von unseren Wurzeln abgeschnitten. Es fehlt der prächtigen Blüte an Nahrung und daher sie ist nur für eine gewisse Zeit künstlich am Leben zu erhalten. Denn je älter wir werden, umso mehr Energie brauchen wir, um das innere Abwehrsystem und den äußeren Glanz aufrechtzuerhalten. Ein Umstand, der nicht selten in ein Burnout führt, da im wahrsten Sinn des Wortes die Energiereserven aufgebraucht und wir ausgebrannt sind. Bricht das System dann aus irgendeinem Grund zusammen, reicht die Kraft nicht mehr, um die Gefühlskiste unter Kontrolle zu halten, und alte Verletzungen und Gefühle drängen an die Oberfläche.

Der Lotos in uns

Auch in Bezug auf uns selbst sind wir also immer wieder zu beherzter Liebe aufgefordert, denn es braucht Mut, Risikobereitschaft und eine Portion Vertrauen, um in die Dunkelheit der eigenen Seele hinabzusteigen und sich der alten, verstaubten Gefühlskiste zuzuwenden. Wie gerne würden wir stattdessen die alte Kiste aus dem Keller holen und sie dem nächsten Sperrmüll mitgeben! Der Wunsch, die dunklen und ungeliebten Seiten unseres Daseins für immer loszuwerden, ist nur allzu menschlich. Glücklich sein ohne Störfaktoren – eine schöne Vorstellung, doch weit weg vom realen Leben mit seinem zyklischen Auf und Ab. Belastendes und Vergangenes einfach abzuschneiden würde bedeuten, uns selbst den Boden unter den Füßen wegzuziehen und uns von unseren Wurzeln abzuschneiden. Damit würden wir uns um die oben beschriebenen lebenswichtigen Ressourcen und Kräfte bringen.

Welche Möglichkeiten haben wir noch? Sicher haben Sie auch schon mal den Tipp bekommen: «Lass doch einfach los.» Vielleicht haben

Sie sich gefragt, wie das denn gehen soll, oder Sie haben frustriert festgestellt, dass es nirgendwo diesen Loslass-Schalter gibt, um die Sache ein für alle Mal zu erledigen. Loslassen ist aus unserer Sicht ein lebenslanger Prozess, der paradoxerweise mit Annehmen zu tun hat. Denn Loslassen bedeutet die Annahme verdrängter Persönlichkeitsanteile und ungeliebter Gefühle, die jahrelang in unserer Gefühlskiste ein Schattendasein fristen mussten, die nie gesehen, verstanden und akzeptiert wurden. Indem wir sie erkennen, anerkennen und ans Licht bringen, gehen wir Schritt für Schritt vorwärts auf dem Weg der Selbstfindung.

Damit übernehmen wir mehr und mehr Verantwortung für die Konsequenzen unseres eigenen Tuns und Lassens. Dieser Integrationsprozess ermöglicht es immer wieder, die nach außen auf den Partner oder andere Personen und Menschengruppen projizierten ungeliebten Anteile und Gefühle zu uns selbst zurückzunehmen. Auf diese Weise haben wir die Möglichkeit, ein Stück ganzer, sprich heiler zu werden. Gebundene Energien kommen wieder in Fluss, können umgewandelt und so zu kostbaren Ressourcen werden. Damit wird die Beziehung zu uns selbst gefestigt und die eigene Vitalität und Resilienz gestärkt. Das ebnet den Weg zur Versöhnung mit sich selbst. Um es nochmal am Bild des Lotos zu verdeutlichen: Die im dunklen Wurzelbereich abgelagerten und modernden alten Pflanzenteile versorgen den Lotos mit Energie und Nahrung. Sie verhelfen ihm im zyklischen Kreislauf von Werden und Vergehen immer wieder zu neuen und wunderbar leuchtenden Blüten.

Die Kräfte, die in unseren ungeliebten Gefühlen und Erfahrungen stecken, haben also verschiedene Gesichter. Wir können an ihnen verzweifeln oder mit ihnen wachsen. Die aus der Urverletzung resultierenden Fähigkeiten und Ressourcen sind Segen und Fluch zugleich. Es sind die zwei Seiten ein und derselben Medaille. Das eine ist ohne das andere nicht zu haben.

Das folgende Paargespräch verdeutlicht das beschriebene Phänomen:

Andrea: Immer, wenn wir vom Lotos sprechen, fühle ich mich mit meinem Lebens- und Berufsweg verbunden. Wie du weißt, bin ich als Einzige von sechs Kindern zur Welt gekommen und hätte ein Bub sein sollen. Alle Erwartungen meiner Eltern konzentrierten sich auf mich. Sie schienen so genau zu wissen, was das Beste für mich war. Ihre Erwartungen zu erfüllen wurde für mich zur Antriebskraft. Ihre Liebe und Anerkennung war für mich umso wichtiger, da sie meine einzigen Bezugspersonen waren. Einer meiner zunächst unbewussten Glaubenssätze, um dieser Situation zu begegnen, war: «Ich bin tapfer wie ein Junge und leiste für sechs, damit ihr niemals mehr merkt, dass ihr nur ein Kind habt.»

Peter: Zufällig oder eben dir zugefallen nimmt ja auch dein Name die Thematik auf. «Andrea» geht auf das griechische Wort «Andros» zurück, das «Mann» und «Tapferkeit» bedeutet. Soviel ich weiß, ist «Andrea» – sicher im italienischen Sprachraum – ein reiner Bubenname. Es ist einer meiner Lieblingsnamen, und das schon lange, bevor ich dich kennenlernte.

Andrea: Ja, und mit meinem Nachnamen zusammen bin ich «frölich tapfer ohne h». Aufgrund des oben genannten Glaubenssatzes entwickelte ich mein Überlebensmuster. Ich lebe für sechs und stelle mein Leben in den Dienst der anderen. Die Kraft für sechs zu mobilisieren und damit unbewusst meine Eltern zu trösten war meine Rettung und gleichzeitig Ablenkung von meiner eigenen Trauer um die verlorenen Geschwister. Dieses Muster zieht sich wie ein roter Faden durch mein Leben. Schon als Jugendliche war ich Anlaufstelle für den Kummer der anderen. Ich war diejenige, die gut zuhören konnte, die verständnisvolle und tröstende Worte hatte und Rat wusste. Später und aufgrund der stillen, doch unüberhörbaren Erwartung meines Vaters, studierte ich Archäologie. Damit wurde sein unerfüllter Berufswunsch doch noch Wirklichkeit. Für mich war die Auseinandersetzung mit der unfassbaren Welt und der Vergangenheit ebenfalls anziehend. Bei meiner ersten Ausgrabung grub ich auf einem frühmittelalterlichen Seuchenfriedhof Kinderskelette aus. Ohne es zu wißen war ich damit ganz nah mit meinem Lebensthema verbunden. Doch schon bald nach dem Studium war klar: Die Archäologie erfüllte mich nicht wirklich. Zu viel tote Materie, zu wenig Lebendiges. Es sind vielmehr die GeSchichten lebender Menschen, die mich interessieren. So bildete ich mich unter anderem zur Lebens- und Trauerbegleiterin weiter. Damit war ich am richtigen Ort und einmal mehr eng verbunden mit meiner eigenen LebensgeSchichte.

Peter: … das heißt, dass deine ursprüngliche Verletzung dich unbewusst deine Fähigkeiten in der Begleitung von Menschen entwickeln ließ. Du hast auch andere Begabungen – eben für sechs –, spinnst immer wieder neue Ideen und lachst dir die unterschiedlichsten Projekte an. Nur, wo bleibt die Zeit, die du bräuchtest, um all das umzusetzen? Du bekommst zwar von der Außenwelt viel Lob und Anerkennung für dein Tun, doch von der Schattenseite deiner Überlebensstrategie wissen die wenigsten. Ich erlebe dich zu Hause oft gestresst, und mit zunehmendem Alter könntest du auch mal auf ein klassisches Burnout zusteuern. Das ist die eine Seite, die mir immer mal wieder zu denken gibt und mir Angst macht. Auf der anderen Seite entbindet mich dein Muster von meinem Stress. Wie oft habe ich schon zurücklehnen können, weil ich getrost auf dich zählen konnte. Du denkst mit, packst zu, auf dich ist Verlass!

Andrea: Wie oft war ich schon wütend, weil ich das Gefühl hatte, dass alles an mir hängen bleibt und du es dir zu einfach machst – und doch kann ich es in vielen Fällen nicht lassen, die Verantwortung selbst zu übernehmen. Und bestimmt hast du recht mit der Gefahr eines Burnouts. Doch ich höre das gar nicht gern und wische deine Bedenken meist vom Tisch. Grundsätzlich bin ich froh, dass ich mich dank Selbsterfahrung und Reflexion in Therapie und Ausbildungen mit dem Tod und meiner Trauer um die verstorbenen Geschwister auseinandergesetzt habe. Das hilft mir, wieder innezuhalten und meine Kräfte in Balance zu bringen, auch wenn ich es manchmal erst realisiere, wenn die Belastungsgrenze schon lange überschritten und die Batterien schon beinahe leer sind. Gar nicht so einfach, mich mit diesem persönlichen Evergreen anzufreunden und ihm immer wieder etwas abzugewinnen.

Der Lotos in der Beziehung

In einer Beziehung ist es möglich, eigene abgespaltene Gefühle und Persönlichkeitsanteile beim Partner auszulagern und diese bei ihm abzuwerten. Mit dem Bild des Lotos gesprochen verkörpert der eine dann die abgeschnittenen Wurzeln in dunklen Wassern und der andere die abgetrennte strahlende Blüte an der Wasseroberfläche. Diese Aufteilung kann je nach Situation und Thema wechseln. Doch wird es ein bevorzugtes Muster geben, das sich in der grundlegenden Beziehungsdynamik zeigt. In der Begleitung eines Paares ergründen wir gemeinsam die in den «dunklen Wassern» liegenden Ressourcen und bergen die abgespaltenen Anteile, die wir dem Partner überantwortet haben. Immer wieder binden wir die GeSchichte jedes Einzelnen ins aktuelle Paargeschehen ein. Auf diese Weise kann sichtbar werden, wie die Vergangenheit in der Gegenwart nachhallt, welche Saiten der Partner in uns zum Klingen bringt und wie wir nach außen projizierte Anteile zu uns zurücknehmen und damit kostbare Ressourcen wiedergewinnen. So können beide viel über sich erfahren, neue Puzzlestücke ihrer LebensgeSchichte integrieren und für das gegenwärtige Paarleben fruchtbar machen – und beim nächsten Konflikt können sie die gemeinsamen Schwierigkeiten besser einordnen. Das ist Friedensarbeit in kleinster Form.

Beziehung – Die kleinste Form von Friedensarbeit

Wenn wir den Blick über die Paarbeziehung hinaus richten, trägt die Bereitschaft, sich den eigenen dunklen Seiten zu öffnen und die abgespaltenen Teile mehr und mehr zu integrieren dazu bei, im Außen weniger Sündenböcke zu brauchen. Sündenböcke, die für uns «das Böse» verkörpern und die wir dann in die Wüste schicken müssen. So wird es möglich, zunehmend Verständnis für die verschiedensten Formen menschlichen Seins zu entwickeln. Auf der kollektiven Ebene bekommen wir durch das Verstehen von Zusammenhängen vielleicht sogar Verständnis – nicht zu verwechseln mit Einverständnis – für die Gräueltaten der Menschheit. Für all die Grausamkeiten und den Wahnsinn, die auf dieser Welt geschahen, tagtäglich geschehen und vermutlich noch geschehen werden. In der Auseinandersetzung mit den eigenen Abgründen erwächst die Haltung, nicht einfach nur zu verurteilen, sondern verstehen zu wollen. Eine Haltung, die unseres Erachtens längerfristig zu einer friedvolleren Welt beiträgt.

Spirituelle Einweihung

Wer sich der dunklen Seite seiner Seele nicht verschließt, wird zugleich immer tiefer in die Geheimnisse des menschlichen Seins eingeweiht. Sich wieder verbinden (lat. Religio = re = wieder und ligare = verbinden) mit den eigenen, im Dunkeln liegenden Gefühlen und Anteilen hat für uns auch etwas mit gelebter Spiritualität zu tun. Genau da, wo entgegengesetzte Prinzipien sich vereinen, liegt eine große Kraft, die über uns hinausweist. Auf dieser Ebene gibt es keine Wertung mehr. Die irdische Polarität ist aufgehoben. Die beiden Seiten sind gleichwertig und verbinden sich. Diese Gleichwertigkeit von Licht und Schatten ist ein schöpferischer Moment, in dem Neues entstehen kann. Meist sind es nur kurze Augenblicke, in denen wir in diese Ganzheit eintauchen und unsere Beurteilung von Gut und Böse hinter uns lassen können. Bald schon zerfällt diese ganzheitliche Sicht wieder in die Polaritäten unseres irdischen Daseins und unsere hartnäckigen Bewertungen. Glaubenssätze, Normen, Ver- und Gebote melden sich erneut zu Wort. Immer wieder macht sich die Spaltung in Schwarz und Weiß in unserem Denken und Fühlen breit. Sei es, indem wir auf der inneren Ebene Teile von uns als schlecht und andere als gut taxieren oder indem in der Partnerschaft der eine als der Gute und der andere als der Böse gilt oder indem wir auf der gesellschaftlichen Ebene zwei Kategorien von Menschen schaffen.

Wollen wir es dem Lotos gleichtun, sind wir immer wieder aufgefordert, im Dunkeln das Helle zu finden und im Hellen das Dunkle. Ja, auch im Hellen das Dunkle, weil auf der irdischen Ebene jede Sonnenseite auch einen Schatten wirft, den wir ansonsten abspalten und auf jemand anderen projizieren würden. Wir sind eben Menschen, keine Götter und Göttinnen und leben in der durch Polaritäten geprägten Welt. Gleichsam kann das Wissen um die Einheit allen Lebens unsere Suche nach der anderen ergänzenden Seite immer wieder anstoßen und uns dem Paaradies auf Erden näherbringen.

«Geh an die Orte, die du fürchtest.» (PEMA CHÖDRÖN)

Jeder Mensch hat seine eigene Art, in emotionalen Situationen das aufgewühlte Innere zu besänftigen und Anspannung abzubauen. Die einen greifen ohne viel zu überlegen nach etwas Beruhigendem, schenken sich ein Glas Wein ein oder essen Schokolade, andere stürzen sich in die Arbeit oder gehen eine Runde Joggen. Gut so, werden Sie jetzt vielleicht denken. Hauptsache, man ist wieder ruhig und funktioniert in den gewohnten Bahnen. Das ist in vielen Situationen nützlich und hat seine gute Seite – und es hat wie alles eine Kehrseite. Wir machen damit einen Bogen um unsere Gefühle und bringen uns letztendlich um nährende Ressourcen. Kraft, die uns dann fehlt, um unser Leben zu gestalten. Wie wir im letzten Kapitel gesehen haben, kann eine Expedition in die dunklen Gegenden der eigenen Seele durchaus lohnenswert sein. Wer sich in seinem Lebenszusammenhang verstehen und die wiederkehrenden Muster erkennen kann, hat einen Schritt auf dieser Reise ins altbekannte Unbekannte getan. Mit diesem Schritt werden meist auch Erinnerungen und Gefühle wach, die lange in unserer Gefühlskiste geschlummert haben. Was also tun, wenn die Seele schmerzt und ungeliebte Gefühle uns umtreiben? «Bei Sinnen bleiben statt von Sinnen sein» ist unsere Antwort. Im Folgenden möchten wir Ihnen näherbringen, was wir damit meinen.

Wahrnehmung

Alles, was wir wahrnehmen, nehmen wir über unsere Sinne auf. Diese empfangen äußere und innere Reize, die dann in unserem Gehirn weiterverarbeitet werden. Die Sinne sind unsere Kanäle im Kontakt zwischen Außen- und Innenwelt.

Das Wahrgenommene wird Bekanntem zugeordnet, mit Erinnerungen verbunden, mit Assoziationen angereichert und beurteilt. Diese Prozesse führen zum Verständnis des Wahrgenommenen und bilden die Grundlage für unsere Reaktionen. Nehmen wir als Beispiel die Wahrnehmung von Feuer: Wir sehen die gelb-orange-rote Farbe, hören das Knistern, fühlen die Temperatur und riechen den Rauch.

Diese Reize werden vom Verstand dem bekannten Begriff «Feuer» zugeordnet. Bis hierher nehmen wahrscheinlich die meisten Menschen in etwa das Gleiche wahr. Doch ab jetzt kann die Wahrnehmung sehr verschieden sein. Jemand verbindet die Sinneseindrücke mit der Erinnerung an ein Lagerfeuer, assoziiert Freunde und Ferien damit und beurteilt das Ganze als angenehm. Er wird sich über das Feuer freuen. Ein anderer verbindet dieselben Sinneseindrücke mit der Erinnerung an einen erlebten Brand, assoziiert damit erlittene Verbrennungen und fühlt sich äußerst unwohl. Er wird Feuer grundsätzlich eher meiden und möglichst nicht wahrnehmend dafür sein, um nicht an dieses schmerzhafte Erlebnis erinnert zu werden.

Daraus können wir Folgendes schließen:

- Wahrnehmung ist subjektiv. Sie ist weder richtig noch falsch. Dies ist eine zentrale Feststellung für Paare. In Beziehungen entzündet sich nämlich so manch ein Streit im Seilziehen um «die richtige» Wahrnehmung. Dass es über persönliche Wahrnehmung nichts zu diskutieren gibt, ist ein wichtiger Grundsatz, auf den wir später nochmals zurückkommen möchten (siehe S. 144ff. und S. 193).
- Wahrnehmung ist selektiv. Sie fällt auf unsere GeSchichte und verknüpft sich mit unseren Erinnerungen. So hat jeder Mensch seine eigenen Filter im Prozess der Informationsverarbeitung. Ob wir Reize verstärkt wahrnehmen oder ausblenden hat mit bewusster Fokussierung oder unbewussten Schutzmechanismen, wie zum Beispiel Verdrängung oder Betäubung, zu tun. Unsere Vermeidungs- und Überlebensstrategien, die uns vor unliebsamen Erinnerungen und Gefühlen schützen, dämpfen unsere Wahrnehmung. Die Kanäle zwischen der Innen- und Außenwelt sind dann verstopft und wir sind nicht wirklich präsent für das aktuelle Geschehen, sind nicht wahrnehmend für uns, unsere Mitmenschen und unsere umgebende Mit- und Umwelt. Wir reagieren auf Ereignisse in der Gegenwart automatisch mit den konservierten Mechanismen, die für gefühlsmäßig ähnliche Situationen in der Vergangenheit angemessen und hilfreich waren. In solchen Momenten sind wir nicht «bei Sinnen» sondern «von Sinnen.» – «Es passiert.»

Von Sinnen – Anästhesie

Wir alle haben eine natürlichen Fähigkeit zur Anästhesie (an = griech. un-/ ohne, aistanestai = griech. wahrnehmen). Dabei handelt es sich um eine überlebenswichtige, unbewusste Körperreaktion. Sie kommt in akuten physischen und psychischen Krisen zum Tragen und ist eine angemessene Schockreaktion. Wir machen unbewusst dicht, verschließen automatisch unsere Sinneskanäle und betäuben uns auf diese Weise, um uns vor dem überwältigenden Schmerz der Realität zu schützen. Die Reaktionen werden in der Folge nicht mehr bewusst gesteuert, sondern laufen instinktiv ab. Es sind im Wesentlichen drei verschiedene Muster, die seit Jahrtausenden unser Überleben sichern: die Flucht, der Todstellreflex (innere Flucht) und der Angriff. Als Betroffene sind wir in diesen Situationen wenig wahrnehmend. Es kann sogar sein, dass wir uns im Nachhinein nicht mehr an unsere Reaktionen erinnern. Der Schockzustand kann sich wieder auflösen, wenn wir aus der körpereigenen Starre erwachen. Die durch den Schock im Körper mobilisierte, doch erstarrte Energie kommt dann wieder in Fluss, und die damit verbundenen Gefühle werden spürbar und suchen nach Ausdruck.

Kann der Schockzustand nicht wieder gelöst werden, wirkt sich das auf unsere aktuelle Wahrnehmung und unser gegenwärtiges (Er)Leben aus. Gefühle und die damit verbundene Energie bleiben im Körper stecken. Einerseits versuchen wir dann, die Sinneseindrücke und die dazugehörenden Emotionen zu vermeiden, und andererseits werden wir durch unbewusste Wiederholung des Gefühls- und Erregungszustandes versuchen, die Wunde zu heilen und die erstarrte Energie wieder in Fluss zu bringen.

«Ich bin doch nicht traumatisiert», werden Sie jetzt vielleicht denken. Doch was für Traumatisierungen im eigentlichen Sinn gilt, gilt auch für andere physische und psychische Ausnahmezustände. Man denke zum Beispiel an das «Trauma der Geburt». Die Enge im Geburtskanal. Das Rausgepresst-, -gestoßen- und -gezogen-Werden. Die komplett andere Welt, fremd, hell, laut, kalt, getrennt … und all das, ohne bewusst zu verstehen, was da vor sich geht. Erfahrungen von Hilflosigkeit, Ohnmacht und Ausgeliefertsein.

Eigenverantwortung und «seelische Verdauung»

Jeder Mensch erlebt in seinem Leben physische und psychische Krisen und damit verbunden Schmerzen und Ohnmacht. Und in jedem Leben ereignen sich im gegenwärtigen Geschehen immer wieder Dinge, die verbunden mit den entsprechenden Sinneseindrücken Erinnerungen an Ereignisse aus längst vergangenen Tagen wachrufen. Alte Gefühle verschiedenster Intensität drängen dabei ins Bewusstsein. Leichtere Erschütterungen ebenso wie schwerere Erdbeben, bei denen kein Stein auf dem anderen bleibt. Unsere mit Schloss und Riegel versehene Gefühlskiste, die wir tief im Keller verstaut haben und vor der wir uns in Sicherheit wähnen, wird uns damit immer mal wieder mitten in den Weg gestellt. Was wir nun damit tun, liegt in unserer Verantwortung. Wir werden einzig dazu gezwungen, eine «Antwort» zu geben.

Wenn wir auf das gegenwärtige Geschehen mit den bekannten und altbewährten Vermeidungsstrategien aus der Vergangenheit reagieren, verschließen wir damit unsere Sinneskanäle möglichst schnell wieder. Wir katapultieren uns aus der Achtsamkeit für den gegenwärtigen Moment, indem wir unsere Gefühle anästhesieren, rationalisieren, einfrieren oder sonst irgendwie abspalten. Wir verbannen auf diese Weise die Gefühlskiste möglichst schnell wieder in den Keller und kehren zum «normalen» Alltag zurück, als ob nichts geschehen wäre. Der Preis, den wir dafür bezahlen, ist eine zunehmende gefühlsmäßige Entfremdung von uns selbst, vom Partner und von unserer Umwelt. Versteinerte Herzen, Coolness und roboterhaftes Dasein sind ebenso Folgen davon wie Beziehungslosigkeit, Gefühlsarmut, Burnout und die verschiedensten Suchtprobleme. Verdrängte Gefühle bergen zudem die Gefahr, sich unkontrolliert zu entladen und uns willenlos mit sich zu reißen.

Antworten wir auf das seelische Beben mit Neugier, fassen wir uns ein Herz und bringen den Mut auf, genau hinzuschauen, dann betreten wir Neuland. Dann bleiben wir bei Sinnen und erkunden die Gefühlskiste Winkel für Winkel neu. Wahrnehmend für uns selbst zu sein, bringt uns auch mit ungeliebten Gefühlen und Erinnerungen in Kontakt. Wir werden aufgefordert, das was Eindruck fand und uns nicht bekommen ist, wieder nach außen zu geben und dafür Ausdruck zu finden. Auf der körperlichen Ebene ist dies ein natürlicher Vorgang. Wir essen und unsere Verdauung erledigt selbstverständlich und ohne unser Zutun für uns den Rest. Darüber hinaus ist dieser Rest im Kreislauf der Natur wieder Dünger und Basis für weiteres Wachstum. Auf der Gefühlsebene sind wir ebenfalls aufgefordert, geeignete Formen der Verdauung zu finden, um den inneren Druck der emotionalen Verstopfung zu mindern und uns auf der psychischen Ebene zu reinigen. Damit wird Lebensenergie befreit, die der Gestaltung unseres Lebens zugutekommt. Und wie bei der Verdauung auch ist dies kein einmaliges Ereignis, sondern eine wiederkehrende Sache.

Einen lebendigen und adäquaten Ausdruck für unsere Gefühle zu finden, heißt nicht, dem Partner nun all unsere Gefühle um die Ohren zu hauen. Vielmehr geht es darum, den Gefühlen, die aus den Tiefen unserer eigenen GeSchichte stammen, auf eine Weise zum Ausdruck zu verhelfen, die sich weder gegen uns richtet (Autoaggression) noch den anderen verletzt. Das hat mit Eigenverantwortung und Selbstfürsorge zu tun. Das bedeutet, bei Sinnen zu bleiben, die alten Verletzungen anzuschauen, den damit verbundenen Schmerz und die dazugehörenden Gefühle anzunehmen und «sinnlich» auszudrücken.

Hierfür sind drei Dinge wesentlich: Boden unter den Füßen, wache Sinne und kreativer Ausdruck. Liebevoll können wir unsere Sinne dazu verführen, sich wieder zu öffnen. Etwa mit einem angenehmen und neuartigen Duft. Oder wir können auf gewohnten Wegen bewusst um uns blicken und etwas sehen, an dem wir uns erfreuen. Indem wir bewusst sehen, hören, riechen, schmecken und tasten kommen wir im gegenwärtigen Moment an.

«Bei Sinnen» ist die Brücke zwischen Innen- und Außenwelt wieder begehbar. Wir sind in Kontakt und im Austausch mit uns und der Welt. Wir lassen uns von der Außenwelt wieder berühren und sind achtsamer für unseren Körper und unsere Gefühlswelt. «Bei Sinnen» spüren wir im wahrsten Sinn des Wortes den Boden unter den Füßen. Er trägt uns und gibt uns Halt. Aufgestaute Gefühle kommen wieder ins Fließen, fest gefahrene Situationen in Bewegung. Mit kreativen Medien können die nun erwachenden Gefühle sinnlich ausgedrückt werden. Malen, das Arbeiten mit Ton, Musik machen, Tanzen, Schreiben – es gibt unzählige Möglichkeiten des Ausdrucks. Unsichtbares wird damit sichtbar, Unhörbares hörbar und Unbegreifbares greifbar. Ungeliebte Gefühle und schwer fassbare Atmosphären finden ihren Weg nach draußen. Unser Körper wird entlastet, das Herz leichter und der Geist klarer.

«Ich kann doch nicht Malen, ich kann doch nicht ...», werden Sie jetzt vielleicht einwenden. Vergessen Sie alles, was Sie dazu in der Schule oder sonst wo gelernt und erfahren haben. Malen zum Beispiel muss nicht gegenständlich sein. Es können auch einfach Farben und Formen sein. Geben Sie sich die Erlaubnis und lassen Sie Ihren Händen freien Lauf. Es geht ums Verdauen. Wer hat dabei schon den Anspruch, dass das, was da rausmuss, schön anzuschauen und perfekt sein müsste.

Seelischer Notfallkoffer

Für einen emotionalen Notfall, der Ihre Sinne schwinden lässt und Sie aus der Bahn kippt, empfehlen wir Folgendes: In jedem Haushalt gibt es eine Notfallapotheke, um bei körperlichen Verletzungen gleich das Nötigste zur Hand zu haben. Wir erachten es als hilfreich und not-wendend, sich eine ganz persönliche seelische Notfallapotheke zusammenzustellen. Machen Sie sich bewusst: Bei einem Notfall ist ans Denken nicht zu denken. Deswegen braucht es eine präzise Anleitung, was zu tun ist, und einen klar definierten Ort, wo Ihre seelische Erste Hilfe zu finden ist.

Für die Beziehungskiste – Die seelische Notfallapotheke (jeder für sich)

Für die seelische Erste Hilfe brauchen Sie:

- Einen Duft, eine Essenz, die Sie gerne riechen und die Sie an nichts Bestimmtes erinnert.
- Einen kantigen Gegenstand, der gut in Ihre Hand passt (kein Handschmeichler).
- Material, um Ihre bevorzugte Ausdrucksmöglichkeit zu nutzen, oder einen Hinweis, wo Sie dieses finden.
- Telefonnummern von vertrauten Menschen oder einer professionellen Begleitperson.

Schreiben Sie eine persönliche Checkliste für den Notfall. Beschreiben Sie Schritt für Schritt, was zu tun ist.

Packen Sie alles Benötigte in ein geeignetes Behältnis – eine Schachtel, einen Beutel … – und versorgen Sie es an einen für Sie stimmigen Ort, um in der Not darauf zurückgreifen zu können. Solche seelischen Notfallapotheken sind sehr individuell, und deswegen brauchen beide eine eigene.

Mögliches Beispiel, wie eine solche Checkliste aussehen könnte:

- Ich ziehe mich an einen ungestörten Ort zurück.
- Ich hole mich durch meine Sinne wieder ins Hier und Jetzt:
  - indem ich meinen Riechsinn wecke und mir eine gute Nase voll des Duftes gönne,
  - indem ich den kantigen Gegenstand in die Hand nehme, drücke und genau hinspüre,
  - indem ich meine Füße auf den Boden stelle und bewusst wahrnehme, dass ich Boden unter den Füßen habe und getragen werde von der Erde. Ich kraule mit meinen Zehen die Erde ein wenig und verstärke damit den Kontakt und mein Bewusstsein des Getragenseins,
  - indem ich ein paar bewusste, tiefe Atemzüge nehme.
- Ich mache mir bewusst, wie alt ich heute bin, und nehme in Gedanken das Kind, das ich einmal war, ganz nah zu mir (siehe S. 200 – 207).
- Ich erlaube mir, meinen gegenwärtigen Gefühlen Ausdruck zu geben:
  - indem ich zu Papier und Kreide greife und die Gefühle mit Farbe und Form dem Papier übergebe – möglichst ohne Zensur und Beur teilung. Ich bin dabei achtsam und wahrnehmend für Gedanken und

Assoziationen. Vielleicht schreibe ich mir noch etwas dazu auf.

- Ich rufe meine Freundin Christina an (Tel.). Falls ich sie nicht erreichen kann, Urs (Tel.). Ich teile mit, was mich im Moment bewegt und weshalb ich Erste Hilfe benötige. Ich höre zu und bin wahrnehmend für die Worte meines Gegenübers.

So sind Sie in Notfällen bestens ausgerüstet, «die Sinne zu nutzen statt von Sinnen zu sein». Sich seiner selbst bewusst, die eigenen Gefühle wahrnehmend und reinigenden Ausdruck dafür findend, bedeutet, mit Haut und Haar im Hier und Jetzt zu sein. Das ermöglicht, Zukunft zu gestalten, ohne im alten Film stecken zu bleiben. Und vielleicht haben Sie zu einem späteren Zeitpunkt das Bedürfnis, mit Ihrem Partner das Erlebte zu teilen, wodurch viel Nähe entstehen kann.

Miteinander reden – Das Paargespräch

«Einer hat immer Unrecht; aber zu zweien beginnt die Wahrheit.»
(Friedrich Nietzsche)

Manch ein Streit in Beziehungen entzündet sich im Seilziehen um die Wahrheit. Wer hat recht? Wer liegt falsch? Wer hat die Macht, wer die Ohnmacht? Mit aller Kraft ziehen wir auf unserer Seite und versuchen, den anderen zu besiegen und zum Aufgeben zu zwingen. Ein anstrengender Kampf für beide. Ein Kräfteverschleiss ohne Ende. «Wenn ich dies sage, kommst du mit diesem Argument, worauf ich dir jenes entgegne, worauf du mir das vorwirfst, worauf ...» – und zum Schluss endet der Streit immer am selben Punkt. «Kreisdiskussionen» nennen wir dieses Phänomen. Die immer gleichen Schemata mit den immer gleichen Wortkonserven. Oftmals lassen wir uns deswegen schon gar nicht mehr auf Auseinandersetzungen ein, da sie ja so oder so nichts bringen und immer in der gleichen Sackgasse enden. Wir resignieren, ziehen uns zurück, fühlen uns unverstanden, ungerecht behandelt und allein.

Die Wahrheit
Ein Engel und ein Teufel wandern für die Menschen unsichtbar auf Erden. Da kommt ihnen ein Mensch entgegen. Der Engel nimmt wahr, wie der Teufel vor dem Menschen etwas fallen lässt. Dieser Mensch bückt sich, nimmt mit sichtbar größter Freude das Ding an sich und geht überglücklich damit weiter.
«Was hast du diesem Menschen gerade zukommen lassen?», fragt der Engel. «Ein winziges Stückchen Wahrheit», erwidert der Teufel. «Wie? Höre ich recht? Du, ein Teufel, schenkst diesem Menschen Wahrheit? Dein Job ist doch, die Menschen in Richtung Hölle und Verdammnis zu locken!»
«Das tat ich eben: Ich habe dieses Menschlein ein winziges Stück Wahrheit finden lassen, es aber glauben gemacht, dass dieses winzige Stück die ganze Wahrheit sei!»
(aus Ed Watzke, Wahrscheinlich hat diese Geschichte gar nichts mit ihnen zu tun ...)

Wie wir im letzten Kapitel festgestellt haben und wie auch obige Geschichte verdeutlicht, ist Wahrnehmung subjektiv. Ein Stück der Wahrheit. Sie ist weder richtig noch falsch und braucht weder Rechtfertigung noch Diskussion. Damit sind wir aufgefordert, eine andere Form von Gespräch zu finden.

Friedrich Nietzsches Ausspruch: «Einer hat immer Unrecht; aber zu zweien beginnt die Wahrheit», hat Michael Lukas Moeller vermutlich zu seinem Buchtitel «Die Wahrheit beginnt zu zweit» inspiriert. Moeller beschreibt in seinem Buch die heilende Wirkung des Gesprächs – des Zwiegesprächs. Die Gesprächsform, die wir im Folgenden vorstellen, basiert auf den Grundregeln von Moellers Zwiegespräch. Wir haben es im Laufe der Jahre, aufgrund unserer eigenen Erfahrungen, etwas erweitert und weiterentwickelt und nennen es das Paargespräch.

Das Paargespräch

Sich lieben heißt sich verstehen. Es ist ein urmenschliches Bedürfnis, sich verständlich zu machen und verstanden zu werden. Dies verlangt, dass wir miteinander reden, und zwar nicht nur über Einkaufslisten und wer wann die Kinder zu Bett bringt, sondern über uns, unsere persönliche Befindlichkeit, unser Erleben und unsere Gefühle. Die lateinische Bedeutung des Wortes – communicatio = Mitteilung – legt nahe, dass wir uns mitteilen – «uns mit dem anderen teilen». In diesem Sinne zusammen in einen Dialog treten, erfordert, wahrnehmend für sich selbst zu sein, den eigenen Standpunkt beherzt mit dem anderen zu teilen und ihn so am eigenen Erleben teilhaben zu lassen. Das Gegenüber ist aufgefordert, aufmerksam und mit wachen Sinnen zuzuhören und ebenfalls wahrnehmend zu sein. Was löst das Gehörte aus? Mit was für Gefühlen, Gedanken und Körperreaktionen antworte ich auf das Gesagte? Dies wiederum gilt es, offen und ehrlich ins Gespräch einzubringen. Im gegenseitigen Hin und Her entsteht so ein lebendig bezogener Gesprächsfluss – ein Dialog. Sich auf diese Weise aufeinander zu beziehen, schafft viel Nähe. Wir begegnen einander unverhüllt und ohne Masken, was sich manchmal anfühlt wie verbales Liebemachen.

Diese Form von Gespräch ist unser wichtigstes Werkzeug. Seit vielen Jahren praktizieren wir es selbst, und wir vermuten, dass unsere Beziehung ohne das Paargespräch die stürmischen Zeiten nach der Verliebtheit nicht überstanden hätte. Bis heute gibt es uns die Möglichkeit, unseren Paaralltag zu reflektieren und uns gegenseitig besser zu verstehen. Es hat sich auch bei vielen Paaren, die wir begleitet haben, sehr bewährt. Das Ziel solcher Gespräche ist es, sich immer wieder für den anderen einfühlbar zu machen und sich selbst, den anderen und die Beziehung immer umfassender zu verstehen. Dem daraus erwachsenden Verständnis füreinander wohnt ein feiner, erotisierender Zauber inne. Das hält die Beziehung dynamisch und lebendig. Deshalb laden wir Sie ein, das Paargespräch als Tool ebenfalls in Ihre Beziehungskiste zu packen.

Für die Beziehungskiste – Das Paargespräch

Vorbereitungen:

- Durchforsten Sie zusammen Ihre Agenden und vereinbaren Sie wöchentlich ein Paargespräch von anderthalb Stunden, am einfachsten immer am gleichen Tag zur gleichen Zeit. Falls dies nicht möglich ist, machen Sie mehrere Termine im Voraus fest. Sollte das Gespräch aus irgendeinem triftigen Grund ausfallen, holen Sie es nach, oder noch besser, ziehen Sie es vor.
- Bestimmen Sie gemeinsam einen Ort, an dem Sie ungestört miteinander reden können – keine Kinder, kein Handy, einfach nur Sie beide. Es braucht zwei Sitzgelegenheiten nebeneinander, eine Ablagefläche dazwischen und etwas zu trinken. Wir empfehlen keinen Alkohol, da er die Wahrnehmung verändert. Es bewährt sich, das Gespräch immer am selben Ort zu führen, um so wenig wie möglich durch die Außenwelt abgelenkt zu werden.
- Suchen Sie einen Gegenstand, der Ihnen als Sprechstab dient. Vielleicht findet sich in Ihrer Beziehungskiste bereits ein solcher und Sie haben schon erste Erfahrungen damit gemacht (siehe S. 48f).
- Halten Sie eine Uhr bereit.

Nun kann es losgehen:

- Sitzen Sie für das Gespräch mit einem guten Abstand so nebeneinander, dass Sie sich nicht anschauen. Manchmal ist es sogar hilfreich, die Augen zu schließen, um sich besser konzentrieren zu können. Dieses Nebeneinander statt Gegenüber ist sinnvoll, weil der Sprechende aufgrund der Mimik des anderen oft bereits ahnt, was dieser denkt und sich so in seinen Aussagen beeinflussen lässt. Ohne Blickkontakt sind Sie in Ihren Äußerungen freier.

- Legen Sie die Uhr in die Mitte zwischen sich. Das Paargespräch dauert neunzig Minuten. Es ist hilfreich, pünktlich anzufangen und pünktlich aufzuhören. Für die Einhaltung der Zeit sind beide gleichermaßen verantwortlich. Das Gespräch zu verlängern macht wenig Sinn, da nach anderthalb Stunden die Konzentration nachlässt und die Themen nicht zerredet werden sollten. Falls Ihr dichter Zeitplan es nicht zulässt, ein Gespräch von neunzig Minuten zu führen, kann das Gespräch auch auf sechzig Minuten verkürzt werden. Besser kürzer als gar nicht. Kürzer als eine Stunde sollte es jedoch nicht sein, da sich das Gespräch sonst nicht entwickeln kann.
- Legen Sie den Sprechstab ebenfalls in die Mitte zwischen sich. Wer den Stab in Händen hält, hat einen geschützten Rede-Raum. Dieser kann auch Schweigen beinhalten. Der andere hört aufmerksam zu, so lange bis der Erste den Stab wieder in die Mitte legt und damit kundtut, dass für den Moment genug gesagt ist. Der Sprechstab ist nun frei für den anderen oder auch wieder für den Gleichen, falls noch etwas zu ergänzen ist.

Gesprächsregeln:

- Stellen Sie gegenseitig keine Fragen, außer Sie verstehen etwas akustisch nicht. So können Sie beide erzählen, was Sie möchten, und es entsteht kein Offenbarungszwang.
- ICH-Botschaften: Sprechen Sie von sich und Ihrem eigenen Erleben der Beziehung mit der Absicht, sich für den anderen einfühlbar zu machen. Fassen sie sich ein Herz und zeigen Sie sich offen und ehrlich. Es braucht Mut und etwas Übung, bei sich zu bleiben und auszudrücken, was der andere in einem auslöst. Sprechen Sie vor allem über die eigenen Gefühle und Körperempfindungen. Sätze wie: Ich finde, dass du …, ich denke, dass du …, ich meine, dass du …, ich fühle, dass du … sind keine Ich-Botschaften, sondern versteckte Du-Botschaften.
- Benennen Sie das Problem exakt und begründen Sie, weswegen Sie das Verhalten des anderen stört. Fassen Sie Ihre dazugehörenden Gefühle in Worte. Zum Beispiel «Ich bin traurig, dass du mir deine Gefühle nicht zeigst.» Nicht: «Ich finde, dass du mich nicht liebst.» Oder: «Es schnürt mir die Kehle zu, wenn ich mich daran erinnere, wie du mich letzte Woche angebrüllt hast,

als ich zu spät kam.» Nicht: «Ich habe das Gefühl, von dir immer nur angebrüllt zu werden.» Es ist ganz normal, dass sich trotz der Bemühungen um Ich-Botschaften hin und wieder eine Du-Botschaft einschleicht. Je mehr Übung Sie haben, desto weniger wird es vorkommen.

- Aktiv zuhören: Hören Sie mit offenen Ohren und offenem Herzen zu und seien Sie wahrnehmend für sich. Achten Sie darauf, was für Gefühle und Körperempfindungen das Gesagte bei Ihnen auslöst und bringen Sie diese Wahrnehmungen später ein, wenn Sie den Sprechstab in der Hand haben. Sollten Sie etwas akustisch nicht verstehen, fragen Sie nach. Wenn Sie etwas inhaltlich nicht verstehen, wiederholen Sie, sobald der Rede-Raum für Sie frei ist, in Ihren Worten, was bei Ihnen angekommen ist und wie Sie es verstanden haben. Das gibt dem anderen die Möglichkeit, falls er sich unverstanden fühlt, in der nächsten Runde nochmals und mit anderen Worten und Bildern zu präzisieren, was er meint.

Diese Gesprächsform braucht etwas Gewöhnungszeit und Übung. Gönnen Sie sich diese und geben Sie nicht gleich auf, falls es beim ersten Mal nicht so einfach klappen sollte. Vereinbaren Sie sechs bis neun Gespräche und ziehen Sie dann Bilanz. Was hat mir gefallen? Wo gab es Schwierigkeiten? Wollen wir diese Gespräche weiterführen?
Es gibt keinen geeigneten oder ungeeigneten Zeitpunkt, um zu beginnen. Am besten fangen Sie gleich heute damit an!

Unsere Erfahrungen damit – Ein Paargespräch

Ungefähr zwei Jahre, nachdem wir geheiratet hatten, machten wir uns aufgrund von wiederkehrenden Konflikten auf die Suche nach Möglichkeiten der Auseinandersetzung und Reflexion für «unsere kleine Zweipersonen-Selbsthilfegruppe». Dabei fanden wir «Moellers Zwiegespräch». Unsere ersten Erfahrungen waren etwas holprig, doch wir sind trotzdem drangeblieben. Seither pflegen wir das wöchentliche Paargespräch, wie oben beschrieben, als wichtigen Bestandteil unserer Partnerschaft. Im Folgenden möchten wir Sie teilhaben lassen an den Erfahrungen, die sich für uns nach mehreren hundert Gesprächen herauskristallisiert haben.

Andrea: Ich erinnere mich, dass wir zu diesem Zeitpunkt öfters Konflikte hatten. Ich überlegte mir tausendfach, ob ich dies oder jenes jetzt oder später oder überhaupt ansprechen sollte. Wann ist der richtige Zeitpunkt dafür? Hatte ich mich dazu durchgerungen, etwas zu thematisieren, fehlte mir in Gesprächen oft der Raum, um das, was ich sagen wollte, zu formulieren. Schon nach dem zweiten Satz hattest du eingehängt und das Wort war wieder bei dir. Deshalb machte ich den Vorschlag, es mal mit dem Zwiegespräch nach Moeller zu probieren. «Organisiert reden, das ist nicht mein Ding, Regeln sind mir ein Gräuel, und wir reden doch sonst schon so viel» war deine erste Antwort.

Peter: Deine Erinnerung an meine Antwort ist präzise. Sie war spontan, obschon ich keine Erfahrung mit dieser oder einer ähnlichen Gesprächsform hatte. Ungefähr die ersten zwei Gespräche habe ich dir zuliebe mitgemacht und dann aber schnell den Sinn und die Vorteile dieser Gesprächsform entdeckt. Anfänglich fühlte ich mich wie auf der Wartebank, wenn ich dir zuhörte und auf den Sprechstab wartete. All meine spontanen, «grandiosen» Einwände, die ich hätte einbringen wollen, blieben brachliegen und gingen beim weiteren Zuhören zum Teil vergessen. Ich konnte nicht ins Gespräch eingreifen, nicht auf Reizwörter reagieren, und so nahm das Gespräch einen anderen, für mich unkontrollierbaren Lauf. Dies ist auch heute noch so. Wenn ich wahrnehmend bin für mich und meinen inneren Dialog, entsteht eine gefühlsmäßige Berührung. Meine Meinungen purzeln durcheinander, eine Art Chaos entsteht, allfällige Fronten werden automatisch aufgeweicht und lassen mich unweigerlich neue Blickwinkel einnehmen. Das hat immer mal wieder einen verblüffenden Effekt. Das Gespräch führt dann an Orte, die absolut nicht vorhersehbar waren. Ich stehe wie ein Kind mit offenem Herzen da und beginne zu verstehen, während ich mitten im Geschehen stehe.

Andrea: Ja, auch ich bin immer wieder erstaunt, welche Auswirkungen die Regelmäßigkeit der Gespräche und ihre wenigen Regeln haben. So haben wir uns seit Jahren einmal pro Woche einen klar definierten Raum geschaffen, um all das anzusprechen, wofür wir in unserem Alltag keine Zeit gefunden haben. Die endlosen Überlegungen, wann der richtige Zeitpunkt sein könnte, fallen weg. Ab und zu denke ich bei einem Thema: «Das bringe ich dann im nächsten Paargespräch ein.» Oft habe ich es aber bis zum nächsten Mal vergessen. So wird mir immer wieder ganz nebenbei bewusst, welches die

Themen sind, die mich wirklich beschäftigen. Durch den geschützten Rede-Raum entfällt der Stress, unterbrochen zu werden. Ganz in meinem Tempo kann ich dir schildern, was mich bewegt oder was ich in dieser oder jener Situation erlebt habe. Anfangs brauchte es etwas Übung, wirklich von mir zu reden. Doch die Zielsetzung des Gesprächs, mein Erleben für dich einfühlbar zu machen, hat mir dabei geholfen. Ich war mir bis zu diesem Zeitpunkt nicht wirklich bewusst, dass ich dafür verantwortlich bin, verstanden zu werden. Ich glaubte irgendwie, du müsstest mich wortlos verstehen, und ich war enttäuscht und wütend, wenn dem nicht so war.

Peter: Die Erkenntnis dieser Verantwortung war auch für mich völlig neu. Ich konnte dir nun auch nicht mehr pauschal vorwerfen, dass du mich eben einfach nicht verstehst. Im Bewusstsein, dir von mir zu erzählen, rede ich bedachter und höre auch mir selbst viel genauer zu. Dadurch werden irgendwelche Manöver um meine Person zunehmend uninteressant und meist im Laufe des Gesprächs von mir selber aufgedeckt.
Ich erfahre dabei vieles über mich. Auch dich lerne ich viel besser kennen und verstehen, seit du in diesem geschützten Rede-Raum mir bis dahin Verborgenes von dir zeigst. Durch die Grundregel, im Moment Worte für mein Erleben zu finden, bin ich einerseits stark auf mich bezogen und andererseits verbunden mit deiner Reaktion auf meine Worte. Ganz ähnlich ist mein körperliches Erleben beim Liebemachen.

Andrea: Die regelmäßigen Paargespräche haben auch auf unsere Alltagskommunikation eine angenehme Wirkung. Ich nehme mir generell mehr Raum, um mich auszudrücken, und du unterbrichst mich weniger. Wir sind wesentlich mehr im Dialog als früher. Zudem ist es möglich, auch mal etwas im Raum stehen zu lassen und nicht bei jedem Reizwort gleich ein- und anzugreifen. Damit fallen Alltagsscharmützel öfters mal weg, was nicht heißen will, dass es keine Konflikte mehr gibt. Doch fühlt sich so der Alltag über weite Strecken entspannt und unsere Beziehung irgendwie aufgeräumt an.

Peter: Auch ich spüre Auswirkungen im Alltag. Ich brauche nicht mehr die ständige Auseinandersetzung, um sicher zu sein, dass nichts unter den Teppich gekehrt wird. Meine Angst, du könntest des Friedens zuliebe die kleinen Konfliktherde umschiffen, ist bedeutend kleiner geworden. So kann ich die harmonischen Zeiten vertrauensvoll genießen. Meinen Hang zu Monologen habe ich entlarvt als Strategie einer Art Kriegsführung. Gewinnen ist dann für mich wichtiger, als gemeinsam an einem Ort anzukommen, an dem wir uns beide wohlfühlen. Nun lasse ich mich vermehrt auf die Beziehung ein und finde mich im Dialog mit dir wieder.

Gemeinsames Fazit: Wir staunen immer mal wieder über unser konsequentes Dranbleiben über all die Jahre, selbst dann, wenn wir keine Lust hatten oder es nicht wirklich in unseren vollen Alltag passte. Diese Form von Austausch ist für uns meist eine so bereichernde Entdeckungsreise, dass wir sie nicht mehr missen möchten. Nicht nur jeder persönlich und unsere Beziehung, sondern auch unsere gemeinsame Arbeit profitiert davon. Da wir in unserer Beziehung mehr oder weniger aufgeräumt haben, brauchen wir unsere Konflikte nicht unterschwellig in den Paarsitzungen auszutragen.

Fallen und Schwierigkeiten

Wir möchten noch auf einige Fallen, Schwierigkeiten und Fragen eingehen, die das Paargespräch mit sich bringen kann.

• Es gibt kein aktuelles Thema: «Worüber sollen wir denn nun neunzig Minuten lang reden? Ist es einfach eine Pflichtübung? Sollen wir das Gespräch nicht einfach sausen lassen?» Wir empfehlen, es trotzdem zu tun. Unsere Erfahrung zeigt, dass gerade dann interessante Gespräche entstehen und wir bei den erstaunlichsten Themen landen. Sprechen Sie einfach aus, wie Sie sich im Moment fühlen und was Ihnen gerade für Gedanken und Assoziationen durch den Kopf gehen. Sie werden sehen, plötzlich sind Sie mittendrin, und es kristallisiert sich ein Thema heraus.
Eine andere Möglichkeit ist, ein Gesprächsthema vorzugeben, das sie zusammen ergründen, zum Beispiel Sexualität, Geld, Haushalt, Freiraum, ihren bekannten Evergreen oder …
• Ich bin gedanklich noch im Geschäft, bei den Kindern ...: Wenn Sie der Alltag noch besetzt hält, so sprechen Sie die Gedanken, die in Ihrem Kopf kreisen, einfach aus. Meist wird dadurch der Raum für das Gespräch geöffnet.

• Zu Beginn des Gespräches herrscht lange Zeit spannungsvolle Stille: Keiner will den Anfang machen. «Jetzt habe ich doch die letzten fünf Gespräche immer begonnen und die Themen eingebracht, jetzt bist du mal dran anzufangen» könnte ein Grund dafür sein. Ein unausgesprochener Machtkampf wird ausgetragen. Wird das einem von beiden bewusst, ist es hilfreich, diesen oder das unangenehme Gefühl, dass das Schweigen verursacht, anzusprechen.
• Sie möchten nicht über dasselbe Thema sprechen: Es gibt Situationen, in denen jedem ein anderes Thema wichtig ist. Dies kann einen Machtkampf auslösen, wessen Anliegen nun im Zentrum stehen soll. Sobald einer dies bemerkt und benennt, kommt das Gespräch im Hier und Jetzt an, und die gegenwärtige Situation wird Gegenstand des Gesprächs sein.
• Ich weiß nicht, was ich sagen soll: Situationen, in denen Sie nicht wissen, was Sie sagen sollen, treten ab und an mal auf. Sprechen Sie dies einfach aus. Meist geht das Gespräch dann wieder weiter.
• Ich spüre ganz widersprüchliche Gefühle in Bezug auf das Gehörte: Benennen Sie die Widersprüchlichkeit und geben Sie den verschiedenen Anteilen eine Stimme.
• «Vorwurfspingpong»: Trotz der Bemühungen um Ich-Botschaften kann es zwischendurch vorkommen, dass man sich in einem «Vorwurfspingpong» von Du-Botschaften wiederfindet. Dann ist es sinnvoll, dies zu benennen. Es spielt keine Rolle, wer es anspricht. Es hilft, das Hin und Her der gegenseitigen Vorwürfe zu beenden und dem Gespräch wieder eine andere Richtung zu geben.
• Immer wieder unsere Evergreens: Sich regelmäßig im Gespräch zu begegnen, bedeutet auch, regelmäßig den Evergreens in der Beziehung zu begegnen. Um diese immergrünen Themen kreist die Beziehung, und als Paar reiben wir uns daran. Gefühlen der Ohnmacht wie Hilflosigkeit, Angst, Nicht-Genügen, Ungeliebt-Sein, Nicht-Gesehen-Werden …, um die wir im Alltag einen Bogen machen, begegnen wir in fast jedem Gespräch. Mit der Zeit verlieren sie in diesem geschützten Raum an Bedrohlichkeit. Sie immer wieder anzusprechen hilft einem dabei, diese leichter zu verorten und einzuordnen. «Ah, da bist du ja wieder, my old friend!» Einem alten Freund knallt man schließlich nicht die Tür vor der Nase zu. Er gehört zu uns und unserer Beziehung. Dieses Wissen kann einem im Laufe der Jahre eine gewisse Sanftmut schenken.

• Zerreden des Paargesprächs: Oft ist ein Gespräch nach neunzig Minuten unfertig. Beenden Sie es trotzdem. Die «Therapiestunde» ist zu Ende und die nächste kommt bestimmt. Dann kann das Thema nochmals aufgegriffen werden, falls es in einer Woche noch von Wichtigkeit ist. Sie entgehen damit der Gefahr, das Thema zu zerreden. Sprechen Sie nach Möglichkeit zwischen den Paargesprächen im Alltag nicht darüber. Versuchen Sie, das Thema ruhen zu lassen, denn es arbeitet alleine weiter, und beim nächsten Mal können Sie wieder mit etwas mehr Distanz draufschauen. Lassen Sie sich überraschen, was sich in der Zwischenzeit getan hat. Es braucht manchmal mehrere Gespräche, bis ein Thema sich rund anfühlt und abgeschlossen ist. Falls es Ihnen dennoch so unter den Nägeln brennt, dass Ihnen eine Woche Wartezeit zu lang ist, können Sie miteinander ein Notfallgespräch für den nächsten oder übernächsten Tag vereinbaren.
• Distanz nach dem Gespräch: Hat sich ein Thema während eines Gesprächs nicht abgerundet, kann es sein, dass nach dem Gespräch für einen Moment Distanz herrscht. Geben Sie sich diesen Raum und versuchen Sie nicht, eine künstliche Harmonie zu erzeugen. Im Gegenzug ist nach dem Gespräch auch immer mal wieder viel Nähe da und mit ihr die Lust, weiter «Liebe zu machen».

Das Geheimnis vom Gelingen des Paargesprächs hängt ganz entscheidend von der Regelmäßigkeit ab, mit der es geführt wird, und von der Bereitschaft, von dem zu sprechen, was in diesem Moment gefühlt im Vordergrund steht. Es bedeutet, neunzig Minuten kooperativ und kommunikativ in Beziehung zu sein. Und das jede Woche. Dieses konstante Dranbleiben bildet die Basis des Gesprächs. So entsteht ein roter Faden in der Beziehung, der Orientierung gibt, Ordnung schafft, Lebendigkeit fördert und Vertrauen bildet. Das Paargespräch kann in unendliche Höhen und Tiefen führen und an überraschende Orte, die im Alltagsgespräch nicht angesteuert werden können.

Beziehung – Die kleinste Form von Friedensarbeit

Die achtsame Kommunikation, die wir im Paargespräch üben und mit der Zeit verinnerlichen, wirkt sich auch auf andere Gespräche im Kleinen wie im Großen aus. Es gelingt uns dadurch immer öfters, miteinander statt gegeneinander zu reden. Gespräche mit Herz und Verstand – ehrliche, berührende Dialoge. Diese machen strategische Gespräche und verbale taktische Manöver, die auf den eigenen Vorteil abzielen, überflüssig. Das Bewusstsein, dass es keine objektive Wahrheit gibt, sondern diese sich aus verschiedenen Perspektiven und Standpunkten zusammensetzt, legt die Basis für gegenseitiges Interesse und gegenseitigen Respekt. Es geht nun weniger darum, die eigene Meinung durchzusetzen oder recht zu bekommen, als vielmehr miteinander das eigene subjektive Erleben und die eigene Denkweise zu teilen. So können wir mit dem unterschiedlichen Erleben vertraut werden und einander im Lebenszusammenhang verstehen. In dieser Form von Austausch haben alle eine Stimme und werden gehört. Miteinander finden wir Lösungen für anstehende Probleme. Lösungen, für die wir uns gemeinsam verantwortlich fühlen und deren Konsequenzen wir zusammen tragen.

Auch außerhalb der Paarbeziehung können wir uns nun in anderen Menschen erkennen und uns gewahr werden, dass wir in derselben Welt leben und als Menschen dieselben Bedürfnisse und Gefühle haben, egal, welcher Gesellschaft, Kultur oder Religion wir angehören.

Wut tut gut – Ein Aphrodisiakum für Paare

«Wo Konflikt nicht möglich, da traue man dem Frieden nicht.»
(Quelle unbekannt, oft gehört von meinem Vater Fritz Oertle)

Eine Beziehung braucht Konflikte, um lebendig und gesund zu bleiben. Eine Beziehung ohne Konflikte gibt es nur im Märchen oder als ideale Vorstellung. Theoretisch wissen wir das alle. Und doch bewerten wir eine Beziehung sehr oft nach Häufigkeit und Intensität der Konflikte: viele Konflikte – schlechte Beziehung. Wenig Konflikte – gute Beziehung. Keine Konflikte – Traumbeziehung. Konflikte und im speziellen Aggression in der Beziehung werden schon per se als schlecht bewertet. Diese Sichtweise braucht etwas Differenzierung. Allzu oft werden diese Begriffe wie im militärischen Kontext mit Krieg und Gewalt gleichgesetzt, Das ist eine Stufe der Eskalation, die sich aus Konflikt und Aggression entwickeln kann. Vornehmlich dann, wenn wir die Aggression aus unserem Leben verbannen und uns weigern, einen Umgang mit dieser unbändigen, oft auch unheimlichen Kraft zu finden. Es geht uns an dieser Stelle überhaupt nicht darum, Beziehungskonflikte zu verherrlichen. Wir möchten sie jedoch aus einem anderen Blickwinkel beleuchten und ein Gegengewicht zur meist verinnerlichten Haltung von Gut und Böse setzen. Wenn wir im Folgenden von Beziehungskonflikten sprechen, dann meinen wir weder physische noch psychische Gewalt. Beide sind aus Sicht eines würdigen Zusammenlebens nicht akzeptabel.

Wir sprechen von der psychologischen Dynamik, die sich zwischen zwei Menschen abspielt und die einem Konflikt zugrunde liegt. Im Kapitel «Die Vertreibung aus dem Paaradies – Polarisierung» haben wir ausführlich beschrieben, wie ein Beziehungskonflikt entsteht. Die Eigenschaften und Verhaltensweisen, die sich in der Verliebtheit so wunderbar ergänzt haben, polarisieren sich.

Das Seilziehen um die Macht ist dabei zentral. Beide halten an altbekannten, in der Kindheit bewährten Abwehrstrategien fest. Energetisch wird der Konflikt gespeist aus dem aktuellen Geschehen und den alten Emotionen, die normalerweise gut verpackt und unbeachtet in der Gefühlskiste vor sich hinschlummern. Nun aber verhaken sich die GeSchichten beider ineinander und die persönliche Vergangenheit eines jeden intensiviert den aktuellen Konflikt.

Gute Vorsätze und edle Haltungen gehen im Sturm der Emotionen unter. Beide Partner schalten um auf ihren bewährten Überlebensmodus. Sie handeln aus Ohnmacht. Die Skala reicht von aktiver, explosiver Energie (Angriff, Kompensation) bis zu passivem, implosivem Rückzug (Todstellreflex, Hemmung). Die vermeintliche Macht des einen beruht auf der vermeintlichen Ohnmacht des anderen. In diesem Seilziehen steigt die Spannung und die gegenseitige Ignoranz nimmt zu. Konflikte, sowohl laute wie leise, häufen sich, die Gräben werden tiefer, und die Beziehung bricht Stück für Stück weg. Um der zerstörerischen Negativspirale Einhalt zu gebieten, braucht es eine andere Konfliktkultur, die auch das konstruktive Gegenstück, das dem Konflikt innewohnt, bewusst macht.

Für die Beziehungskiste – Reflexion zur herkömmlichen Konfliktkultur

Nutzen Sie einen ruhigen Zeitpunkt und eine gute Stimmung für ein ungestörtes Gespräch, am besten mit Sprechstab (siehe S. 48f.).

- Gehen Sie folgenden Fragen nach: Wie erlebe ich mich in Konflikten? Was sind meine Strategien? Beziehen Sie unbedingt die aktive und die passive Form von Aggression mit ein (siehe S. 160f.).
- Was habe ich zu Hause für eine Konfliktkultur erlebt? Zwischen den Eltern? Zwischen den Eltern und mir? Unter den Geschwistern? Zwischen den Eltern und den Geschwistern?
- Als Vorbereitung können Sie diese Fragen auch vorgängig je für sich beantworten und Ihre Sichtweisen danach im gemeinsamen Gespräch austauschen.
- Achten Sie auf mögliche Parallelen. Auch auf gegenteiliges Verhalten, denn es ist einfach die andere Seite der gleichen Medaille.
- Vielleicht machen Sie sich nach dem Gespräch ein paar Notizen in Ihr Paarbuch.

Paradigmenwechsel in Bezug auf Aggression und Konflikt

Um eine fruchtbare Streitkultur zu leben, braucht es einen Paradigmenwechsel in der Bewertung von Konflikt und Aggression. Konflikte werfen Schatten, zugleich aber haben sie auch hilfreiche Seiten. Diese aufzuspüren und wertzuschätzen kann Sinn machen.

Es lohnt sich hierfür, sich die Bedeutung des Wortes «Aggression» etwas genauer anzuschauen. Das Wort stammt vom lateinischen Verb «aggredi», das laut Wörterbuch verschiedene Bedeutungen hat: (freundlich) heranschreiten, sich nähern, sich an jemanden wenden, sich daran machen etwas zu tun, ein Problem in Angriff nehmen, anfangen, beginnen; (feindlich) angreifen, jemanden anfallen. Daraus wird schnell ersichtlich, dass Aggression neben der negativen Bedeutung, die sich in unserem Sprachgebrauch weitgehend durchgesetzt hat, auch eine ganze Anzahl von positiven Bedeutungen hat. Den meisten Menschen ist dies nicht bewusst. Aggression ist also auch die Energie, die es erlaubt, auf etwas zuzugehen, Initiative zu ergreifen und Probleme anzupacken. Aggression in diesem Sinne ist zielgerichtete Handlung. Sie ist die Kraft, die neue Impulse gibt und die ein Vorwärtsschreiten auf unserem Weg ermöglicht. In Analogien gedacht, könnten wir auch sagen, das Leben ist ohne Aggression nicht zu haben. Oder wie Albert Schweitzer es einmal treffend formulierte: «Ich bin Leben, das leben will, inmitten von Leben, das leben will.» Man denke nur an die Geburt. Eine auf das Leben gerichtete unbändige Kraft treibt uns trotz Schmerzen und anderen Unannehmlichkeiten durch den Geburtskanal. Wir werden dabei «verletzt» und wir fügen der Mutter großen Schmerz zu. Und das nicht willentlich, sondern ganz einfach deshalb, weil wir leben wollen. Ein lebensnot-wendender Akt für uns und nicht gegen die Mutter. Aggression ist also auch das Tor zum Leben. Gesunde, klar ausgerichtete Lebens- und Körperkraft.

Oder denken Sie an das Fieber, mit dem der Körper hitzig unerwünschte Mikroorganismen bekämpft und uns dabei hilft, das Immunsystem zu stärken. Auch das ist eine Form von Aggression.

Wir sind uns bewusst, dass die oben beschriebenen positiven Facetten der Aggression im Extremfall auch mit dem Risiko der Vernichtung verbunden sind. Dies könnte einer der Gründe sein, weswegen wir Aggression ausschließlich als negativ bewerten. Doch ohne das Risiko zu sterben, gibt es kein Leben. Der Tod ist das Einzige, was uns im Leben todsicher widerfährt. Er begleitet uns schon seit dem ersten Lebensfunken im Mutterleib. Leben und Tod gehören zusammen wie ein Zwillingspaar – das ist das Paradox des Lebens. Doch zurück zu Aggression und Konflikt. Aggression, die zu Gewalt und Zerstörung führen kann, ist also auch zielgerichtete Lebenskraft, die uns lebendig hält und einen nächsten Schritt weiterbringt, sowohl als Individuum wie auch in der Beziehung.

Auch beim Wort «Konflikt» hat sich in unserem Sprachgebrauch die negative Bedeutung durchgesetzt und die positive ging weitgehend verloren. Gehen wir zurück auf den lateinischen Ursprung des Wortes finden wir folgende Übersetzungen: «confligere, confligo»: zusammenstoßen, aneinandergeraten (feindlich) kämpfen, zusammenschlagen; (freundlich) zusammenbringen, vereinigen, zusammenhalten. In einem Konflikt stoßen die polarisierten, verfestigten Positionen zusammen. Statt sich nun endlos zu bekämpfen, hat der Streit auch das Potenzial, uns wieder zusammenzubringen, die Gegensätze zu vereinigen und das ergänzende Ganze wiederzufinden. Stößt nichts mehr zusammen, ist auch nichts mehr wiederzufinden. Oder wie es der Friedensnobelpreisträger Elie Wiesel formulierte: «Das Gegenteil von Liebe ist nicht Hass, sondern Gleichgültigkeit, und Gleichgültigkeit ist nicht der Anfang, sondern das Ende eines Prozesses.»

Aggression und Konflikt im positiven Wortsinn von «sich jemandem nähern und sich vereinigen» braucht es auch für eine lebendige Sexualität. Hier ziehen sich Gegensätze an, sie «stossen» in einer spannungsgeladenen erotischen Atmosphäre zusammen und werden in der Vereinigung zu fruchtbaren Gegenschätzen. Darin liegt eine schöpferische Kraft, die das Leben weiterträgt.

Die spannungsvollen Gegensätze, die in einem Konflikt zusammenstoßen, nähren das Beziehungsfeuer. Ob die Hitze dieses Feuers belebend oder zerstörend wirkt, liegt weitgehend in unserer Hand. Schließen wir keine Facette dieser großen Lebenskraft aus, kann sie auf seelischer, geistiger und körperlicher Ebene ein Aphrodisiakum für die Beziehung sein. Amor war schließlich ein Kind der Gegensätze, gezeugt vom Kriegsgott Mars und der Liebesgöttin Venus.

Eine fruchtbare Konfliktkultur

Vielleicht teilen Sie aus diesem Blickwinkel heraus unsere Ansicht, dass Konflikt und Aggression förderlich sind, um eine Beziehung lebendig zu erhalten. Doch um Beziehungskonflikten fruchtbaren Boden zu bieten, braucht es eine Konfliktkultur. Sie sollte auf der einen Seite Streit zulassen und auf der anderen Seite Reflexionsmöglichkeiten beinhalten und Werkzeuge bereitstellen, um mit den eigenen Emotionen umzugehen. Dieses nachträgliche Betrachten des Konflikts kann dazu beitragen, einander besser zu verstehen. Zugleich setzt es auch Impulse für mehr Eigenverantwortung und Selbstfürsorge, was für das eigene Wachstum förderlich ist.

Konflikte und Auseinandersetzungen können uns Orientierung geben und auf die wunden Punkte deuten, die nach Aufmerksamkeit verlangen. Sie sind sozusagen das Fieber der Beziehung. Sie machen auf Unstimmigkeiten und Frustration aufmerksam. Sie zeigen auf Themen, in denen wir uns stark polarisieren und unnötig Kraft verschwenden. Sie weisen auf Unerledigtes hin und auf Umstände, die nach Veränderung drängen.

Und vor allem kann ein äußerer Konflikt auch einen inneren Konflikt bewusst machen. Die Anteile, die sich im Streit mit dem Partner gegenüberstehen, liegen auch in unserem Inneren im Widerstreit.

Das heißt, wir sehen im Partner auch einen Teil von uns selbst. Er dient uns als Spiegel. Und es ist einfacher, den Konflikt nach außen zu verlagern und dem Partner die Schuld zuzuweisen, als nach innen zu schauen und sich mit sich auseinanderzusetzen. Doch genau dort, bei uns selbst, können wir ansetzen. Dort sind wir eigenmächtig im besten Sinn des Wortes. Dort haben wir die Macht, etwas zu verändern. Aus dieser Perspektive kann jeder Konflikt ein Übungsfeld sein, um kleinere oder größere Anteile von uns selbst zu erkennen, anzunehmen und mit ihnen Frieden zu schließen. Und diese Veränderungen werden in der Beziehung spürbar sein. Harmonie ist so gesehen nicht einfach die Abwesenheit von Konflikten, sondern die Gewissheit, dass wir mit Konflikten umgehen, ja sogar daran wachsen können und dass diese Sinn machen.

Konflikte leben in der Beziehung – Aktive und passive Aggression
«Lieben» wir also die Konflikte, denn sie halten unsere Beziehung gesund und stärken deren Widerstandskraft (Beziehungsresilienz). Auf eine krisenerprobte Beziehung kann man bauen. Sie gibt einem die größtmögliche Sicherheit. Es lohnt sich, couragiert zu sein und «die roten Knöpfe, die für rote Köpfe sorgen» nicht zu vermeiden. Wir würden unsere Beziehung um ein Stück Lebendigkeit und uns selbst und den anderen um Ressourcen und Erkenntnisse bringen, wenn wir versuchten, dem Streit aus dem Weg zu gehen. «Ressourcen?», werden Sie jetzt vielleicht fragen. «Ist es nicht eher so, dass Konflikte einem die letzten Energiereserven rauben?» Ja, Konflikte können einem die letzte Kraft rauben. Und zwar dann, wenn sie immer wieder am selben Punkt enden und des lieben Friedens willen möglichst schnell wieder unter den Teppich gekehrt oder gar nicht erst ausgetragen werden.

Denken wir an die Metapher des Lotos. Wenn wir uns dem anderen zumuten, wird gebundene Energie freigesetzt. Diese ist Nahrung für neue Blüten. Beziehungskonflikte erlauben alten, unverarbeiteten Gefühlen zum Ausdruck zu kommen. Endlich findet die alte Wut, die aufgestaute Trauer ein Ventil. Wir können «Dampf ablassen», und der Druck in der Gefühlskiste lässt etwas nach. Wir verbrauchen unsere Lebensenergie nicht länger, um die unliebsamen Gefühle von uns fernzuhalten. Wir betonen nochmals, wir reden hier nicht von körperlicher Gewalt und Zerstörung, sondern von verbalen und nonverbalen gefühlsgeladenen Auseinandersetzungen. Von aktiv geäußerter Aggression, die Spannung abbaut und der Psychohygiene dient. Von Menschen, die ihrem Ärger Luft machen, ihren Frust lautstark abladen und ihre Empörung und Wut äußern. Sich auf diese Weise zu zeigen, kann beim Gegenüber Angst und Verunsicherung auslösen. Jemand, der seine Aggression zeigt, ist aber auch verletzlich, weil er Angriffsfläche bietet. Man kann ihn verurteilen für seine Emotionalität und ihm das Gesagte übelnehmen, manchmal auch noch nach Jahren. Man kann ihn als jähzornigen Choleriker abstempeln, als streitsüchtigen Stänkerer schubladisieren oder als unbeherrschten Streithahn titulieren. Gesellschaftlich gesehen ist er der «Böse».

Wir möchten an dieser Stelle aber auch die Rolle des Gegenübers beleuchten: die der passiven Aggression. Sie wird zurückgehalten und agiert versteckt im Untergrund. Menschen mit passiver Aggression sind konfliktscheu und harmoniebedürftig. Sie fressen ihre Wut in sich hinein und leisten passiven Widerstand. In der Beziehung weicht der passiv Aggressive dem Streit mit dem Partner aus und lässt ihn auflaufen. Er entzieht sich, gibt keine Antwort, straft das Gegenüber mit eisigem Schweigen und Liebesentzug, boykottiert, schmollt, wertet den anderen auf zynische und verhöhnende Art ab oder macht auf lieb Kind und lächelt dem Erzürnten ins Gesicht. Seine Aggression ist nicht offensichtlich und er bietet wenig Angriffsfläche. Gesellschaftlich gesehen ist er der «Gute».

Da sind sie wieder, die beiden Pole: Der Aktive und der Passive, der emotional Extrovertierte und der emotional Introvertierte, die sich in friedlichen Zeiten so wunderbar ausgleichen und ergänzen und in stürmischen Zeiten so spannungsgeladen polarisieren.

Konflikte entzünden sich, wie wir bereits gesehen haben, in einer konkurrenzierenden Symbiose – entweder kämpfen beide darum, recht zu haben (Elternebene) oder darum, wer «das ärmere Schwein» ist und mehr leidet (Kindebene). Streit zielt meist nicht darauf ab, den anderen bewusst zu verletzen, sondern darauf, ihn zu einer Veränderung zu bewegen, um die eigene Balance wieder herzustellen. Entweder möchten beide wieder in die komplementäre, sich ergänzende Symbiose zurück und versuchen den anderen in die Eltern- oder Kindrolle zu zwingen (siehe S. 83ff. und Abbildungen S. 84 und 86), oder sie möchten die Verteilung im Beziehungspool verändern und auf diese Weise ein neues Gleichgewicht finden. Zum Beispiel möchte sich der Angepasste vermehrt durchsetzen, doch der andere will nichts von seiner Durchsetzungskraft hergeben und sich um keinen Preis anpassen. Und so beginnt ein Verteilkampf um die Energien im Beziehungspool. Solche Konflikte werden auch von außen angestoßen und begleiten häufig Übergänge, etwa beim Beziehen einer gemeinsamen Wohnung, bei einer Heirat, wenn ein Kind zur Welt kommt, bei Arbeitsverlust, bei Krankheit oder bei einer Pensionierung. In solchen Situationen wird Eingespieltes durchbrochen, und die Energien im Beziehungspool werden neu verteilt. Wenn beide erkennen, dass außergewöhnliche Spannungen den Beginn einer Verflüssigung des Festgefahrenen anzeigen, sind solche Phasen kein Anzeichen für das Auseinanderbrechen der Beziehung. Vielmehr handelt es sich dabei um «Geburten» in eine neue Phase des Zusammenlebens. Diese wiederum sind verknüpft mit der je eigenen (Geburts-)GeSchichte und rufen den altbekannten Evergreen auf den Plan. Überhaupt wird im Streit der Evergreen wieder einmal in neuer Variation gespielt, womit wir die Chance erhalten, ein Stück weiterzuwachsen.

Notbremse – «Rote Karte»

Auch unsere grundlegenden Überlebensstrategien–- Angriff, Todstellreflex und Flucht – sind in den oben beschriebenen Formen der aktiven und passiven Aggression zu erkennen. Diese uralten instinktiven Verteidigungsprogramme, die uns in einer ohnmächtigen ausweglosen Situation zur Verfügung stehen, lassen im Konflikt unseren Verstand außen vor. Da können im Extremfall die Sicherungen durchbrennen. Blind vor Wut können Konflikte eskalieren und in Handgreiflichkeiten ausarten – ein No-Go, doch «Es passiert». Was tun, bevor es passiert? Im Folgenden beschreiben wir eine Strategie, um aus dem Konflikt auszusteigen, bevor es knallt.

Für die Beziehungskiste – Die «rote Karte»
Notbremse in bedrohlichen Konfliktsituationen

Wenn sich das Paar in einem Konflikt gegenseitig so hochschaukelt, dass die Situation ausser Kontrolle zu geraten droht, dann kann die rote Karte hilfreich sein. Sie gehört für den Notfall vorsichtshalber in jede Beziehungskiste und auch in die seelische Notfallapotheke jedes Einzelnen.

Sprechen Sie in friedlichen Zeiten über die rote Karte und definieren Sie genau, was diese für Sie bedeutet.

- Die rote Karte kann gegenständlich sein, zum Beispiel in Form einer tatsächlich roten Karte oder eines anderen unmissverständlichen Symbols, das für Sie eine Notbremse darstellt. Sie soll an einem zentralen Ort für beide jederzeit greifbar sein.

- Da Konflikte an den verschiedensten Orten entflammen und Sie die rote Karte wahrscheinlich nicht immer zur Hand haben, tun Sie gut daran, diese auch verbal zu definieren, um sie in jeder Situation bei sich zu haben. Sie können das gewählte Symbol einfach beim Namen nennen, zum Beispiel ROTE KARTE oder auch einfach STOPP rufen.
- Die rote Karte wird in Situationen gebraucht, in denen Sie die Wut so gepackt hat, dass Sie dem anderen nur noch verletzende Worte an den Kopf schleudern. Oder wenn die Situation so zu eskalieren droht, dass Sie den anderen schütteln, stoßen oder schlagen möchten. Oder Sie bringen die rote Karte zum Einsatz, wenn Sie sich bedroht fühlen und Angst haben, dass die Situation in Handgreiflichkeiten ausarten könnte.
- Denken Sie in einem ruhigen Moment darüber nach, was für Anzeichen dem «Angriff» oder dem lähmenden «Totstellreflex» vorangehen. Diese Symptome sind oft auf der Körperebene wahrnehmbar. Zum Beispiel Druck auf der Brust, Kloß im Hals, trockener Mund, ... Schreiben Sie sich diese Warnsignale auf und achten Sie in Zukunft darauf.
- Wer von beiden die rote Karte zum Einsatz bringt, ist nicht relevant. Wichtig ist, dass sie zum Einsatz kommt und dass sich beide zu ihrem eigenen Schutz an die damit verbundenen Abmachungen halten.

- Die rote Karte bedeutet, ohne weitere Diskussionen vom Platz zu gehen. Ihr Einsatz unterbricht den Konflikt sofort. Einer verlässt umgehend den Raum, und damit ist die Gefahr einer handgreiflichen Auseinandersetzung gebannt.

- Es spielt auch keine Rolle, wer den Raum verlässt. Denken Sie daran, dass sie je zu gleichen Teilen für die Beziehungsdynamik verantwortlich sind.
- Versprechen Sie sich und dem anderen, sich weder bewusst noch unbewusst etwas anzutun und, falls Sie die Wohnung verlassen, nach einer vereinbarten Zeit wieder zurückzukommen.
- Falls Sie die abgemachte Zeit für die Rückkehr nicht einhalten können, melden Sie sich beim anderen und teilen ihm mit, wo Sie sind und wann Sie wiederkommen oder sich wieder melden.
- Achtung: In solch emotionalen Momenten sind Sie nicht ganz bei Sinnen. Steigen Sie nicht ins Auto oder auf das Velo. Sie würden sich und andere gefährden.

- Halten Sie diese Abmachungen gemeinsam schriftlich fest. Am besten gleich auf der Rückseite der roten Karte und vielleicht in Ihrem Paarbuch.

Nach dem Einsatz der roten Karte geht jeder seinen eigenen, individuellen Weg. Es kann sein, dass Sie sich stark polarisiert haben und Sie sich nun in der aktiven oder der passiven Aggression gefangen fühlen oder dass beide vor Wut aus der Haut gefahren sind. Jetzt gilt es für diese Gefühle Verantwortung zu übernehmen und ihnen zum Ausdruck zu verhelfen, um ganz bei Sinnen wieder in «die eigene Haut zurückzufinden».

Für den Wutgeladenen mit der aktiven Aggression:
Sind Sie nun getrennt, geht es darum, dieser gewaltigen Energie, diesem «Wut-Tsunami» Luft zu verschaffen. Und zwar auf eine Weise, in der Sie weder sich noch jemand anderen verletzen.

- Gehen Sie in die Aktion. Schreien Sie in ein Kissen. Schlagen Sie mit einem Handtuch, einer Schwimmnudel oder einem Kissen auf eine Matratze. Traktieren Sie einen Boxsack (mit Boxhandschuhen). Rennen Sie. Machen Sie Liegestütze. Treten Sie in die Pedale des Hometrainers (kein Velo und kein Auto fahren). Gehen Sie schwimmen ... Wichtig ist, dass die Energie unter entsprechendem Körpereinsatz ihren Weg nach draussen findet. Falls Sie sich eine Wutecke eingerichtet haben, wie auf S. 168f. beschrieben, dann suchen Sie diese auf.
- Unterstützen Sie Ihre Aktionen mit Ihrer Stimme: Fluchen Sie. Geben Sie Laute und Töne von sich. Das befreit und gibt Raum.
- Bleiben Sie so lange in Aktion, bis die Wut verebbt ist und Sie erschöpft sind. Es kann sein, dass nach der Wut die Tränen kommen. Lassen Sie diese fließen. Sie sind Ausdruck Ihrer Ohnmacht und Verzweiflung.

Für den Eingeschüchterten mit der passiven Aggression:
Die rote Karte hat Wirkung gezeigt. Sie sind nun getrennt. Die Bedrohung ist vorbei. Um die Erstarrung wieder zu lösen, bedürfen die Gefühle wie Angst, Hilflosigkeit, Ohnmacht und das «Sich-ausgeliefert-Fühlen» des Ausdrucks.

- Verlassen Sie nach Möglichkeit ebenfalls den Raum und gehen Sie an einen Ort, wo Sie sich sicher fühlen. Sollte es die Situation erfordern, suchen Sie Schutz bei Menschen, mit denen Sie sich wohlfühlen und nehmen Sie sich dort Zeit für sich.
- Nehmen Sie Papier und Kreiden (oder auch andere Stifte) und geben Sie

Ihren momentanen Gefühlen mit Farbe und Form Ausdruck. Es können auch andere kreative Materialien sein, die Ihnen helfen, Ihre Gefühle nach außen zu bringen, zum Beispiel Ton, Textilien, Papier und Schere, oder …

- Denken Sie dabei nicht allzu viel nach, sondern lassen Sie einfach Ihre Hände machen.
- Malen oder gestalten Sie so lange, bis die Gefühle verebbt sind.
- Es kann sein, dass sich mit der Zeit auch Wutgefühle einstellen. Lassen Sie diese zu und verfahren Sie damit wie oben beschrieben. Die Wut bringt Sie wieder in Ihre Kraft.

Für beide:
Wenn sich die Emotionen gelegt haben, atmen Sie ein paar Mal tief durch und gehen Sie unter die Dusche.

- Nehmen Sie Ihre Füße auf dem Boden wahr.
- Spüren Sie das kühle oder angenehm warme Nass auf Ihrer Haut.
- Riechen Sie die Seife.
- Lauschen Sie dem Plätschern des Wassers.
- Nehmen Sie ein paar Schlucke Wasser.
- Atmen Sie bewusst tief durch.

Sich wieder treffen (das gilt für jeden Konflikt):

- Lassen Sie das explosive Streitthema für den Moment ruhen.
- Vereinbaren Sie einen verbindlichen Termin, um relativ zeitnah (1–2 Tage bis höchstens eine Woche später) über den Konflikt im Paargesprächsstil zu reflektieren.

Jeder für sich:

- Notieren Sie sich Ihre individuelle Krisenstrategie detailliert am besten auf einer rote Karte und legen Sie diese zusätzlich in Ihre persönliche seelische Notfallapotheke (siehe S. 142f.). Das ist hilfreich, denn so haben Sie vorgesorgt und im Notfall genügt ein Griff.

Diese Strategie kann dann Wirkung zeitigen, wenn wir sie auch wirklich anwenden und wenn wir für die Alarmzeichen unseres Frühwarnsystems achtsam sind. Sie greift im Moment der akuten Krise. Bei dieser Strategie handelt es sich um eine Notlösung im wahrsten Sinne des Wortes und es braucht eine weiterführende Auseinandersetzung mit sich und der Beziehung, um die Intensität der Konflikte auf Dauer zu entschärfen. Wiederholen sich solch bedrohliche Auseinandersetzungen, sollte Hilfe in Form einer Paarbegleitung/-therapie oder einer Gewaltberatung gesucht werden.

Auch in Konflikten, in denen keine Gefahr einer handgreiflichen Auseinandersetzung besteht, kann die rote Karte zum Einsatz kommen. Wenn wir zum Beispiel feststellen, dass wir uns immer wieder aufs Neue verhaken und die gegenseitigen Vorwürfe sich sozusagen in Endlosschlaufen wiederholen.

Ganz gleich, auf welcher Intensitätsstufe sich ein Konflikt abspielt, für eine fruchtbare Konfliktkultur braucht es eine nachträgliche Auseinandersetzung auf der persönlichen und der gemeinsamen Ebene. Einerseits bedarf es der Zuwendung an die eigene Person, um die hervorgerufenen Emotionen zu verdauen, da aufgestaute Gefühle uns selbst und die Beziehung blockieren. Andererseits benötigt es ein Gespräch, um gemeinsam über das Geschehene zu reflektieren. Ziel ist es, sich selbst und den anderen im Erleben und Handeln besser zu verstehen, den Konflikt in der je eigenen GeSchichte zu verorten und die Verantwortung für sich und seine Gefühle zu übernehmen.

Wut tut gut – Verdauen von Emotionen

Ein Konflikt eröffnet uns den Zugang zu unserer oft gut verschlossenen Gefühlskiste. Dies ist eine wertvolle Gelegenheit, um Emotionen zu verarbeiten, sowohl aktuelle wie auch weit zurückliegende, die durch das zielsichere Drücken der roten Knöpfe im vorangehenden Streit aktiviert wurden. Es folgen hier ein paar Anregungen, die hilfreich sein können, um diese Gefühle nicht einfach wieder runterzuschlucken und weiter aufzustauen, sondern sie verantwortungsvoll zum Ausdruck zu bringen und zu verdauen.

Für die Beziehungskiste – Wut tut gut I
Kauderwelsch (zusammen)

«Kauderwelsch» (Laute, Silben und Worte ohne Bedeutung) ist hilfreich, um aufgestautem Ärger Ausdruck zu verleihen. Es hat den Vorteil, dass ohne verletzende Worte Emotionen ausgedrückt werden können. Falls Sie noch nie Kauderwelsch gesprochen haben, üben Sie vorher jeder für sich ein bisschen. Falls Ihnen die Stimme versagt, können Sie es auch mit Rhythmusinstrumenten wie Rasseln versuchen.

- Stellen Sie sich in einem Abstand von zwei bis drei Metern hin.
- Sie sind einander zugewandt. Ihre Füße haben guten Kontakt zum Boden. Ihr Stand ist breitbeinig.
- Gehen Sie leicht in die Knie und stützen Sie sich mit den Händen oberhalb der Knie ab.
- Sagen Sie sich mit allen dazugehörigen Emotionen in einer unverständlichen Sprache – eben Kauderwelsch – alles, was Sie sich vorzuwerfen haben. Geben Sie alles und schonen Sie sich nicht. Sich dem anderen zu zeigen ist ein Liebesbeweis.
- Achten Sie darauf, dass Sie Ihre Stimme nicht zu sehr strapazieren. Nicht nur die Lautstärke, sondern die Ehrlichkeit und Bestimmtheit machen dieses Werkzeug aus.
- Das tun Sie so lange, bis die Luft draußen ist und Sie beide erschöpft sind.
- Vereinbaren Sie nun ein Gespräch, um den Konflikt zu reflektieren. Möglichst zeitnah bis spätestens eine Woche danach. Die Struktur des Paargesprächs eignet sich gut dazu.
- «Kauderwelsch» kann auch helfen, wenn eine Situation verhärtet ist. Es bringt die Energie wieder in Fluss. Ebenso, wenn Sie sich nicht trauen, miteinander Klartext zu reden.

Für die Beziehungskiste – Wut tut gut II
Wutecke (jeder für sich oder zusammen)

Eine Wutecke gehört in jeden ordentlichen Haushalt. Es ist ein Ort, wo unvermeidbare menschliche Gefühle wie Ärger, Wut und Co. platziert werden können und gut aufgehoben sind. Ein Ort, der gut, schnell und jederzeit erreichbar ist, wann immer die Wut Sie packt. Richten Sie sich, je nach Platzverhältnissen in Ihrer Wohnung, im Keller oder auf dem Dachboden eine Wutecke ein.

- Das kann eine große Kartonkiste mit einem größeren kantigen Stein drin sein und etwas Billigstgeschirr aus dem Brockenhaus. Sie werden erstaunt sein, wie gut es tut, ein paar Teller zu zerschlagen.
- Das kann ein Boxsack mit Boxhandschuhen in entsprechenden Größen sein. (Finden Sie oft günstig im Internet). Wenn Sie möchten, können Sie auch gemeinsam Boxen, jeder auf einer Seite.
- Das kann eine alte, zusammengerollte Matratze mit ein, zwei Schwimmnudeln (Schwimmhilfe, finden Sie günstig im Internet) oder einem Handtuch oder einem Kissen zum Schlagen sein.
- Vielleicht wird Ihre Wutecke, je nachdem wie sich Ihre Wut zeigt, auch noch durch einen «Fluchsack» ergänzt – ein Sack, der auch die schlimmsten Flüche schluckt.
- Suchen Sie die Wutecke auf, wann immer Sie ärgerlich und wütend sind. Zum Beispiel nach einem Beziehungskonflikt oder wenn Sie auf der Arbeit Ärger hatten. Das entlastet Ihre Beziehung ebenfalls. Am besten immer dann, wenn Sie bemerken, dass Ihre Gefühle hochkochen und überschäumen.
- Gehen Sie in die Aktion und bringen Sie die explosive Energie zum Ausdruck.
- Unterstützen Sie Ihre Aktionen mit Ihrer Stimme. Schimpfen Sie lautstark und geben Sie bei jeder Bewegung einen kräftigen Laut von sich.
- Bleiben Sie so lange in Aktion, bis Sie sich ausgepowert haben. Möglicherweise kommen jetzt Tränen. Lassen Sie diese zu. Sie sind Ausdruck Ihrer Ohnmacht und Verzweiflung.
- Wurde Ihre Wut durch den anderen ausgelöst, vereinbaren Sie ein Gespräch mit ihm, um den Konflikt zu reflektieren. Möglichst zeitnah bis spätestens eine Woche danach. Die Struktur des Paargesprächs eignet sich gut dazu.

Und nebenbei gesagt: Die Wutecke eignet sich speziell auch für Kinder und Jugendliche, die so lernen, dass Wut menschlich ist und ausgedrückt werden darf und dass sie auf diese Weise weder sich selbst noch andere verletzen. Die Wutecke dient auch dazu, alte Gefühle aus der Kindheit zu verdauen und die gestaute Lebensenergie wieder in Fluss zu bringen. Mehr dazu erfahren Sie im Kapitel «Das innere Kind zu sich nehmen» (siehe S. 202f.).

Für die Beziehungskiste – Wut tut gut III
Schreiben für die «unterste Schublade» (jeder für sich)

- Schreiben Sie alle Vorwürfe, die Sie dem anderen um die Ohren schlagen möchten, unzensiert auf. Ebenso alle Schimpf- und Fluchwörter, die Sie ihm an den Kopf werfen möchten.
- Geben Sie sich die Erlaubnis, sich ohne Zensur auszudrücken. Sie schreiben nur für sich. Niemand anderes wird es lesen.
- Schreiben Sie möglichst ohne den Stift abzusetzen. Schreiben Sie so lange immer wieder dieselben Wörter und Sätze, bis Ihnen neue Worte einfallen.
- Schreiben Sie, bis alles draußen ist und Ihnen nichts mehr einfällt.
- Danach falten Sie das Blatt oder die Blätter zusammen und stecken sie in einen Briefumschlag, den Sie zukleben.
- Nun gehen Sie in die Natur, verbrennen diesen Schmähbrief und geben bewusst etwas von der Asche einem Baum oder irgendeiner anderen Pflanze Ihrer Wahl. Symbolisch wird damit die Energie aus den Vorwürfen umgewandelt und steht dem Leben wieder als Nahrung für neues Wachstum zur Verfügung. Dieses kleine Ritual kann auch zusammen ausgeführt werden. Am besten schweigend.
- Danach vereinbaren Sie ein Gespräch, um den Konflikt zu reflektieren. Die Struktur des Paargesprächs eignet sich gut dazu.

Wichtig: Es liegt in Ihrer Verantwortung, dass dieser Brief niemand anderem in die Hände fällt.

Am besten notieren Sie sich ihre bevorzugte Variante von «Wut tut gut» und legen sie in Ihre persönliche Notfallapotheke, um in akuten, gefühlsgeladenen Momenten darauf zurückgreifen zu können.

Sich entschuldigen

Wir alle kennen das erlösende Gefühl, wenn sich Aufgestautes entladen hat. Wie nach einem heftigen Gewitter ist die Atmosphäre nun um einiges entspannter als zuvor. Sind die Köpfe abgekühlt und die Wogen der Emotionen geglättet, können sich Vernunft und Werthaltungen wieder zeigen. Der alte Film ist vorbei und wir wieder bei Sinnen. Jetzt könnte es Zeit für eine Entschuldigung sein. Doch nur dann, wenn uns wirklich der Sinn danach steht und wir mit dem Herzen dabei sind. Zum Beispiel: «Was ich gesagt habe, ist meine Sicht der Dinge. Doch wie ich es gesagt habe, dafür möchte ich mich entschuldigen.» Oder: «Meine alte GeSchichte hat mich eingeholt, vieles hat nicht dir gegolten, sondern meinem Vater. Es tut mir leid, dass du alles abbekommen hast.» Mit solch einer Entschuldigung können wir zu uns stehen und trotzdem einiges zurechtrücken und relativieren. Wir reichen damit dem anderen wieder die Hand. Das kann große Wirkung zeigen und die Paarsituation weiter entspannen.

Reflektieren und Verorten des Konflikts

In jedem Konflikt liegen auch Geschenke verborgen. Um diese zu finden und auszupacken, braucht es eine nachträgliche Betrachtung des Geschehens mit etwas mehr Distanz, kühlem Kopf und warmem Herzen. Deshalb ist es so wichtig, miteinander über das Vorgefallene zu reden. Das Paargespräch, das im vorangehenden Kapitel ausführlich beschrieben wurde, ist hierfür ein geeignetes Gefäß. Es sorgt für einen Rahmen, in dem wir über den Konflikt reden können und bannt (meist) die Gefahr, dass der Streit wieder aufflammt. Das Paargespräch hilft, sich in den anderen einzufühlen, sich in ihm zu erkennen und das Vorgefallene einzuordnen. Es ermöglicht, sich bewusst zu werden, wo unsere persönliche Vergangenheit in der Beziehungsgegenwart wiederzufinden ist. Es kann aufzeigen, wo wir aufgefordert sind, die Verantwortung für die Teile zu übernehmen, die aus der alten Gefühlskiste stammen und die den aktuellen Beziehungskonflikt vorübergehend in eine Kampfarena verwandelten. Diese Bewusstwerdungsprozesse schaffen Beziehung zu uns selbst. Sie machen uns neue Ressourcen zugänglich und bringen unsere Lotosblüten zum Blühen. Wir finden uns selbst – Stück für Stück, einem Puzzle gleich, das immer vollständiger wird. Zugleich entsteht viel Nähe in der Beziehung, da wir immer wieder bewusst wahrnehmen können, dass wir im selben Boot sitzen. Eigenständigkeit und Verbundenheit sind dann keine Gegenspieler mehr, sondern sind in der Beziehung vereint.

Für Geübte – Das Aktuelle vom Alten trennen

Das Alte und das Gegenwärtige haben ihren Schnittpunkt im Jetzt. Wenn wir achtsam sind, können wir merken, wenn etwas Altes hochkommt.

Dann kann die rote Karte zum Einsatz kommen, um den Streit abzubrechen. Die Gefühle, die zur alten GeSchichte gehören, werden dann, wie weiter oben beschrieben, ausgedrückt und die Diskussion in Form eines Paargesprächs weitergeführt.

Oder wir wenden uns im Streit vom anderen ab und schreien in eine andere Richtung. So als ob wir in Richtung Vergangenheit schreien würden, um dem anderen zu signalisieren, dass die Intensität der Reaktion nicht ihm gilt.

Manchmal erkennt man «das Alte» auch erst nach dem Streit. Dann kann es hilfreich sein, es gleich zu benennen und sich zu entschuldigen. Denn beide wissen: «Es kann passieren, dass die alte GeSchichte getriggert wird und die Vergangenheit in die Gegenwart überschwappt.» In solchen Momenten werden wir vom Unbewussten gelebt.

Zusammenfassend die wichtigsten Punkte zu Aggression und Konflikt:

Ein Paradigmenwechsel in Bezug auf Konflikt und Aggression bedeutet:

- Offenheit, um der negativen Bedeutung von Aggression und Konflikt eine positive zur Seite zu stellen.
- Vertrauen, dass Konflikte belebend sind für die Beziehung.
- Vertrauen, dass Konflikte Sinn machen.
- Das Bewusstsein, dass Konflikte die persönliche und gemeinsame Entwicklung unterstützen können.

Die drei letzten Punkte stellen sich mit der Erfahrung einer gelebten Konfliktkultur ein.

Was braucht es für eine fruchtbare Konfliktkultur?

- Das Bewusstsein, dass es keinen Schuldigen und Unschuldigen gibt. Jeder trägt fünfzig Prozent Verantwortung für alles, was er gesagt, getan und nicht gesagt und getan hat. Es braucht zwei für einen Konflikt.
- Das Bewusstsein, dass jeder Konflikt zwei Seiten hat – «Die Wahrheit

beginnt zu zweit», wie Michael Lukas Moeller so schön sagt.

• Offenheit für eine weitere Perspektive auf ein und dieselbe Sache im Wissen, dass Wahrnehmung immer subjektiv ist und es darüber nichts zu diskutieren gibt.

• Mut zum Risiko. Den Mut sich und dem anderen Konflikte zuzumuten.

• Offenheit für die eigene Vergangenheit und die Bereitschaft, für die damit verbundenen Gefühle Verantwortung zu übernehmen.

• Ehrlichkeit und beherzte Liebe sich selbst und dem anderen gegenüber.

Beziehung – Die kleinste Form von Friedensarbeit

Wenn Aggression und Konflikt in einer Beziehung Platz haben und zeitnah ausgelebt werden, gibt es weniger Aggressionsstau und dadurch weniger zerstörerisches Potenzial. Paradoxerweise verhilft konstruktives Streiten zu einer friedvolleren, harmonischeren Beziehung, die zugleich auf soliderem Boden steht, da sie krisenerprobt ist.

Eine gesunde Konfliktkultur auf der Paarebene zieht automatisch weitere Kreise. Bemüht sich ein Paar darum, werden auch Ihre Kinder Vorbilder haben im Umgang mit ihren Aggressionen. Sie werden lernen, mit dieser unbändigen Kraft umzugehen, sie verantwortungsvoll auszudrücken und sie für neue, lebensfördernde Impulse zu nutzen. Sie werden auf Konflikte weniger mit physischer Gewalt reagieren und keinen «Führern» folgen, die ihre aufgestaute Aggression für ihre Zwecke ausbeuten.

Auf gesellschaftlicher Ebene werden dadurch die aufgestaute Wut weniger und die Gefahr größerer Explosionen geringer. Aggressionen, die sich in weit gefährlicherer Form – zum Beispiel in Attentaten oder gewaltsamen Kriegen – ein Ventil suchen könnten, finden nach dem Motto «Wehret den Anfängen» Entladung im Kleinen. Dort richten sie auf physischer Ebene meist noch keinen Schaden an, wirken psychisch reinigend und können auf der kognitiven Ebene verstanden und eingeordnet werden. Es erschließen sich Sinnzusammenhänge, die im Großen, zum Beispiel auf nationaler Ebene, oft gar nicht mehr nachvollziehbar sind, wodurch das gegenseitige Unverständnis vertieft und die Gewaltspirale weiter angeheizt werden. Eine gelebte Konfliktkultur hingegen trägt dazu bei, dass Aggression nicht als gewaltsame Kraft Leben zerstört, sondern vermehrt als gewaltige Kraft das Leben fördert. Diesen Ansatz über die Generationen weitergedacht, ließe den bekannten Satz «Stell dir vor es ist Krieg und keiner geht hin» gelebte Realität werden und wir hätten eine nachhaltig friedvollere Welt.

In der Theorie und auf dem Papier tönt das alles klar und logisch. Im gelebten Paaralltag entsteht eine neue Konfliktkultur jedoch nicht von heute auf morgen. Sie erfordert Zeit, Durchhaltewillen, Übung, Nachsicht mit sich und dem anderen, wenn es gerade mal nicht so ideal verläuft.

Wir wünschen Ihnen Mut zum Konflikt und eine couragierte Auseinandersetzung damit – kurz, eine gelebte Konfliktkultur und beherzte Liebe. Das fördert die Selbstheilung und unsere «Menschwerdung jenseits von Gut und Böse». Was uns auf diesem Weg weiter unterstützen kann, ist Gegenstand der folgenden Kapitel.

Am Du zum Ich werden

«Der Mensch wird erst am Du zum Ich» (MARTIN BUBER)

Der Mensch braucht ein Du. Er braucht den anderen, um sich zu erkennen. Versuchen Sie mal, Ihren Hinterkopf und Rücken zu betrachten oder Ihre «blinden Flecken» wahrzunehmen. Geht nicht, unmöglich! Sie werden sich einen Doppelspiegel suchen oder jemand Nahestehenden bitten müssen, Ihnen Ihre «Rückseite» zu beschreiben, um sich dann selbst eine Vorstellung davon zu machen. Wir können uns selbst also nicht vollständig sehen, was nicht heißt, dass wir nicht ganz sind. Was wir damit meinen verdeutlicht folgende Geschichte:

Die Statue des Michelangelo
Eines Tages wurde Michelangelo von einer reichen Familie beauftragt, eine Statue von außergewöhnlicher Schönheit zu erstellen. Er suchte daraufhin nach einem geeigneten Marmorblock. Nach einer ganzen Weile fand er in einer Seitenstraße einen fast vollkommen von Unkraut überwucherten Block, der dort vergessen worden war. Diesen Marmorblock ließ Michelangelo von seinen Arbeitern in sein Atelier bringen.
Dann begann er damit, die Statue des David aus dem Stein zu hauen. Dafür brauchte er zwei ganze Jahre. Und zwei weitere Jahre dauerte es, bis die Statue durch Schleifen und Polieren fertiggestellt war.
Als die Statue feierlich enthüllt wurde, waren viele Menschen gekommen, um die unvergleichliche Schönheit des David zu bewundern. Man fragte Michelangelo, wie es ihm denn möglich gewesen sei, eine so wunderschöne Statue zu erschaffen.
Der Bildhauer sprach: «Der David war immer schon da gewesen. Ich musste lediglich den überflüssigen Marmor um ihn herum entfernen.»
(VERFASSER UNBEKANNT, ZITIERT WWW.ZEITZULEBEN.CH)

Gegensätze sind Gegenschätze – Projektionen

> *«Liebe ist die Fähigkeit, Ähnliches an Unähnlichem wahrzunehmen.»*
> *(Thomas von Aquin)*

Um uns auf der äußeren und auf der inneren Ebene als ganzer Mensch wahrnehmen zu können, brauchen wir Spiegel. Diese können vielfältig sein. Es sind Menschen: Partner, Familienmitglieder, Freunde, Arbeitskollegen, ja mitunter sogar Unbekannte, auf die wir uns beziehen. Und es ist die Welt, die uns umgibt: Tiere, Pflanzen und Dinge. Wir spiegeln uns darin. Einerseits, um uns als Ich von unserer Mit- und Umwelt abzugrenzen und uns als eigenständiges Wesen zu erfahren, andererseits, um uns darin in unserer Ganzheit zu erkennen. Ein Paradox, das manchmal schwer zu fassen ist. Wir sind getrennt und doch unzertrennlich mit allem verbunden.

Nach dem Fall aus dem Pa(a)radies ist das ursprünglich sorglose Einssein Vergangenheit. Wir sind in die Welt der Gegensätze geworfen. Wir sind aufgefordert, uns mit den Gegensätzen auseinanderzusetzen und sie wieder zu einem Ganzen zusammenzufügen, uns als Individuum zu begreifen und unsere Ungeteiltheit vom Rest der Welt zu erkennen. Die vergangene, doch gelebte Erfahrung des Einsseins leuchtet uns dabei den Weg. Dieses bewusste oder unbewusste Wissen um die Einheit, sei es auf spiritueller, geistiger, seelischer oder körperlicher Ebene, durchdringt unser Leben. Es ist die «Sehnsucht nach dem verlorenen Pa(a)radies.» Wir sind, meist ohne uns dessen bewusst zu sein, auf den verschiedensten Ebenen auf der Suche danach. Unsere Spiegel können uns dabei behilflich sein, die passenden Gegenstücke zu erkennen. Erleben wir das Geschaute als negativ, werten wir es meist ab und verurteilen und bekämpfen es. Erleben wir es als positiv, bewundern wir es gerne, vergleichen uns damit und werten uns dabei selbst ab. Doch jenseits unserer Wertung können Gegensätze zu Gegenschätzen werden, die uns immer mal wieder das Paaradies auf Erden erleben lassen.

Paul Watzlawicks berühmter Satz: «Man kann nicht nicht kommunizieren» lässt sich gut auf die Beziehung übertragen. «Wir können nicht nicht in Beziehung sein.» Wir sind unablässig in innerem und äußerem Dialog mit der Welt, die uns umgibt. Nur, was in uns selbst begründet ist, kann Resonanz finden. Jeder hat seine eigenen Filter der Wahrnehmung. Wir sehen mit unseren Augen, hören mit unseren Ohren und das Wahrgenommene verbindet sich mit unserer GeSchichte. Alles, worauf wir uns beziehen, hat etwas mit uns zu tun, egal, ob wir es anziehend oder abstoßend finden. So gesehen beruht jede Beziehung auf Projektionen. Wir projizieren innere Bilder, Vorstellungen oder unbewusste Anteile auf die Außenwelt, um sie zu sehen, als Teile unserer selbst wahrzunehmen und nach Möglichkeit zu integrieren. Reden wir über den Partner, sei es gut oder schlecht, sprechen wir, etwas pointiert ausgedrückt, immer auch von uns selbst. Wenn wir, Peter und Andrea, gut drauf sind, ertönt in unserer Beziehung nach einer Nörgelei oder einem Vorwurf ab und zu der entspannende Satz: «Ach, ich habe ja ganz vergessen, dass ich auch du bin.»

Gehen wir nochmals zurück an den Anfang der Beziehung. «Gleich und gleich gesellt sich gern» und «Gegensätze ziehen sich an» lauten die beiden Sprichwörter. Sie zeigen, was im Kern eine Beziehung ausmacht: eine ähnliche Verletzung und der gegensätzliche Umgang damit. Diese Magnetwirkung führt uns ins Paaradies der Verliebten. Der Partner verkörpert das ergänzend Gegensätzliche, das uns ganz Mensch werden lässt. Polare Eigenschaften und Verhaltensweisen, die in der Verliebtheit verschmelzen, sind zu diesem Zeitpunkt Gegenschätze. Nach der Vertreibung aus dem Paaradies werden daraus oft und immer öfter Gegensätze, die sich polarisieren und zu Auseinandersetzungen führen. Gegenschätze oder Gegensätze – ein kleiner Unterschied mit großer Wirkung. Doch sind es nur zwei verschiedene Blickwinkel, die beiden Seiten ein und derselben Beziehung. Wir sehen im Partner alles, was uns fehlt, im Positiven wie im Negativen. Er ist unsere Ergänzung, unser Spiegel, der das Fehlende zu uns zurückbringt. Er ist das Tor zu unserem Unbewussten. Er ist alles, was wir im Laufe unseres bisherigen Lebens abgespalten, verdrängt, verloren und vergessen haben, egal wie wir es werten. Er bringt uns wieder in Kontakt damit und wirft uns auf uns selbst zurück. Er hält uns den Spiegel vor, ob wir wollen oder nicht. Sich im Spiegel erkennend, wird Abgespaltenes bewusst und wir können Projektionen zurücknehmen. So polarisieren wir uns in der Beziehung nicht mehr so oft. Aus zwei Polen werden vermehrt vier Seiten und zwei Individuen.

In der Beziehung können beide am Du zum Ich werden – zum ungeteilten Menschen mit Sonnen- und Schattenseiten (siehe Abbildung S. 36). Beziehung als Egotrip? Als Ort der Nabelschau? Bei weitem nicht, denn wir bleiben gleichzeitig bezogen auf und verbunden mit dem anderen. Auf diese Weise werden Gegensätze zu Gegenschätzen. So sind sich die Partner gegenseitig Geburtshelfer für mehr Bewusstsein und Entwicklung, für Heilung und Ganzheit.

In die Mokassins des anderen schlüpfen – Projektionen zurücknehmen

> *«Urteile nie über einen anderen, bevor du nicht einen Mond lang in seinen Mokassins gegangen bist.»* (Indianische Redensart)

Die oben zitierte Weisheit machten sich viele Indianerstämme und deren Schamanen zunutze, um sich in einen anderen Menschen hineinversetzen zu können. «In den Schuhen des anderen zu gehen», macht uns dessen Welt zugänglich. Wir können besser verstehen und nachvollziehen, weswegen er sich so und nicht anders verhält. Dazu ging der Schamane hinter der Person her und trat in deren Fußstapfen. Er übernahm ihre Körperhaltung, ihre Geschwindigkeit, sah dorthin, wo sie hinblickte, und nahm wahr, was sie wahrnahm. Er verband sich auf diese Weise mit dem Wesen der anderen Person.

In die Haut des Partners zu schlüpfen, bedingt die Bereitschaft, den anderen verstehen zu wollen. Für die Partnerschaft haben wir schon einige wichtige «Mokassins» vorgestellt, um die Schritte und die Gangart des anderen nachvollziehen zu können. Eines der wichtigsten Paar Schuhe ist das Paargespräch. Ein anderes die HerkunftsgeSchichte, also die Erlebnisse aus der Kindheit und die damit verbunden Überlebensstrategien. Je nachdem, ob wir eher in der Hemmung oder in der Kompensation einer Fähigkeit sind, haben wir die Kind- oder Elternanteile, manchmal auch Geschwisteranteile, ausgelagert und auf den anderen projiziert. Diese Projektionen treten vor allem dann in den Vordergrund, wenn uns der andere auf den Geist geht oder wenn wir ihn auf den Sockel heben und für etwas bewundern. Oder wenn wir beides abwechselnd tun. Wir sehen dann im anderen unser inneres Kind, einen verinnerlichten Elternteil oder eine andere wichtige Bezugsperson aus unserer Kindheit.

Um in die Mokassins des anderen zu schlüpfen, braucht es die Bereitschaft, sich für den Blick in den Spiegel zu öffnen, den der andere uns vorhält. Sie ist die Voraussetzung, um wohlwollend und neugierig zu sein auf seine Welt und um seine Andersartigkeit mit wachen Sinnen zu erkunden. Des Weiteren braucht es einen annehmend ehrlichen und beherzten Blick auf sich selbst, um sich mit dem Geschauten in Bezug zu setzen. Das heißt, sich zu fragen: «Was sehe ich im Spiegel? Wo lebe ich die Fähigkeiten und Unzulänglichkeiten, die ich beim anderen sehe? In welchen Situationen habe ich mich auch schon so gefühlt, auch schon so gehandelt, auch schon so gedacht? Wo kann ich das in meiner GeSchichte verorten? Wie kann ich diese Teile zu mir nehmen und sie integrieren?» Ein solches Sichkennenlernen und Voneinanderlernen fördert Mitgefühl und Einfühlungsvermögen – für sich, den geliebten Menschen und die Mit- und Umwelt.

Im Folgenden möchten wir Ihnen weitere Möglichkeiten vorstellen, um «in die Mokassins des anderen zu schlüpfen» und sich in ihm zu spiegeln:

Für die Beziehungskiste – In die Mokassins des anderen schlüpfen I Schamanenspaziergang

Ein spielerisches Experiment für entspannte Zeiten: Gehen Sie gemeinsam auf einen Spaziergang in die Natur, in die Stadt oder wo immer Sie wollen und tun Sie es dem Schamanen gleich:

- Für denjenigen, der vorangeht: Gehen Sie so authentisch wie möglich. Am besten stellen Sie sich vor, alleine unterwegs zu sein. Das ist am Anfang etwas gewöhnungsbedürftig, doch mit der Zeit werden Sie ausblenden, dass Ihnen jemand folgt.
- Für denjenigen, der hinterhergeht: Treten Sie in die Fußstapfen der anderen Person. Nehmen Sie ihre Körperhaltung ein. Passen Sie sich ihrer Geschwindigkeit an. Beobachten Sie diese ganz genau. Schauen Sie dorthin, wo sie hinschaut und nehmen Sie wahr, was sie wahrnimmt.
- Seien Sie dabei auch wachen Sinnes für sich selbst. Was für Gedanken gehen Ihnen durch den Kopf? Wie fühlt es sich an?
- Nach dreißig bis sechzig Minuten machen Sie einen kurzen Halt und notieren sich Ihre wichtigsten Erfahrungen. Tauschen Sie sich noch nicht darüber aus, sondern wechseln Sie zunächst die Rollen.
- Nach weiteren dreißig bis sechzig Minuten machen Sie wiederum einen kurzen Halt und notieren sich das Erlebte.
- Suchen Sie sich nun einen stimmigen Ort, um einander von Ihren Erfahrungen zu berichten.

Für die Beziehungskiste – In die Mokassins des anderen schlüpfen II
Vergangene Zeiten – GeSchichten, die das Leben schrieb

Für entspannte Zeiten: Machen Sie sich einen gemütlichen Abend (oder auch zwei, drei) und erzählen Sie sich gegenseitig ehrlich und beherzt:

- Von Schwangerschaft und Geburt und davon, in welche Verhältnisse Sie hineingeboren wurden.
- Von Ihrer Kindheit, auch Anekdoten, die über Sie erzählt wurden. Achten Sie darauf, Positives wie Negatives zu erwähnen.
- Welche Rolle hatten Sie in der Familie?
- Von Ihrer Herkunftsfamilie, von Ihren Eltern, anderen wichtigen Bezugspersonen, Ihren Geschwistern, vielleicht auch von Ihren Großeltern und deren GeSchichte und Ihrer Sippe, soweit Sie etwas darüber wissen.
- Von der Beziehung Ihrer leiblichen Eltern und – wenn die Eltern geschieden sind – auch von den neuen Beziehungen der Eltern und deren Partnern.
- Illustrieren Sie mit Fotos Ihre Erzählung. Die Bilder werden Ihnen helfen, sich zu erinnern.
- Achten Sie darauf, einander bei der Erzählung aktiv zuzuhören und den Gefühlen, die das Erinnerte begleiten, Raum zu geben.

Reflektieren Sie zum Schluss über das Gespräch:

- Was hat Sie an den Erzählungen des anderen am meisten berührt?
- Was sehen Sie für Parallelen und Ähnlichkeiten in Ihren GeSchichten?
- Wo sitzen Sie im selben Boot? (vielleicht auf ganz anderen Gebieten)
- Was für Gegensatzpaare machen Sie aus?
- Wo haben Sie auf Ähnliches gerade gegenteilig reagiert?
- Wo sehen Sie Wiederholungen und Analogien in Ihrer Beziehung?

Denken Sie daran: Wahrnehmung ist subjektiv. Es gibt kein Richtig oder Falsch, sondern einzig verschiedene Blickwinkel, die weder Rechtfertigung noch Diskussion brauchen.

- Schreiben Sie nach dem Gespräch ein paar Notizen zu Ihren wichtigsten Erkenntnissen ins Paarbuch.

Wir sind sicher, dass Sie einiges über Ihre Beziehungsdynamik erfahren werden. Vielleicht entdecken Sie auch, wo Sie in ihrer Kindheit mit den gleichen Themen konfrontiert waren und daher heute im selben Boot sitzen. Dieses Bewusstsein gibt der Beziehung Sinn und zeigt immer wieder entspannende Wirkung im Beziehungsalltag.

Für die Beziehungskiste – In die Mokassins des anderen schlüpfen III
Gefühlsskulptur

Für schwierigere Zeiten: Zum Beispiel nach einem Streit, wenn die Emotionen sich gelegt haben und Sie wieder mit etwas mehr Distanz und Wohlwollen aufeinander zugehen können.

- Stellen Sie sich zusammen hin und nehmen Sie jeder für sich wahr, wie Sie sich in der Konfliktsituation gefühlt haben. Probieren Sie Körperhaltungen aus, die diesen Gefühlen Ausdruck verleihen. Prägen Sie sich diese Haltung ein.
- Nun geht der eine in seine «Gefühlsskulptur» und der andere beobachtet diese zunächst genau und versucht dann, die Skulptur so identisch wie möglich nachzumachen.
- Seien Sie wachen Sinnes und nehmen Sie Ihre Körperempfindungen, Gefühle und Gedanken wahr. Beschreiben Sie diese. Am besten derjenige zuerst, der die Skulptur nachgeformt hat.
- Danach kehren Sie die Rollen um.

Achtung: Es gibt auch hier kein Richtig oder Falsch. Es ist die subjektive Wahrnehmung jedes Einzelnen. Lassen Sie die Beschreibung des anderen einfach so stehen und geben Sie einander Feedback, was Sie daran berührt. Sprechen Sie in Ich-Botschaften und bleiben Sie bei sich.

- Reflektieren Sie zum Schluss über Gemeinsamkeiten und Gegensätze der beiden Gefühlsskulpturen. Vielleicht können Sie gewisse Erfahrungssequenzen in Ihrer GeSchichte und Ihrer Beziehungsdynamik verorten.
- Notieren Sie sich ein paar Stichworte zu Ihren Erkenntnissen ins Paarbuch.

Für die Beziehungskiste – In die Mokassins des anderen schlüpfen IV
Plätze tauschen

Für schwierigere Zeiten: Zum Beispiel nach einem Streit, wenn die Emotionen sich gelegt haben und Sie wieder mit etwas mehr Distanz und Wohlwollen aufeinander zugehen können.

- Tauschen Sie Ihre Plätze. Setzen Sie sich in den Stuhl des anderen und nehmen Sie so gut wie möglich seine Körperhaltung ein. Versetzen Sie sich in die schwierige Paarsituation, die Sie ja beide bestens kennen, und lassen Sie das Geschehene in der Position des anderen nochmals Revue passieren.

- Sie sind jetzt wie ein Schauspieler in der Rolle Ihres Gegenübers (sowohl als Sprechender wie als Zuhörender)
- Sprechen Sie in der Ich-Form aus der Warte des anderen über das Erlebte. Zuerst der eine, dann der andere.
- Derjenige, der in der vertauschten Rolle zuhört, hört aktiv zu und nimmt wahr, was bei ihm Resonanz findet – Körperempfindungen, Gefühle und Gedanken.
- Vielleicht gibt es noch eine weitere Runde, indem Sie das Gespräch mit vertauschten Rollen fortsetzen und auf das in der ersten Runde Geäußerte reagieren.
- Danach stehen Sie auf, schütteln Ihre Rolle ab und setzen sich wieder auf Ihren angestammten Platz. Achten Sie dabei darauf, wie sich das anfühlt.

Reflektieren Sie zusammen über das Experiment. Folgende Fragen können Sie dabei unterstützen:

- Wie hat es sich angefühlt, wieder ins eigene Leben zurückzukehren?
- Wo haben Sie sich in der Beschreibung des anderen wiedererkannt und verstanden gefühlt? Was hat Sie daran besonders bewegt?
- Was hat Sie in der Rolle des anderen am meisten berührt?
- Was haben Sie in der Rolle des anderen über sich selbst erzählt? Seien Sie dabei beherzt und so ehrlich wie möglich.
- Wo sehen Sie Gemeinsamkeiten und Gegensätze in Ihrem Erleben? Wo lassen sich diese in Ihrer je eigenen GeSchichte verorten?
- Ist in Ihnen das Verständnis füreinander gewachsen?

Achtung: Auch hier gibt es kein Richtig oder Falsch. Sollten Sie sich wieder im alten Konflikt verhaken, brechen Sie das Experiment einfach ab und reflektieren zu einem späteren Zeitpunkt nochmals darüber, zum Beispiel in einem Paargespräch.

Wir empfehlen Ihnen grundsätzlich bei jedem Austausch, in dem Sie über das Erlebte reflektieren, im Paargesprächsstil miteinander zu reden. Dies hilft, bei sich zu bleiben und von sich zu sprechen.

Für die Beziehungskiste – In die Mokassins des anderen schlüpfen V
Vorwürfe und Schuldzuweisungen – eine Schatztruhe der Selbsterkenntnis
(Für das stille Kämmerlein – jeder für sich)

- Ziehen Sie sich mit Papier und Stift an einen für Sie stimmigen Ort zurück.
- Notieren Sie sich offen und ehrlich alle Vorwürfe und Schuldzuweisungen, die Sie dem Partner machen.

Lassen Sie diese nun einen Moment ruhen, sie sind dem Papier anvertraut und gut aufgehoben, und gehen Sie auf einen kurzen Spaziergang.

- Wecken Sie Ihre Sinne, blicken Sie um sich, lauschen Sie, riechen Sie. Nehmen Sie sich selbst wahr, Ihren Gang, Ihren Atem, Ihren Körper.
- Richten Sie dann Ihre Aufmerksamkeit auf erfüllende und bereichernde Zeiten, die Sie mit sich selbst und mit dem Partner erlebt haben und machen Sie sich wieder auf den Heimweg.

Wieder im stillen Kämmerlein angekommen, nehmen Sie sich die Vorwürfe und Schuldzuweisungen nochmals Punkt für Punkt vor.

- Überprüfen Sie beherzt und mit liebevoller Ehrlichkeit, inwieweit Sie sich diese Dinge auch selbst vorwerfen und zuweisen könnten. Manchmal werden Sie auf einer ganz anderen Ebene fündig.
- Notieren Sie sich Ihre wertvollen Erkenntnisse. Diese können die angespannte Paarsituation entspannen und sind ein wahrer Fundus der Selbsterkenntnis.

Auswirkungen auf die eigene Person und die Beziehung

Es geht um die Liebe, wenn der Partner sich uns zumutet und uns damit den Spiegel vorhält. Es geht um die Liebe, wenn wir bereit sind, ehrlich und offen in diesen Spiegel zu schauen. Verständlicherweise möchten wir nur das Angenehme in unserem Leben und alles Unangenehme am liebsten ausklammern. «Angenehm – Unangenehm», ein interessantes Wortpaar, das ein Geheimnis birgt. Im Adjektiv «angenehm» ist das Wort «nehmen» beziehungsweise «angenommen» versteckt, im Wort «unangenehm» entsprechend der Begriff «unangenommen». Wenn wir erkannt haben, dass die Außenwelt uns spiegelt, können wir uns selbst mehr und mehr annehmen. Wir können uns lieben lernen, so wie wir sind, mit all unseren Fähigkeiten, Ecken und Kanten, Talenten, Unzulänglichkeiten, Gaben und Widersprüchen. Ein fortwährender Prozess, ein Akt der Selbstliebe – schlicht des Menschseins. Das macht unser Leben «angenehmer».

Zudem werden der Mut und die Entschlossenheit, sich selbst im anderen zu erkennen, in der Beziehung reich belohnt. Eingespielte Abwehrmuster werden durchbrochen und die Beziehungsdynamik verändert sich augenblicklich. Das Beziehungsmobile kommt in Bewegung, die Energien im Beziehungspool werden umverteilt und ein neues Gleichgewicht pendelt sich ein. Ein Geschehen, das sich im Laufe einer Beziehung tausendfach wiederholt, diese dynamisch und lebendig hält und die «Beziehungsevolution» sichert.

Sich auf den Partner zu beziehen und in seinen Spiegel zu schauen, festigt das Band der Liebe und fördert die gegenseitige Wertschätzung und Dankbarkeit. Gleichzeitig wird die eigene Individualität gestärkt, indem wir uns Stück für Stück wiederfinden. Der Wunsch nach Individualität und Unabhängigkeit steht der Sehnsucht nach Verbundenheit und Nähe nicht mehr unvereinbar gegenüber, sondern wird gelebte Wirklichkeit. Das Paradox wird zum Paaradox, die Gegensätze zu Gegenschätzen und das Paaradies auf Erden immer mal wieder Wirklichkeit.

Beziehung – Die kleinste Form von Friedensarbeit:
In die Mokassins des anderen zu schlüpfen weitet den Horizont, es fördert die Verbundenheit und zeitigt Wirkung weit über die Paarbeziehung hinaus. Sich selbst in der Welt zu erkennen und die Welt in sich selbst zu entdecken, stärkt das Mitgefühl mit uns und mit allem, was uns umgibt. Unser Schwarz-Weiß-Denken wird aufgemischt und Feindbilder werden abgebaut. Solch persönliche Erkenntnisprozesse fördern das Bewusstsein, Teil des Lebensnetzes zu sein, in dem alles mit allem verbunden ist. Werden wir uns dessen bewusst, wird dies auch Auswirkungen auf gesellschaftlicher Ebene nach sich ziehen: im Umgang mit andersdenkenden Menschen, mit Menschen aus uns fremden Kulturen und Religionen, mit Tieren und Pflanzen und mit unserer gesamten Umwelt. Mahatma Gandhi hat dies mit folgenden Worten auf den Punkt gebracht: «Du und ich wir sind eins. Ich kann dir nicht wehtun, ohne mich selbst zu verletzen.»

Liebe dich selbst

«Als ich mich selbst zu lieben begann, habe ich verstanden, dass ich immer bei jeder Gelegenheit zur richtigen Zeit am richtigen Ort bin und dass alles, was geschieht, richtig ist – von da an konnte ich ruhig sein. Heute weiß ich: Das nennt man Vertrauen.»

(unbekannter Herkunft, wird oft Charlie Chaplin zugeschrieben)

«Du und ich wir sind eins. Ich kann dich nicht lieben, ohne mich selbst zu lieben» könnte das vorherige Zitat von Gandhi weitergesponnen werden. Vor diesem Hintergrund erfährt auch das bekannte Gebot aus der Bibel «Liebe deinen Nächsten wie dich selbst» eine Bereicherung. Meist vergessen wir nämlich das «Wie dich selbst». Selbstliebe wird oft mit Selbstverliebtheit, rücksichtloser Selbstbezogenheit und Egoismus verwechselt. Wir verstehen unter Selbstliebe hingegen eine bedingungslose Selbstannahme, die keine Seite unserer Persönlichkeit ausklammert. Ein Zu-uns-Stehen mit allen Stärken und Schwächen, Ecken und Kanten, jenseits aller Wertung. Eine mitfühlend wertschätzende und beherzt ehrliche Haltung uns selbst gegenüber.

Vielleicht erinnern Sie sich noch an die Geschichte mit dem Kalb, in der Peter seine eigene Kindheitsgeschichte auf das neugeborene Kalb projizierte. Diese Projektion zurücknehmen hieß in seinem Fall, dieses existenziell bedrohte, hilflose innere Kind, das er einmal war, zu sich zu nehmen und ihm die nötige Liebe und Fürsorge angedeihen zu lassen. Um diese Form von Selbstliebe geht es in den folgenden Kapiteln.

Den Rohdiamanten schleifen

> *«Es gibt kein Problem, das nicht ein Geschenk in Händen für dich trüge. Du suchst dir deine Probleme, weil du ihre Geschenke brauchst!»* *(Richard Bach)*

Auch wenn wir ständig etwas Neues suchen, um dem alten Schmerz auszuweichen, werden wir doch immer wieder mit dem Alten konfrontiert, und zwar genau an den Stellen, auf die wir nicht blicken möchten. In der Partnerschaft wird uns der entsprechende Spiegel sehr direkt vorgehalten. Dort sehen wir ungeliebte Anteile, die meist mit dem ohnmächtigen inneren Kind und seinen Abwehrstrategien in Verbindung stehen. Mit dem Zurücknehmen der Projektionen sind wir auf uns selbst zurückgeworfen. Wir sind aufgefordert, diese Anteile, die wir lieber aus unserem Leben verbannen würden, zu uns zu nehmen. Meist haben wir schon vieles versucht, um sie loszuwerden. Wir haben sie immer wieder ignoriert, verdrängt oder anästhesiert und ihnen in unserem Alltag keinen Raum gegeben. Vielleicht haben wir eine schwierige Beziehung auch beendet und das Glück in einer neuen Liebe gesucht. Oder haben, erfüllt von der Hoffnung auf Erlösung, versucht, sie in Therapiesitzungen, Seminaren und Workshops, allein oder zu zweit, ein für alle Mal wegzutherapieren. Alle diese Lösungen funktionieren meist für eine Weile gut, doch gibt es immer wieder Situationen, in denen uns die alten GeSchichten und Gefühle einholen. Unsere Vergangenheit gehört zu uns und wir zu ihr. Sie lebt mit uns in der Gegenwart.

Manchmal ist es schlicht zum Verzweifeln, wenn der alte Evergreen schon wieder auftaucht. Doch jedes Mal erhalten wir eine weitere Chance, ein bislang fehlendes Puzzleteil von uns zu finden und ganzer, sprich heiler zu werden. Für diese immer wiederkehrenden Prozesse der scheinbar immer gleichen Auseinandersetzung mit sich selbst und dem Partner kann die Metapher des Rohdiamanten hilfreich sein. Sie kann Mut machen, immer wieder von Neuem und mit verändertem Blick auf das Altbekannte zu schauen.

Ungeschliffene Diamanten sind meist kleine, unscheinbare mattfarbene Steine. Sie wurden im Erdmantel in tiefster Tiefe unter höchstem Druck und extrem hohen Temperaturen aus Kohlenstoff gebildet. Sie stammen aus den geologisch ältesten Gesteinskomplexen der heutigen Kontinente. Meist kamen sie mit Magma aus dem Erdinneren nach oben. Je tiefer die Schichten sind, aus denen sie stammen, desto größer sind die Steine. Das Wort Diamant hat seinen Ursprung im griechischen «adamas», was so viel bedeutet wie «unbesiegbar». Es ist das härteste Material der Welt. Und doch lässt sich der Diamant schleifen. Allerdings braucht es dafür einen anderen Diamanten. Der Schliff ist für das Feuer eines Diamanten verantwortlich. So kann der eine beinahe leblos wirken, während aus dem anderen scheinbar Funken sprühen. Seine Leuchtkraft beruht auf unzähligen inneren Lichtreflexionen, die durch den Schliff einzelner Facetten hervorgerufen werden.

Spiegeln wir uns im Diamanten, so können wir einige Erkenntnisse über unseren inneren Rohdiamanten mit all seinen Facetten gewinnen: Es sind die «Bodenschätze», die aus unserem tiefsten Innern stammen, die unserem Leben Glanz und Leuchtkraft verleihen können. Sie kommen meist mit viel «Schutt und Asche» an die Oberfläche, sind nicht leicht zu finden und auf Anhieb nicht als wertvoll zu erkennen. Unser innerer Rohdiamant könnte die in den frühesten Schichten entstandene Urverletzung sein und das damit verbundene Leid symbolisieren. Erkennen wir ihn nicht als wertvollen Stein, dann werden wir ihn, wenn er an die Oberfläche geschleudert wird, unbeachtet liegen lassen. Wissen wir um seinen Wert und seine innere Strahlkraft, werden wir ihn im Schutt suchen und zu uns nehmen. Wir werden die Herausforderungen der eigenen GeSchichte annehmen, die durch ein Du an uns herangetragen werden. Mit Hilfe dieses anderen Diamanten beginnen wir damit, die Facetten unseres Steins zu schleifen. Wann immer die alte GeSchichte in der Gegenwart aktiviert wird, werden wir aufgefordert, wieder eine neue Facette zu schleifen. Es ist harte Arbeit. Doch dieses Bemühen ist es, was den Diamanten zum Leuchten bringt. Getragen vom Boden unserer eigenen GeSchichte eröffnen wir uns Facette um Facette: innere Kraftquellen, neue Blickwinkel und ungewohnte Erfahrungen für unser DaSein.

Je mehr Facetten wir geschliffen haben, desto mehr können wir darauf vertrauen, in dieser Härte etwas Kostbares zu finden. Mit jedem Schliff nehmen der Wert und die Strahlkraft des Diamanten zu. Zudem werden die Facetten, die es zu schleifen gilt, immer kleiner. Die Arbeit ist dann zwar immer noch hart – der Diamant wird nicht weicher –, doch das Bewusstsein, einen weiteren Teil von uns wiederzuentdecken und anzunehmen, das heißt, eine neue Facette zum Strahlen zu bringen, macht die Arbeit um einiges leichter. Dieser Diamant begleitet uns ein Leben lang. Nicht zuletzt durch die Auseinandersetzungen in der Beziehung wird er zum Wertvollsten, was wir haben.

Da unser Schicksal nicht allein in unserer Hand liegt und wir ein Leben lang immer wieder mit Hindernissen, Herausforderungen und existenziellen Themen konfrontiert werden, ist das Schleifen unseres Diamanten eine Art Lebensschule. Und zugleich die beste Form einer individuellen Lebensversicherung.

«In uns lebt alles weiter.» (Luise Reddemann)

Entflechtung – Alles hat seine Ordnung, seinen Platz und seine Zeit
Jede Beziehung ist wie ein Gleichnis, das die Wiederholungen aufzeigt, die die HerkunftsgeSchichte mit der aktuellen Beziehung verknüpfen. Wenn wir diese Zusammenhänge verstehen, können wir erkennen, dass der andere unsere roten Knöpfe nicht drückt, weil er uns verletzen will, sondern weil er aufgrund seiner eigenen alten GeSchichte reagiert. Sein inneres Kind hat in diesem Moment das Ruder übernommen. Er sitzt in seinem alten Film und greift auf die altbewährten Abwehrstrategien zurück, um mit seiner existenziellen Ohnmacht von damals klarzukommen. Sein Verhalten weckt unser inneres Kind, und die eigenen alten Verletzungen kehren wie ein Bumerang zu uns zurück. In der Folge greifen auch wir zu den damals hilfreichen Mustern. In solchen Momenten sind die zwei verletzten Kinder aus der Vergangenheit in Gestalt der beiden Erwachsenen miteinander in Beziehung. Sie haben sich verirrt im Beziehungsdschungel der Gegenwart und versuchen, ihre eigene Haut zu retten und gleichzeitig das aktuelle Beziehungsgeschehen auf die Reihe zu kriegen. Eine im wahrsten Sinne des Wortes ver-rückte Situation. Diese gilt es zurechtzurücken und die Ebenen so zu entflechten, dass alles seine Ordnung bekommt. Alles hat seine Zeit und seinen Ort, alle Konflikte ihren Grund und einen tieferen Sinn. Alles kann klar voneinander abgegrenzt werden und bleibt doch gleichzeitig mit allem verbunden. Diese Ordnung zeigt, was zur Vergangenheit und was zur Gegenwart gehört, was verändert und was nicht mehr verändert werden kann. Es liegt in der Verantwortung jedes Einzelnen, um diese Entflechtung bemüht zu sein. Und es ist seine Entscheidung, ob er das, was er verändern kann, auch tatsächlich verändern will.

Schauen wir uns zunächst diese Ordnung etwas genauer an und richten unseren Blick auf die Vergangenheit. Alles, was bis zum heutigen Tag geschehen ist, lässt sich nicht mehr verändern. Das heißt, alles, was wir getan und nicht getan haben, alles, was wir bekommen und nicht bekommen haben, alles, was uns angetan wurde, ist unwiderruflich Vergangenheit, sowohl in der Kindheit als auch in der aktuellen Beziehung. Veränderbar sind lediglich unser Blick auf das Erlebte und unser Umgang mit unserem inneren Kind und seinen Emotionen. Seit Kindertagen haben wir diese Emotionen in unsere Gefühlskiste gepackt, und in jedem Beziehungsknatsch flammen sie wieder auf. Veränderbar ist also nur der Umgang mit unserer Vergangenheit, nicht die Vergangenheit selbst. Veränderbar ist auch die Beziehung zu uns selbst, zu den Anteilen, die das Vergangene erlebt und gefühlt haben. Es liegt in unserer Hand, wie wir diese Beziehung zu uns selbst gestalten. Veränderungen sind nur auf unserer Seite möglich. Wir können niemals den Partner verändern. Doch unsere Veränderungen versetzten das Beziehungsmobile in Schwingung und zeitigen in der Beziehung Wirkung. Was für Wirkungen das sein werden, wissen wir im Voraus nicht.

Wenden wir uns der Gegenwart zu. Zum jetzigen Zeitpunkt sind wir erwachsen. Wir sind nicht mehr das bedürftige Kind, das wir einmal waren. Schauen wir unsere Hände an, sind es keine kleinen Kinderhände mehr. Wir sind nicht mehr darauf angewiesen, an die Hand genommen zu werden. Unsere Hände sind groß, mit ihnen sind wir handlungsfähig. Schauen wir unsere Füße an. Auch sie sind groß, geben Halt, haben Stehvermögen und können Schritte tun. Wir sind erwachsen und voll ausgerüstet, um die elterliche Verantwortung und die Fürsorge für dieses kleine Kind von damals selbst zu übernehmen. Wir brauchen diese nicht an unseren Partner zu delegieren, ihm das Wohlergehen unseres inneren Kindes zu überantworten und ihn verantwortlich zu machen für unser Glück. Tun wir dies trotzdem – und das kommt in den besten Beziehungen immer wieder vor –, übergeben wir ihm die elterliche Macht, liefern unser inneres Kind einmal mehr der alten Ohnmacht aus und machen uns abhängig. In diesem Modus werden wir miteinander die alten GeSchichten und die damit verbundenen Abwehrstrategien (Hemmung und Kompensation) wieder und wieder reinszenieren.

Es liegt in unserer Verantwortung, immer wieder bewusst aus dem historischen Geschehen längst vergangener Tage auszusteigen und im Hier und Jetzt, in diesem gegenwärtigen Augenblick, dem bedürftigen Kind selbst eine gute Mama und ein guter Papa zu sein. Es geht um eine innere, intrapersonale Beziehung zwischen der erwachsenen Person, die wir heute sind, und unserem bedürftigen, verletzten Kind, das wir einmal waren. Dieses Kind, das wir auf irgendeine Weise abgespalten haben, doch dessen Erinnerungen in uns weiterleben. Diese Beziehung gilt es im Hier und Jetzt aufzunehmen. Das heißt, wir gehen nicht in die Vergangenheit zurück und werden zu diesem Kind, sondern wir bleiben ganz bei Sinnen in der Gegenwart und stehen als Erwachsener dem inneren Kind bei. Wir wenden uns ihm liebevoll zu, bringen ihm Verständnis entgegen und nehmen seine Verletzungen und all die damit verbundenen Gefühle ernst.

Kein anderer Mensch auf der Welt kann das für uns tun, auch wenn es uns in Zeiten der Verliebtheit scheint, als könnte der*die Liebste diesem Kind alles geben, was es braucht. Die bedingungslose Liebe für dieses Kind liegt einzig und allein in unserer Hand. Nur wir können ihm helfen, Ausdruck für seinen Schmerz und seine Ohnmacht zu finden. Seine Tränen können nur durch unsere Augen geweint, seine Wut nur durch unsere Hände und unsere Stimme ausgedrückt und seine Verzweiflung nur durch unser Herz wahrgenommen und verstanden werden. Nur unsere Arme können ihm verlässlichen Schutz und Geborgenheit bieten und ihm die not-wendende Wärme und Sicherheit geben. Nur unsere Worte können es jederzeit trösten, ihm Mut zusprechen und es stärken. Nur unser Bezug zu ihm holt es aus seiner Isolation und trägt es in Momenten der Einsamkeit. Kein anderer Mensch kennt unser inneres Kind so gut wie wir. Kein anderer weiß so genau, was es braucht. Kein anderer ist immer für es da.

Blicken wir als Paar, jeder sein inneres Kind auf dem Arm, auf unsere Beziehungskonflikte, können wir uns wieder als Erwachsene begegnen und feststellen, dass die aktuellen Probleme an Brisanz und Schwere verloren haben. Wir können unser beider Aktionen und Reaktionen aufgrund der je eigenen LebensgeSchichten einordnen und verstehen. So brauchen wir einander nicht mehr die Schuld für die Krise in die Schuhe zu schieben oder alle Schuld auf uns zu nehmen, sondern können diese als Chance nutzen, um ein Stück innere Heilung zu finden. Damit hat alles seinen Platz. Diese Ordnung macht unsere Beziehung mit all ihren Höhen und Tiefen zu einem wertvollen Ort des Wachstums. Das zu verstehen, macht einen großen Unterschied.

Wer ist das innere Kind?
Das innere Kind ist keine eigenständige Person, sondern ein Teil unseres Innenlebens. Es sind die subjektiven, meist unbewussten Erinnerungen an das, was uns seit Anbeginn bereits bei der Zeugung, im Mutterbauch, bei der Geburt, als Säugling und als hilfloses Kleinkind widerfahren ist. In dieser Zeit wurden jede Menge Sinneseindrücke und Körperempfindungen in unserem inneren Archiv abgelegt. Gefühle, die in den tiefsten Tiefen unserer Gefühlskiste seit vielen Jahren eingeschlossen sind. Dieses Erinnerungsarchiv wird unbewusst angelegt. Eine Blackbox, in der alles gespeichert ist. Bewusst kann sich kaum jemand weiter als bis zu seinem dritten Lebensjahr zurückerinnern. Unser Körper weiß jedoch alles. Er verfügt über eine eigene Art von Gedächtnis. So werden frühe Erinnerungen über Sinneseindrücke ausgelöst und machen sich über Körperempfindungen und Gefühle bemerkbar. Im Augenblick des Geschehens können wir diese in ihrer Tiefe nicht klar verorten, sondern wir ordnen sie der Einfachheit halber dem Auslöser oder dem auslösenden Moment im Außen zu und machen diesen dafür verantwortlich.

Das innere Kind konfrontiert uns hartnäckig mit allem, was wir am liebsten aus unserem Leben verbannen möchten. Es führt uns in die dunkelsten Ecken unserer Existenz. Es fordert uns auf, dort hinzuschauen und hinzuspüren, wo es sich nicht gesehen, verstanden und angenommen fühlt. Schwierige Themen, die sich immer wieder in anderer Form zeigen und doch ähnlich anfühlen, deuten auf solche alten Verletzungen. Unsere Überlebens- und Abwehrmuster zeigen Versuche auf, um die Wunde zu schützen. Die Wiederholungen und die damit verbundenen intensiven Gefühle machen uns auf die Dringlichkeit aufmerksam, uns um die Heilung zu kümmern. Meist verstehen wir diese Hinweise des inneren Kindes nicht, da es sich nicht in Worten und Fakten ausdrückt. Doch solange wir uns nicht bemühen, «seine Sprache» zu verstehen und Verständnis für dieses Kind zu entwickeln, tappen wir unbewusst immer wieder in dieselben Situationen. «Jetzt ist Es mir schon wieder passiert!» Das Es hat einen Namen und hat mit dem zu tun, was wir selbst zur Situation beitragen, indem wir uns weigern, hinzuschauen und uns unserer selbst bewusst zu werden. So bleiben wir in den alten Mustern von Macht und Ohnmacht, von Schuld und Unschuld verstrickt. Beziehungsmuster, die wir alle zur Genüge kennen.

Da wir uns nicht bewusst erinnern können, haben wir oft unsere liebe Mühe, unserer Wahrnehmung und den damit verbundenen Gefühlen zu vertrauen. Es geht also für einmal nicht um beweisbare Fakten, sondern um gefühlte Stimmigkeit. Über die Wahrnehmung, wie wir uns als Kind erlebt haben, gibt es nichts zu diskutieren. Sie ist nicht richtig oder falsch. Sie ist subjektiv. Sie macht für uns im gegenwärtigen Moment Sinn. Sie klingt in unserem Innern an und bringt etwas in uns in Schwingung. Wenn sie sich, jenseits aller Wertung, als stimmig anfühlt, dann gilt es ihr zu vertrauen.

Ein Beispiel zur Verdeutlichung: Wenn wir uns von drei leiblichen Geschwistern ihre Eltern beschreiben lassen, werden wir meistens drei gänzlich verschiedene Väter und drei unterschiedliche Mütter vor uns sehen. Keiner dieser Erlebnisberichte ist aus objektiver Sicht wahr, doch bilden sie drei subjektive Wahrheiten ab. Wir bekommen ein Bild der verinnerlichten Eltern eines jeden. Würden wir den realen Eltern begegnen, würden wir sie nochmals ganz anders wahrnehmen. Der eigenen gefühlten Wahrheit Beachtung zu schenken ist keine einfache Sache in einer Welt, in der alles hieb- und stichfest bewiesen sein muss. Doch nur wir können unser verletztes inneres Kind mit seiner Körper- und Gefühlssprache wirklich spüren und seine Bedürfnisse ohne Worte verstehen. Auch dies ist ein Grund dafür, warum nur wir selbst für unser inneres Kind sorgen können.

Spurensuche – Was könnte das innere Kind Verletzendes erlebt haben?
Gehen wir an den Anfang unseres Lebens zurück. Was könnte ein Kind zu diesem Zeitpunkt Prägendes erlebt haben? Was könnte seine Integrität verletzt haben? Es folgt nun eine Aufzählung möglicher Erfahrungen. Diese Liste ist bestimmt nicht vollständig, doch kann sie Ihnen Anhaltspunkte geben und aufzeigen, wie weit dieses Feld ist.

Für die Beziehungskiste – Spurensuche (jeder für sich)

Vielleicht wissen Sie einiges über Ihre erste Zeit aus Erzählungen der Eltern oder anderer Ihnen nahestehender Menschen. Vielleicht auch wissen Sie gar nichts. Achten Sie beim Weiterlesen darauf, was gefühlsmäßig in Ihnen anklingt. Was berührt Sie? Wo denken Sie, ja, so könnte es gewesen sein? Wo gehen Sie auf Abwehr? Was zieht einfach an Ihnen vorüber? Am besten machen Sie sich ein paar Notizen. Es ist der Anfang einer Entdeckungsreise zu sich selbst. Es sind die Eck- und Randstücke Ihres Lebenspuzzles. Dieses wird sich im Laufe der Zeit durch den wiederkehrenden Evergreen in der Beziehung, Ihr reflektierendes Ordnen und die Beziehung zu Ihrem inneren Kind immer weiter vervollständigen.

Beginnen wir bei der Zeugung:

- Ein «Unfall»: Die Eltern kannten sich kaum, im Rausch gezeugt, ungünstige Umstände, Eltern wollten kein Kind oder keines mehr, ...
- Eine erzwungene Zeugung: Getaktet nach dem Eisprung, gewaltsam gezeugt, ...
- Eine künstliche Zeugung: In-vitro-Fertilisation, unbekannter Vater/Samenspender, unbekannte Mutter/Eizellenspende, Leihmutter, ...

Während der Schwangerschaft:

- Nicht gewollt sein: Vom Gedanken der Ablehnung bis hin zum Abtreibungsversuch, unbewusst abwehrende Körperreaktionen der Mutter, ...
- Schwieriges in der Beziehung der Eltern: Ein Elternteil will das Kind nicht, die Eltern trennen sich vor der Geburt, schwere Konflikte zwischen den Eltern, Gewalt in der Beziehung, belastende Außenbeziehung eines Elternteiles ...
- Auseinandersetzungen in den Herkunftsfamilien: Eine der Herkunftsfamilien will das Kind nicht, lehnt die Mutter oder den Vater ab, ...
- Angst und Schuldgefühle der Mutter: Erinnerungen an schwierige vorangegangene Schwangerschaften, Erinnerungen an verlorene Kinder, an Abtreibungen, ...
- Wenig oder keine Kontaktaufnahme der Mutter zum werdenden Kind
- Unsicherheiten der Mutter/der Eltern: Kein geeignetes «Nest» haben, unsichere materielle Situation, ...
- Krankheiten der Mutter: Körperliche Gebrechen, Schmerzen, Medikamente, Operationen, Suchterkrankungen mit Missbrauch von Drogen aller Art, zum Beispiel Alkohol, Rauchen, ...
- Hohe Arbeitsbelastung der Mutter: Schwere Körperarbeit, Dauerstress, ...
- Psychischer Stress der Mutter, psychische Erkrankungen der Mutter
- Suizidgedanken oder -versuch der Mutter oder des Vaters während der Schwangerschaft

- Todesfälle während der Schwangerschaft: Todesfälle in der Familie, Trauer der Mutter, Trauer des Vaters, Vater stirbt vor der Geburt, ...
- Schwangerschaftskomplikationen: Blutungen und die damit verbundene Angst, das Kind zu verlieren, Wehenhemmer bei verfrühten Wehen, Schwangerschaftsvergiftung, ...
- Entwicklungsstörungen und/oder Krankheiten des Ungeborenen: Herzfehler, nur eine Niere, zu wenig Nahrung, ...
- Zwillings- oder Mehrlingssituation: Zu wenig Platz, zu wenig Nahrung, zu viel Nahrung, Verlust eines Zwillings im Mutterbauch, ...
- Prägende Wunschvorstellungen der Eltern (bewusst oder unbewusst): Versöhnungskind sein, Stammhalter sein, endlich der gewünschte Junge, endlich das gewünschte Mädchen, ein verlorenes Kind ersetzen, ...
- Enttäuschung der Eltern über das Geschlecht des Kindes
- Belastende Umwelteinflüsse: Umweltgifte, Strahlung, ...
- Problematisches Umfeld: Krieg, Flucht, Gewalt, Isolation, Nahrungsmangel, ...

Während der Geburt:

- Komplikationen: Zu wenig Sauerstoff haben, Frühgeburt, lange im Geburtskanal feststecken, Saugglocke, Zange, Steißgeburt, Nabelschnur um den Hals, Kaiserschnitt, ...
- Tod eines Zwillings

Nach der Geburt:

- Trennung von der Mutter: Isolation im Brutkasten nach einer Frühgeburt, Krankheiten des Kindes oder der Mutter, Spitalaufenthalte des Kindes oder der Mutter, ...
- Mutter stirbt bei oder kurz nach der Geburt
- Trennung von den Eltern: Zur Adoption freigegeben werden, den Eltern weggenommen werden, ...
- Behinderungen des Kindes, die im ersten Augenblick Angst und Ablehnung auslösen
- Das falsche Geschlecht haben, nicht der gewünschte Junge, nicht das gewünschte Mädchen sein
- Postnatale Depression der Mutter
- Die Mutter kann oder will das Frischgeborene nicht stillen oder das Kind kann nicht trinken

- Die Verdauung des Säuglings streikt, und es erfolgt keine Nahrungsaufnahme
- Bedürfnisse des Säuglings werden nicht befriedigt: Zu wenig Nahrung, zu wenig Körperkontakt, zu kalt, zu heiß, zu wenig Aufmerksamkeit, versorgt werden nach «Fahrplan», fehlender Trost, Isolation, ...

Als Kleinkind / Kind:

- Grundbedürfnisse werden aus Kindersicht nicht gestillt: Zu viel oder zu wenig Nahrung, zu wenig oder zu viel körperlicher und emotionaler Kontakt, zu wenig Geborgenheit, ...
- Krankheiten und Spitalaufenthalte als Kind
- Krankheiten und Spitalaufenthalte der Mutter, des Vaters, von Geschwistern ...
- Geschwisterdynamik: Geburt eines Geschwisters, Bevorzugung eines Geschwisters, ein krankes oder behindertes Geschwister haben/bekommen, das von den Eltern viel Aufmerksamkeit braucht, ...
- Tod: der Mutter, des Vaters, eines Geschwisters oder einer nahen Bezugsperson
- Weggeben werden: Adoption, Pflegeeltern, ...
- Traumatische Familienverhältnisse: Gewalt in der Familie, Drogen aller Art, heftige Streitigkeiten zwischen den Eltern, Armut, soziale Isolation, ...
- Traumatisches Umfeld: Krieg, Flucht, ...
- Erfahrungen von körperlicher und seelischer Gewalt am eigenen Leib
- Vernachlässigung auf körperlicher und emotionaler Ebene: Mangel an Nahrung, mangelnde Hygiene, mangelnder Körperkontakt, Eltern sind nicht anwesend, Isolation, ein- oder weggesperrt werden, ...
- Missbrauch: sexuell; emotional: Liebesentzug, von Liebe erdrückt werden, Drohungen, ...; narzisstisch: Die Eltern manipulieren oder instrumentalisieren ihr Kind für ihre eigenen Ziele und Vorstellungen

Ein Ungeborenes, ein frisch geborener Säugling oder ein Kleinkind, das solches erlebt hat, fühlt sich nicht angenommen, sondern abgelehnt. Dieses Kind hat allen Grund, traurig und wütend zu sein, Schmerz zu empfinden und Angst vor der Welt und vor Beziehungen zu haben. Doch kann dieses hilflose kleine Wesen seinen Gefühlen und seinem Erleben zum Zeitpunkt des Geschehens keinen adäquaten Ausdruck geben. Einerseits kann es sich noch nicht verständlich äußern und andererseits ist es existenziell abhängig von seinen Bezugspersonen. Es ist diesen und seiner umgebenden Welt vollkommen ausgeliefert. Es kann nicht einfach davonstapfen und sich ideale Eltern suchen oder an einen anderen, friedlicheren Ort gehen. Es wird alles tun, damit es von seinen Bezugspersonen versorgt und geliebt wird. Kognitiv kann es das Geschehene nicht verstehen und auch nicht einordnen. So hat es allen Grund zu glauben, es sei nicht richtig und an allem Schuld. Es hat guten Grund, an seinem Wert zu zweifeln und sich ungeliebt zu fühlen. Um mit der Ohnmacht seiner existenziellen Abhängigkeit in Bezug auf Leib und Seele und dem Schmerz einer oben beschriebenen frühen Verletzung so wenig wie möglich in Kontakt zu kommen, wird es seine spezifischen Überlebensmechanismen (Hemmung oder Kompensation) entwickeln. Jene Muster, die später auch in der Partnerschaft zum Tragen kommen und die der ureigenen Dynamik eines Paares zugrunde liegen.

Für die Beziehungskiste – Reflexion über unsere Ankunft in dieser Welt

Tauschen Sie sich miteinander über den Beginn Ihres Erdenlebens aus. Vielleicht haben Sie diese Themen schon in der Reflexion «In die Mokassins des anderen schlüpfen II: Vergangene Zeiten – GeSchichten, die das Leben schrieb» gestreift (siehe S. 180). Hier geht es um eine Vertiefung und Ergänzung. Richten Sie Ihr Augenmerk ganz auf den Anfang Ihres Lebens. Geben Sie dabei auch den schwierigen Situationen eine Stimme.

- Erzählen Sie einander, was Sie wissen, was Sie subjektiv wahrnehmen, was Sie gefühlt als stimmig erlebt haben oder erahnen, dass es so gewesen sein könnte. Am besten nehmen Sie dazu den Sprechstab. Hören Sie einander nur zu. Es gibt nichts zu bewerten, nichts zu diskutieren, nichts zu kritisieren oder zu kommentieren. Ihre Aufmerksamkeit gilt den Ähnlichkeiten im Erleben und den Parallelen in der Gefühlswelt.
- Tauschen Sie sich in einer weiteren Runde darüber aus, wo Sie sich im selben Boot sitzen sehen. Hier liegt, getreu dem Sprichwort «Gleich und gleich gesellt sich gern», die Ursache der meisten Beziehungskonflikte, auch wenn dies für Sie vielleicht nicht immer ganz offensichtlich ist. Es braucht etwas Routine, dies zu erkennen.

- Ergänzen Sie Ihre Notizen, die Sie bereits aus der oben genannten Übung haben, mit Ihren neuen Erkenntnissen.

Schauen Sie sich beim Reflektieren Ihres nächsten Konflikts auf jeden Fall Ihre Notizen zur Verletzung des inneren Kindes an, vielleicht bringt dies etwas Licht ins Dunkel. Vielleicht wird Ihnen bewusst, wo Sie die Verantwortung für Ihr inneres Kind dem anderen abgegeben haben und wo Sie die Fürsorge für dieses hätten übernehmen können. Lassen Sie sich nicht entmutigen, wenn es beim ersten Mal nicht gleich klappt, die Muster zu erkennen. Versuchen Sie es einfach beim nächsten Mal wieder.

Wir möchten an dieser Stelle nochmals betonen: Es geht hier weder um eine Schuldzuweisung noch um eine Verurteilung der Eltern, die ebenfalls mit ihren verletzenden Erfahrungen und den damit verbundenen Überlebens- und Abwehrstrategien unterwegs waren. Sie sahen in uns als Kind ihr eigenes inneres Kind gespiegelt, auf das sie gleich (Hemmung) oder gegenteilig (Kompensation) wie ihre Eltern reagierten. Ebenso wenig geht es uns um eine einseitige Opferperspektive, die die «Schuldigen» im Außen sucht oder märtyrerhaft alle Schuld auf sich nimmt. Es geht uns um Bewusstsein und Annahme der eigenen GeSchichte und um Verständnis und Fürsorge für das Kind, das wir einmal waren.

Falls Sie beschließen sollten, bei Ihren Eltern nachzufragen, um etwas mehr über Ihren Anfang in Erfahrung zu bringen, seien Sie sich bewusst, dass Eltern sich schnell schuldig fühlen, sich zum Teil nicht mehr genau erinnern können oder nichts von diesem ganzen «Psychokram» halten. Ein solches Gespräch braucht Fingerspitzengefühl und eine offene, neugierige Haltung für das ebenfalls subjektive Erleben Ihrer Eltern.

Falls Sie sich jetzt als Eltern betroffen fühlen und darüber nachsinnen, was Sie Ihrem Kind mitgegeben haben: Es gibt keine idealen Eltern und keine idealen Kinder – wir alle sind Menschen. Wir alle haben eine GeSchichte, mit der wir uns in irgendeiner Weise auseinandersetzen müssen, ob wir wollen oder nicht. Tun wir dies bewusst, haben wir die Möglichkeit, Abgespaltenes und Verlorenes wieder zu integrieren und unsere Ganzheit Stück für Stück wiederzuentdecken. Setzen Sie sich mit Ihren Themen auseinander, sind Sie Ihren Kindern Vorbild und tragen dazu bei, diese von emotionalen Altlasten vorangehender Generationen zu befreien. Nehmen Sie bewusst wahr, was für eine Seite Ihrer selbst Ihnen Ihr Kind spiegelt, «klappen Sie diese Erkenntnis nach innen» und kümmern Sie sich um Ihr eigenes verinnerlichtes Kind.

Das fröhliche innere Kind

«Gibt es denn nicht auch ein fröhliches inneres Kind, das mit ungebrochener Lebensfreude auf das Leben zugeht?», werden Sie sich jetzt vielleicht fragen, und: «Wieso immer so schwer?» Wir sind überzeugt, dass wir dieses fröhliche, kreative, naive, unschuldige Kind ebenfalls in uns tragen. Aus unserer Sicht ist es jedoch oft überlagert vom traurigen, einsamen, wütenden, hilflosen Kind. Dieses wiederum ist meist von jenen überholten Mustern (Hemmung und Kompensation) «verschüttet», die wir entwickelt haben, um nicht mit unserer existenziellen Ohnmacht in Kontakt zu kommen. Diese Strategien trennen uns von unserem inneren Kind und weder seine Freude noch sein Leid sind für uns wirklich spürbar. Gerade das macht es häufig so schwierig, Mitgefühl mit uns selbst zu haben und an unsere ursprüngliche Lebenskraft und unser Urvertrauen heranzukommen.

Die größte Herausforderung in einer Beziehung sind wir selbst

Wahrscheinlich sind wir im Paaradies der Verliebten mit dem vertrauensvollen und glücklichen Kind in uns verbunden, da der Partner perfekt für unser verletztes inneres Kind sorgt (siehe Abb. S. 56). Jetzt fühlt es sich endlich verstanden, gesehen und umsorgt. Im Gefühl des Einsseins ist das Leben rund und stimmig. Dies könnte uns Vision und Ansporn sein, das verletzte innere Kind in die eigenen Arme zu nehmen und es liebevoll zu beeltern. In Verbindung mit ihm können wir uns unabhängig vom Partner ganz fühlen. Damit nehmen wir auf den Partner projizierte Anteile zu uns zurück. Dieser hält nämlich seit dem Verschwinden der rosa Wolken der Verliebtheit ein fremdes inneres Kind im Arm, dessen Bedürfnisse er nicht wirklich kennt. Es erinnert ihn jedoch an sein eigenes ohnmächtiges inneres Kind, das er auf keinen Fall bei sich haben will. Das ist keine förderliche Ausgangslage für eine langfristige Beziehung.

Es ist eine der größten Herausforderungen in einer Liebesbeziehung, das eigene innere Kind zu sich zu nehmen und dadurch die Partnerschaft und den anderen zu entlasten. Dies ist keine einfache Aufgabe, denn die Erinnerung an die Einheit im Paaradies der Verliebten lockt. Die kindliche Sehnsucht, jemanden zur Seite zu haben, der immer für uns da ist und der wortlos spürt, was wir brauchen, wirkt wie eine Droge. Immer wieder möchten wir in diesen seligen Zustand zurückkehren. In Konflikten versuchen wir daher immer wieder, den anderen in die ergänzende Rolle zu drücken, um zusammen die Balance der komplementären Symbiose (Eltern-/Kindebene) wiederzufinden. Gelingt dies immer weniger, werden wir mehr und mehr auf uns selbst zurückgeworfen. Wir haben keine andere Wahl, als uns selbst um das verletzte innere Kind und dessen Gefühle zu kümmern. Oder wir suchen erneut jemand anderen, der uns wieder in das Paaradies der Verliebten führt, bis ...

Die Abhängigkeit von einem Du erscheint uns auf den ersten Blick oft attraktiver, als Eigenverantwortung und Selbstfürsorge zu übernehmen. Denn was um Himmels willen sollen wir mit einem traurigen oder wütenden inneren Kind auf dem Arm?

Was tun?

Ja, wenn wir ein wirkliches Kind in den Armen hielten, dann könnten wir etwas tun. Einem traurigen Kind würden wir uns zuwenden. Wir würden ihm Geborgenheit und Schutz bieten, es ernst nehmen, ihm mit offenem Herzen zuhören und ihm Zuspruch geben. Dieses Kind würde uns, wenn die Tränen versiegt wären, vielleicht erzählen, was ihm widerfahren ist. Das wütende Kind könnten wir darin unterstützen, Ausdruck für seine Wut zu finden, damit es diese nicht gegen sich oder andere richten oder Dinge, die ihm lieb sind, kaputt machen würde. Hätte es sich wieder beruhigt, würden wir mit ihm in Ruhe über das Vorgefallene sprechen, ihm Sachverhalte erklären und ihm mit elterlichem Rat und Tat zur Seite stehen. Fühlte sich das Kind bedroht und hätte Angst, würden wir uns wie ein Schutzschild vor dieses stellen, für seine Sicherheit sorgen und für seine Bedürfnisse einstehen. Bliebe die Bedrohung bestehen, würden wir mit dem Kind einen sicheren Ort aufsuchen. Auf diese Weise würden wir die Verantwortung für das Kind tragen, und es könnte sich uns anvertrauen.

Was aber tun wir im Hier und Jetzt mit unserem inneren Kind, das als Teil unserer Persönlichkeit keine reale Gestalt hat? Eine bewährte Methode ist es, ein Symbol für dieses verletzte innere Kind zu finden.

Etwas, was dieses Kind darstellt, es fassbar und (be)greifbar werden lässt. Das kann ein beliebiger Gegenstand sein, der sich für uns stimmig anfühlt: ein Teddy, ein Kissen, ein Stein, ein Ring, ein Stück Fell … Auf diese Weise haben wir ein Gegenüber. Dieser unfassbare Persönlichkeitsanteil bekommt Gestalt. Aus eins werden zwei – ein Erwachsener und ein symbolisches Kind, mit dem wir in Beziehung gehen können. Diese innere Beziehung ist in jeder Beziehung von zentraler Bedeutung.

Für die Beziehungskiste – Ein Symbol für das innere Kind finden (jeder für sich)

- Nehmen Sie sich an einem ruhigen Ort einen Moment Zeit für sich. Spüren Sie Ihre Füße auf dem Boden und atmen Sie ein paar Atemzüge tief ein und aus.
- Stellen Sie sich dieses hilflose Ungeborene oder das bedürftige Kleinkind, das Sie einmal waren, für einen Augenblick vor und öffnen Sie sich für ein Symbol. Vielleicht haben Sie ein inneres Bild davon, was dieses Kind symbolisieren könnte. Vielleicht ist es auch nur ein Gedanke. Und vielleicht kommt auch gar nichts. Erzwingen Sie nichts, denken Sie im Alltag einfach ab und zu an Ihr inneres Kind und halten Sie Ausschau, was Ihnen entgegenkommt. Das Symbol wird Sie finden.
- Wichtig: Das Symbol sollte gegenständlich sein, damit Sie es anfassen und mit ihm in Interaktion treten können.
- Anfänglich mag es Ihnen seltsam vorkommen, mit einem Gegenstand in Beziehung zu treten, doch Sie werden sehen, dass dieses Objekt sich mit der Zeit «beseelen» und für Sie eine besondere Bedeutung bekommen wird.

Eigenverantwortung und Selbstfürsorge
Aus eigener Erfahrung wissen wir, wie hilfreich dieser Kontakt zum inneren Kind ist, um in Situationen, in denen wir in die altbewährten, doch ausgedienten Kindheitsmuster zurückfallen und von unliebsamen Gefühlen überrollt werden, wieder Klarheit und Orientierung zu gewinnen. Mit dem symbolischen inneren Kind im Arm wird schnell deutlich: «Da ist das Kind, das ich einmal war, und hier bin ich als Erwachsener.» Als Erwachsener können wir die Verantwortung und die Fürsorge für dieses Kind und seine Gefühle übernehmen, ihm Halt geben und unser Inneres wieder ordnen.

Gefühle
Werden wir von Gefühlen überschwemmt, ist zunächst «seelische Verdauung» angesagt. Was einmal Eindruck fand und uns nicht gut bekommen ist – auch wenn es schon lange her ist –, muss wieder Ausdruck finden. Das bedeutet, Unverdautes aus unserer HerkunftsgeSchichte mit kreativen Medien auszudrücken und ihm im Hier und Jetzt Gestalt zu verleihen.

Für die seelische Notfallapotheke – Was Eindruck fand, muss wieder Ausdruck finden (jeder für sich)

Für schwierige Situationen, in denen Sie das Gefühl haben, neben sich zu stehen, in einer Krise, nach einem Streit mit dem Partner ...

- Regen Sie Ihre Sinne an (siehe bereits vorhandene Checkliste S. 142f.).
- Vergegenwärtigen Sie sich, dass Sie im Hier und Jetzt erwachsen sind. Betrachten Sie Ihre «erwachsenen Hände», spüren Sie Ihre «großen Füße» auf dem Boden. Denken Sie daran, wie alt Sie sind.
- Nehmen Sie das Symbol Ihres inneren Kindes in den Arm oder in die Hand und gehen Sie mit ihm in Kontakt. Oft hilft die Vorstellung, ein reales kleines Kind bei sich zu haben.
- Halten Sie es liebevoll fest, wiegen Sie es, sprechen Sie mit ihm. Erklären Sie ihm, dass es nicht mehr so hilflos ist wie damals und dass es sich jetzt gerade in Ihrer Obhut befindet. Sagen Sie ihm, dass Sie um sein Wohlergehen besorgt sind.
- Nehmen Sie wahr, wie es dem Kind geht und was es gerade fühlt. Nehmen

Sie es ernst. Trösten Sie es über nichts hinweg. Lenken Sie es nicht ab. Beruhigen Sie es nicht einfach, damit es wieder pflegeleicht ist und Sie möglichst schnell wieder funktionieren können. Vielmehr stehen Sie ihm bei.
- Geben Sie Ihrem inneren Kind die Erlaubnis zu fühlen. Erschrecken Sie nicht. Sie spüren die Emotionen Ihres inneren Kindes in Ihrem Körper, denn es ist ja ein Teil von Ihnen. Es weint mit Ihren Augen, spürt die Angst mit Ihrem Herzen, ihm platzt vor Wut Ihr Kragen, …
- Leihen Sie dem inneren Kind Ihre Hände und Ihre Sinne und geben Sie ihm die Möglichkeit, die aktuellen Gefühle auszudrücken, indem Sie malen, tanzen, tonen, schreiben, so wie es bereits im Kapitel «Eigenverantwortung und seelische Verdauung» S. 139ff. beschrieben wurde. Handelt es sich um angestaute Aggression und Wut, suchen Sie Ihre Wutecke auf, zerschlagen ein paar Teller oder boxen eine Runde (siehe S. 168f.).

Ergänzen Sie die Checkliste in Ihrer seelischen Notfallapotheke mit den oben genannten Punkten.

Es liegt – im wahrsten Sinn des Wortes – in unseren eigenen Händen, den zerborstenen Gefühlsstaudamm mit seinen überwältigenden Gefühlswellen wieder zu kanalisieren oder gebunkerte Gefühle und angestaute Energien, die uns innerlich zu zerreißen drohen, wieder in Fluss zu bringen.

Boden unter den Füßen

Oft ziehen uns schwierige Situationen den Boden unter den Füßen weg. Dann ist es hilfreich, zunächst wieder für Halt zu sorgen. Denn wir brauchen diesen Boden. Er trägt uns und gibt uns Stabilität. Guter Bodenkontakt erlaubt es uns, aufrecht (zu uns) zu stehen und (für uns) nächste Schritte zu tun. Damit können wir dem verunsicherten inneren Kind als erwachsene Person die nötige Sicherheit vermitteln, ihm die nötige Führung geben und dem Partner wieder auf Augenhöhe begegnen.

Für Situationen, in denen Sie den Boden unter den Füßen verloren haben.

- Spüren Sie den Boden unter Ihren Füßen ganz bewusst. Bewegen Sie Ihre Zehen, verlagern Sie Ihr Gewicht auf die Fersen, die Außenkante, die Innenkante und auf die Zehenspitzen. Setzen Sie den Fuß wieder ganz auf den Boden und nehmen Sie Kontakt auf mit der Erde.
- Nehmen Sie wahr, dass die Erde Sie immer trägt, egal wie Sie sich fühlen, egal was Sie gerade erlebt haben. Nicht umsonst bezeichnen wir die Erde oft auch als Mutter Erde.
- Stellen Sie sich Wurzeln vor, die aus jenen Stellen, die mit dem Boden in Kontakt sind, in die Erde wachsen. Verwurzelt können Sie den rauen Winden des Lebens standhalten. Sie können sich im Wind biegen und wiegen, ohne den Halt zu verlieren.
- Nehmen Sie Ihr inneres Kind in die Arme, wiegen Sie es hin und her und versichern Sie ihm, dass Sie beide Füße auf dem Boden haben, dass Sie ihm Halt geben und es keine Angst zu haben braucht. Falls dies real im Moment nicht möglich ist, können Sie es auch in Ihrer Vorstellung tun.
- Sollte Ihnen die kleine Standfläche Ihrer Füße für den Moment zu wenig Halt bieten, so legen Sie sich auf den Boden und spüren Sie den tragenden Untergrund. «Mutter Erde» trägt Sie und lässt Sie nicht fallen.

Diese simple und zugleich wirkungsvolle Übung gehört in die Grundausstattung Ihrer seelischen Notfallapotheke, und sie lässt sich, zumindest in aufrechter Position, jederzeit und überall praktizieren.

Schutz und Sicherheit

Wir sind verantwortlich für den Schutz und die Sicherheit des inneren Kindes in Situationen, in denen Kinder nichts zu suchen haben. Zum Beispiel bei heiklen Gesprächen unter Erwachsenen, bei sexuellen Begegnungen, in konfliktgeladenen Beziehungssituationen, bei Vorhaben, die uns ängstigen, … In solchen Situationen können wir unser inneres Kind an einen sicheren Ort bringen, sozusagen in unsere eigene private Kinderkrippe. Diese bewusste symbolische Handlung erlaubt es uns, als erwachsene Person unterwegs zu sein, ohne von unserem inneren Kind gestört zu werden oder fortwährend auf der Hut sein zu müssen, dass es nicht das Ruder übernimmt und die Szene beherrscht.

Für die Beziehungskiste – Einen sicheren Ort gestalten (jeder für sich)

- Ziehen Sie sich mit Ihrem inneren Kind an einen ruhigen Ort zurück und machen Sie es sich bequem. Achten Sie auf guten Bodenkontakt und wache Sinne.
- Nehmen Sie Ihr inneres Kind auf den Schoß oder in die Arme, sodass es sich aufgehoben und geborgen fühlt.
- Gehen Sie in Kontakt mit Ihrem inneren Kind und fragen Sie es, was es braucht, damit es sich in Momenten, in denen Sie sich nicht kümmern können, rundum wohl, geschützt und sicher fühlt. Wie sieht dieser Ort aus? Was braucht es an diesem Ort? Gibt es Wächter? Vielleicht erzählt Ihnen Ihr Kind, wie dieser Ort aussieht? Vielleicht sehen Sie ihn vor Ihrem inneren Auge? Vielleicht lassen Sie Ihre Hände diesen Ort malen? Machen Sie sich ein möglichst detailliertes Bild davon.
- Notieren Sie sich ein paar Punkte und überlegen Sie, wie Sie diesen sicheren Ort in der Realität umsetzen können. Ihrer Fantasie sind dabei keine Grenzen gesetzt. Achten Sie einzig darauf, dass dieser innere Ort für Sie jederzeit und ohne großen Aufwand zugänglich ist, um Ihr inneres Kind in Sicherheit zu bringen.
- Gestalten Sie diesen sicheren Ort, sodass er Ihrem inneren Kind real zur Verfügung steht.

Für die seelische Notfallapotheke – Der sichere Ort (jeder für sich)

Für Situationen, die nichts für Kinder sind und in denen Sie Ihr inneres Kind nicht dabei haben möchten.

- Nehmen Sie Ihr inneres Kind für einen Moment in die Arme und erklären Sie ihm die Situation. Sagen Sie ihm, dass Sie es an einen sicheren Ort bringen, bevor Sie nun weggehen. Versichern Sie ihm, dass Sie wiederkommen.
- Bringen Sie Ihr inneres Kind an diesen sicheren Ort.
- Verabschieden Sie sich von ihm.
- Wichtig: Vergessen Sie nicht, es wieder abzuholen, wenn Sie zurück sind. Sie lassen Ihre Kinder ja auch nicht einfach in der Kinderkrippe. Begrüßen Sie es und nehmen Sie es wieder zu sich.
- Und noch etwas: Geben Sie nicht gleich auf, wenn es beim ersten Mal

nicht recht klappt. Falls Sie Kinder haben, wissen Sie, dass es eine Weile braucht, bis die Fremdbetreuung klappt.

Schreiben Sie sich eine Anleitung für Ihre seelische Notfallapotheke, damit Sie wissen, wohin Sie Ihr inneres Kind bringen können und was dabei zu beachten ist.

Mit diesen drei Handlungsmöglichkeiten sind Sie nun gut ausgerüstet, um die Verantwortung und die Fürsorge für Ihr inneres Kind selbst zu übernehmen. Mit etwas Übung im Gebrauch dieser Werkzeuge wird Ihre Beziehung zu sich selbst gestärkt und Ihre Partnerschaft entlastet.

HALT -- Hunger, Anger, Loneliness, Tiredness

Um im Alltag möglichst auf der Ebene des Erwachsenen zu bleiben und zugleich dem inneren Kind eine gute Mutter und ein guter Vater zu sein, gibt es aus der Suchtarbeit eine einfache und sehr wertvolle Orientierungshilfe. Sie ist nicht ganz einfach umzusetzen, doch wenn wir sie einmal verinnerlicht haben, kann sie uns den nötigen HALT geben. Die vier Anfangsbuchstaben des Wortes HALT stehen im Englischen für Bedürfnisse und Gefühle, für die wir eigenverantwortlich sorgen müssen. HALT – Hunger, Anger, Loneliness, Tiredness. Diese vier Bereiche sind auch eng mit der Welt eines Kleinkindes verknüpft und somit ebenfalls mit der Fürsorge für unser inneres Kind. Wenn wir die Sorge für diese vier Bereiche an ein Suchtmittel oder einen anderen Menschen abgeben, halten wir uns klein und machen uns abhängig. Wir liefern uns der existenziellen Ohnmacht aus, die wir aus Kindertagen kennen, und überantworten unser Wohlergehen einer äußeren Macht. Deshalb tun wir gut daran, für unseren HALT selbst zu sorgen.

Für die Beziehungskiste – HALT: Hunger, Anger, Loneliness, Tiredness (jeder für sich im Alltag)

- H wie Hunger: Für alle Arten von Hunger, sei es ein hungriger Bauch, Hunger nach Aufmerksamkeit, nach Anerkennung, nach ... Fragen Sie sich, wonach Sie in diesem Augenblick wirklich hungern. Oft versteckt sich unter dem physischen Hunger auch ein psychisches Bedürfnis. Was brauchen Sie? Fragen Sie unbedingt auch Ihr inneres Kind. Viele Facetten unserer «Unterernährung» sind dort zu finden. Nehmen Sie sich und Ihr inneres Kind ernst und stillen Sie diesen Hunger.
- A wie Anger: Für alle Arten von Wut, vom Ärger bis zum Zorn. Bringen Sie diese verantwortungsbewusst zum Ausdruck. (Wutecke, Boxsack, Holzspalten, Schwimmen, ...) Halten Sie sie nicht zurück, doch hauen Sie Ihre Wut niemandem um die Ohren.
- L wie Loneliness: Für alle Arten von Einsamkeits- und Verlassenheitsgefühlen. Nehmen Sie Ihr inneres Kind in die Arme und werden Sie sich Ihrer Verbindung zur Mutter Erde gewahr. Sie sind verbunden und nicht allein, sondern all-eins. Verbunden mit dem inneren Kind können Sie auch jederzeit selbstbestimmt für Gesellschaft sorgen und jemanden anrufen oder einladen.
- T wie Tiredness: Für alle Arten von Müdigkeit, vom Schlafmanko bis zur Antriebslosigkeit. Sorgen Sie für genügend Schlaf und Regenerationsmöglichkeiten. Vermeiden Sie es, sich auszupowern.
- Schreiben Sie die Eselsbrücke HALT mit den entsprechenden Bedeutungen mehrmals auf und platzieren Sie die Zettel zur Erinnerung gut sichtbar an verschiedenen Orten.

Die einzelnen Punkte treten selten so klar getrennt auf. Meist sind die Bereiche vermischt und wir fühlen uns ganz einfach frustriert, lust- und kraftlos. Schauen Sie dann etwas genauer hin. Vielleicht erkennen Sie mit der Zeit auch Ihre eigenen Muster in den vier Bereichen. Dann können Sie sich eine ausführlichere Anleitung für Ihre persönliche Notfallapotheke schreiben.

Falls Sie Schwierigkeiten haben zu sehen, wie Sie gut für sich sorgen könnten, gehören Sie wahrscheinlich zu den Menschen, die viel Verantwortung für andere tragen. Um Ihre existenzielle Ohnmacht abzuwehren, haben Sie kompensatorische Muster entwickelt, helfen anderen und bekommen auf diese Weise Anerkennung. In diesem Fall lohnt es sich, in den Spiegel zu blicken. Haben Sie ein aus Ihrer Sicht hilfloses Gegenüber, das Sie beeltern? Was geben Sie dem anderen, was Sie selbst gerne bekommen würden? In welchem der vier Bereiche übernehmen Sie für andere Verantwortung? Wohlgemerkt: Wir sprechen hier von Erwachsenen. Für Kinder tragen wir natürlich Verantwortung. Doch auch hier lohnt sich ein Blick darauf, ob unser Pflichtgefühl der Situation und dem Alter des Kindes angemessen ist. Auch wenn wir unsere betagten Eltern oder kranke Menschen betreuen, ist es sinnvoll, unser Engagement einmal von dieser Seite aus zu betrachten.

Wir können auf Dauer niemandem helfen und für seinen HALT sorgen, ohne die Verantwortung für unseren eigenen HALT und unser inneres Kind zu übernehmen. Wenn wir uns selbst lieben und für uns sorgen, geben wir nicht ausschließlich dem anderen die Hilfe, die wir selbst dringend bräuchten. Dann schreibt unser Konto keine roten Zahlen und wir versuchen nicht, das leere Konto auch noch zu plündern. Schreiben wir schwarze Zahlen, können wir aus der Fülle schöpfen und Kraft an andere weitergeben, ohne Gefahr zu laufen, dabei selbst auszubrennen.

Selbst für «HALT» zu sorgen, macht unabhängig, ohne beziehungslos zu werden: «Liebe dich selbst wie deinen Nächsten».

Fallen

Egoismus – Nabelschau

Sobald wir Verantwortung und Selbstfürsorge übernehmen, bringen wir eingespielte Beziehungssysteme durcheinander. Nicht immer ernten wir dafür Applaus. Vielmehr bekommen wir schnell zu hören, wie egoistisch wir doch seien oder wie selbstverliebt wir Nabelschau betreiben würden. Lassen Sie sich nicht verunsichern! Für sich zu sorgen, bedeutet nicht, den anderen zu vernachlässigen. Für sich zu sorgen heißt, eine Beziehung zu sich selbst aufzubauen und Mitgefühl mit sich selbst zu entwickeln, anstatt im Selbstmitleid zu ertrinken oder gefühlskalt über das innere Kind hinwegzugehen. Wir erweitern unsere Beziehungsfähigkeit, indem wir lernen, mit unserer existenziellen Ohnmacht zu sein und diese immer weniger auf andere zu projizieren. Diese Art von Selbstliebe spiegelt sich im Außen und öffnet den Raum, um einfühlsam miteinander Freud und Leid zu teilen und sich dabei immer weniger in endlose Macht-Ohnmacht-Kämpfe zu verstricken.

Verstehen und die Gefühle wegstecken

Eine weitere Falle ist zu glauben, mit dem Erkennen und Verstehen der eigenen GeSchichte und den daraus resultierenden Mustern sei es getan. Wir können damit im Moment aus unserer alten GeSchichte aussteigen und mit Hilfe unserer Sinne wieder im Hier und Jetzt ankommen. Doch da wir nun wieder handlungsfähig sind, ist die Versuchung groß, dem inneren Kind und seinen Gefühlen keine weitere Beachtung mehr zu schenken und ihm seine Ausdrucksmöglichkeiten zu verwehren. Damit schließen wir den Deckel unserer Gefühlskiste wieder und Unverdautes bleibt unverdaut. Der Kopf hat gewonnen und der Bauch geht leer aus.

Es ist ganz natürlich, dass uns in Bezug auf die intrapersonale Beziehung zwischen dem inneren Kind und uns Angst, Scheu und Skepsis begleiten. Als Erwachsener haben wir Angst vor den ungefilterten, intensiven Gefühlen, die uns überschwemmen und die Kontrolle entreißen könnten. Unser inneres Kind ist misstrauisch und hat Bedenken, sich uns anzuvertrauen. Es ist vorsichtig. Es hat Angst davor, sich zu öffnen und dann einmal mehr im Stich gelassen zu werden. Auf beiden Seiten gibt es Vorbehalte und Strategien, die es verhindern, sich mit Haut und Haar auf eine innere Beziehung einzulassen. So braucht es vor allem zu Beginn einiges an Fingerspitzengefühl und Geduld, um diese innere Beziehung aufzubauen. Hierfür ist es hilfreich, sich vorzustellen, was ein misstrauisches, scheues Kind bräuchte, um Vertrauen zu fassen. Und es hilft, sich immer wieder selbst zu ermutigen, dem inneren Kind zu begegnen und sich den schwierigen Gefühlen zu stellen. Um in lebendigem Austausch mit sich selbst zu sein, gilt es nicht nur, zu verstehen und anzunehmen, was ist, sondern auch zu gestalten, was ist.

Ein für alle Mal

Das innere Kind zu sich nehmen und den Gefühlen Ausdruck zu geben, ist keine einmalige Sache, sondern ein Weg, den es ein ganzes Leben zu gehen gilt. Immer dann, wenn unser Evergreen in der Beziehung wieder grünt oder wir aus anderen Gründen neben uns stehen, hat das innere Kind unsere Zuwendung besonders nötig. Da wir in diesen Situationen meist nicht klar denken können, kann uns die seelische Notfallapotheke mit den entsprechenden Anleitungen eine gute Hilfe sein.

Häufig verurteilen wir uns, wenn wir wieder in alte Muster zurückfallen. Das lässt sich nicht immer vermeiden. Doch wichtig ist das Bewusstsein, dass wir damit jedes Mal unser inneres Kind für sein kreatives und kluges Überlebensmuster von damals bestrafen. Wenn wir uns dessen bewusst werden, können wir uns stattdessen bei ihm für seine Findigkeit bedanken und es auf eine Weise umsorgen, dass es sich immer weniger in den Vordergrund drängen und zu alten Mustern greifen muss. Dabei geht es um Anerkennung. Einerseits für das innere Kind und andererseits für die Fähigkeiten, die wir aufgrund seiner Strategien entwickeln konnten.

Auswirkungen auf die eigene Persönlichkeit

In Beziehung mit dem eigenen inneren Kind werden bewusst gewordene Projektionen durch Eigenverantwortung und Selbstfürsorge zurückgenommen und in die eigene Persönlichkeit integriert. Die Annahme und Anerkennung von abgespaltenen und vergessenen Anteilen lässt uns Stück für Stück heilen und innere Versöhnung finden. Versöhnung schließt alles mit ein und nichts aus. Versöhnung bedeutet nicht, einfach schön Wetter zu machen, sondern Sonnen- und Schattenseiten in unserem Inneren einen Platz zu geben.

Das scheint auf den ersten Blick paradox. Doch was sich widerspricht, ergänzt sich auch und bildet zusammen ein Ganzes. Nicht perfekt sein zu müssen bringt ErLösung. Indem wir uns unserer Unzulänglichkeiten und Widersprüchlichkeiten bewusst werden, können wir lernen, diese zu lieben. Indem wir uns ernst nehmen, gehen wir eine Liebesbeziehung mit uns selbst ein.

Diese Form von Selbstliebe wird unser Leben verändern. Geliebt und angenommen zu sein, so wie wir sind, dieses urmenschliche Bedürfnis findet Erfüllung in der Liebe und im Vertrauen zu uns selbst. Indem wir uns und dem inneren Kind respektvolle Aufmerksamkeit und wohlwollende Zuneigung schenken, erhalten wir vermehrt Zugang zu Qualitäten, die wir uns so oft so sehnlich wünschen: Selbstbewusstsein, Selbstvertrauen, Selbstwert, Kreativität, Mitgefühl und Verbundenheit mit uns und der Welt. Wenn wir auf diese Weise in der eigenen Kraft verwurzelt sind, stehen wir auch mit beiden Beinen und auf eigenen Füßen in der Beziehung. Wir können uns dann in schwierigen und konfliktreichen Situationen, die gefühlsmäßig an früher erinnern, selbst beistehen und helfen. So bleiben wir eigenständig und handlungsfähig.

Damit meinen wir nicht, alles alleine bewältigen zu müssen. Für sich zu sorgen kann auch heißen, sich Hilfe zu holen. Mit dem eigenen inneren Kind an der Hand können wir Distanz und Nähe regulieren, uns besser abgrenzen, Nähe zulassen und klare Entscheidungen treffen. Verbunden mit ihm und unserer GeSchichte werden wir uns in Beziehungen und generell im Leben weniger ausgeliefert fühlen und mehr mitbestimmen. Es liegt in unserer Hand, Frieden mit uns zu schließen und mit dem Auf und Ab des Lebens zu kooperieren.

Auswirkungen auf die Beziehung

Dieser innere Friedensprozess jedes Einzelnen entlastet auch die Partnerschaft in verschiedener Hinsicht. Mit dem Erkennen der gleichnishaften Wiederholungen der alten HerkunftsgeSchichte im aktuellen Beziehungsgeschehen steigen wir vermehrt aus dem Teufelskreis der Schuldzuweisungen aus und lassen das Macht-/Ohnmachtspiel immer öfter hinter uns. Die Fifty-fifty-Regel, wonach wir beide gleichermaßen für das Beziehungsgeschehen verantwortlich sind, wird Schritt für Schritt verinnerlicht. Dieses Bewusstsein und das Wissen, dass sich die alten Gefühle mit den aktuellen verbinden und Beziehungskonflikte befeuern, ermöglichen es, das Alte vom Aktuellen zu trennen. Übernehmen wir Verantwortung für die Gefühle aus unserer HerkunftsgeSchichte, indem wir diese zum Ausdruck bringen, nehmen wir Zündstoff aus der Beziehung. Unsere Reaktionen und Aktionen werden den aktuellen Situationen im Beziehungsalltag gerechter. Sorgen wir selbst für unseren HALT, verlieren unsere überhöhten Erwartungen und Ansprüche an den Partner an Dringlichkeit. Sie werden adäquater und realistischer. Dies sorgt für weniger Enttäuschung und Frustration und einen harmonischeren Beziehungsalltag.

Sollte uns der Evergreen trotzdem wieder einmal eingeholt haben – was hoffentlich immer mal wieder vorkommt –, werden wir, mitfühlend mit uns und unserem inneren Kind, auch mehr Empathie für den Partner empfinden. Mittlerweile wissen wir, dass wir in Bezug auf unsere wunden Punkte im selben Boot sitzen und beide aus dem gleichen Defizit und Bedürfnis heraus handeln. So lösen sich momentane

Feindseligkeiten spätestens bei der Reflexion des Konfliktes auf und wir können sogar Dankbarkeit für die Möglichkeit empfinden, miteinander und aneinander zu wachsen.

Haben beide ihr inneres Kind bei sich und wir sind «zu viert», hat alles seine Ordnung. Da beide Kinder elterlich umsorgt werden, können sich wieder zwei erwachsene, gleichwertige Individuen begegnen, die sich einander zutiefst verbunden fühlen. Autonomie und Verbundenheit sind dann keine Gegensätze mehr, sondern in Liebe vereint.

Beziehung – Die kleinste Form von Friedensarbeit

Die Verbundenheit mit dem inneren Kind heilt den Schmerz des Getrenntseins Schritt für Schritt. Wir fühlen uns zugehörig und verbunden mit uns, unseren Mitmenschen und unserer Mitwelt. Diese Zugehörigkeit und das damit einhergehende Einfühlungsvermögen und Mitgefühl machen Diskriminierung, Gewalt, Ausbeutung und blinde Zerstörung unmöglich.

Der innere Friedensprozess zeitigt nicht nur Wirkung in der Paarbeziehung, sondern es werden sich auch andere Beziehungen in unserem Umfeld verändern, die zu unseren Eltern, Kindern, anderen Familienmitgliedern, Freunden, Vorgesetzen, ... Denn Beziehungen gesunden, wenn wir uns vermehrt im Zusammenhang unserer eigenen LebensgeSchichte verstehen. Wenn wir mit unseren Gefühlen verbunden sind und diese zum Ausdruck bringen. Wenn wir Mitgefühl für uns selbst entwickeln. Wenn wir öfters für uns einstehen, besser für uns sorgen und uns klarer abgrenzen. Wenn wir verstehen, weswegen der andere zu dem Menschen geworden ist, der er ist. Wenn wir Empathie und Verständnis für den anderen haben, was nicht bedeutet, seine Taten durchs Band gutheißen zu müssen. Wenn wir bedenken, dass wir alle durch das unsichtbare Netz des Lebens wechselseitig miteinander verbunden sind.

Die Versöhnung mit uns selbst wird noch weitere Kreise ziehen. Verbunden mit der eigenen Macht und Ohnmacht werden wir die Welt gesellschaftlich, politisch, wirtschaftlich oder religiös immer wieder aus verschiedenen Perspektiven betrachten. Wir brauchen keine Ohnmächtigen mehr, um uns mächtig zu fühlen, und wir brauchen auch keine Mächtigen mehr, um unsere Hände in Unschuld zu waschen und die Verantwortung abzugeben. Wir werden unsere Um- und Mitwelt nicht mehr so selbstverständlich in zwei entgegengesetzte Kräfte aufspalten, die sich ausschliesslich polarisieren und bekämpfen. Auch wird die eindimensionale Wertung dieser Kräfte in Gut und Böse zu kurz greifen. Sobald wir Sachverhalte in einem grösseren Zusammenhang verstehen und die positiven und negativen Aspekte beider Seiten im Blick haben, werden wir keine der beiden Seiten vorschnell verurteilen oder uns blind auf eine Seite schlagen. So werden wir paradoxerweise kritischer und verständnisvoller zugleich.

«Erfahrung ist nicht das, was einem zustößt. Erfahrung ist, was man aus dem macht, was einem zustößt.» (Aldous Huxley)

Verrat an der eigenen Ganzheit – Bonsaikultur

Im Zusammenhang mit dem inneren Kind und dessen frühestem Erleben haben sich in unserem Unbewussten Glaubenssätze eingraviert. Sätze, die unsere Biographie prägen und die unseren Abwehrmustern und Schutzmechanismen zugrunde liegen. Es sind verbale und nonverbale Botschaften, die wir aufgrund der frühesten Verletzungen und späteren Anpassungen an die Normen und Vorstellungen der Eltern, der Familie und der Gesellschaft verinnerlicht haben. Durch die Wertmaßstäbe unseres sozialen, kulturellen und religiösen Hintergrundes entstand unbewusst ein inneres Regelwerk mit entsprechenden Glaubenssätzen, mit Ver- und Geboten. Dieses «persönliche Gesetzbuch» ist meist ein dickes Buch und umfasst «Gesetzesartikel» in Bezug auf schlichtweg alles: Beziehungen, Durchsetzung eigener Bedürfnisse, Bezug zum eigenen Körper, Umgang mit Gefühlen, mit Sprache, mit dem Glauben ... Wer kennt sie nicht, diese verbalen und nonverbalen Zeigefinger: «Du sollst nicht ...», «Sei doch ...», «Das tut man nicht», oder den vernichtenden Blick, die abwertende Handbewegung oder Ähnliches. Als Kind waren wir dem ohnmächtig ausgeliefert und mussten uns den Gegebenheiten und Maßstäben anderer fügen.

Dieses «Zurechtstutzen» hinterließ Verletzungen und seelischen und manchmal auch körperlichen Schmerz, den wir verständlicherweise nicht mehr erleben wollen. Wir entwickelten entsprechende Abwehrmuster, um möglichst «gut» damit zurechtzukommen. Diese umfassen sowohl die Anpassung an als auch die Rebellion gegen die inneren Gesetzesartikel, was Hemmung und Kompensation entspricht. So vermieden wir bewusst und/oder unbewusst negativ bewertete Gefühle und spalteten Teile von uns ab, indem wir unsere Sinneswahrnehmung dämpften und Sinnesreize nur noch selektiv wahrnahmen. Damit wurde der Austausch zwischen unserer Innen- und Außenwelt behindert und der bewusste Zugang zu unserem Erinnerungsarchiv blockiert (siehe auch S. 137f.).

Mit dem Verdrängen der ungeliebten Anteile «verrieten» wir unsere Ganzheit und trennten uns vom grossen Ganzen. Mit anderen Worten: Wir verloren das Vertrauen in uns selbst sowie das Urvertrauen ins Leben.

Als Kind waren dieses Gesetzbuch und die damit verbundenen Überlebensstrategien lebenswichtig und lebenshindernd zugleich. Lebenswichtig, weil wir abhängig waren von den Eltern und anderen Bezugspersonen. Lebenshindernd, weil wir aufgrund dieser Botschaften Fehlanpassungen erlernten, die sich tief einprägten und weit über die Kindheit hinaus wirksam sind. Zum Beispiel resultierte aus dem Verbot, Wut zu zeigen, dass wir lächelten, obschon wir wütend waren; aus der Ermahnung «Red' nicht so viel», dass wir schwiegen, obwohl wir etwas sagen wollten; aus der Bemerkung «Sei doch kein Angsthase», dass wir uns in Szene setzten, wenn wir Angst hatten … Die logische Folge davon: Wir wurden abgetrennt von unseren Gefühlen, reagierten und agierten fremdbestimmt und erfüllten die Erwartungen der anderen. Unsere erste Natur, «das Original», mit seinen authentischen Aktionen und Reaktionen wurde in der Kindheit nach und nach von einer «zweiten Natur» überdeckt.

Verstehen Sie uns nicht falsch: Wir erachten elterliche Leitlinien und Sozialisation durchaus als wichtig. Wir brauchen als Kind Struktur und Orientierung. Doch gleichzeitig sehen wir in den Ver- und Geboten eine Beschneidung, eine Art Bonsai-Schnitt. Wir wurden an Wurzeln und Krone beschnitten, um in die elterliche und gesellschaftliche Form zu wachsen. Wir wurden einbandagiert, damit unsere Krone wohlgeformt und klein bleibt und dem Weltbild unserer Eltern nicht entwächst. Das nennen wir «Bonsaikultur».

Obschon längst erwachsen, halten wir meist unbewusst an unserem Bonsai-Dasein fest, denn unser inneres Kind orientiert sich ergeben an diesem alten Gesetzbuch. Viele Gesetzesartikel sind jedoch längst überholt und nicht mehr zeitgemäß. Aktuelle Wahrnehmungen, die wir bewusst und größtenteils unbewusst mit Bekanntem verknüpfen, mit Assoziationen anreichern und dann als angenehm oder unangenehm beurteilen, bleiben so in gewohnter Schieflage. Wir betrachten unser

Erleben immer aus dem gleichen und zugleich eingeschränkten Blickwinkel. Da unsere Wahrnehmung die Grundlage für unsere Aktionen und Reaktionen bildet, verharren wir in alten Abwehrmustern, reinszenieren die altbekannten Erfahrungen, bleiben abhängig und können uns weder persönlich noch in der Beziehung weiterentwickeln. Wir bleiben, ganz gleich, ob wir uns anpassen oder rebellieren, Gefangene unserer veralteten Gesetze und der damit verbundenen Selbstverleugnung, die uns vergessen ließ, wer wir sind. Ein Zitat aus dem Umkreis der anonymen Selbsthilfegruppen umschreibt es sehr treffend: «Die Definition von Wahnsinn ist, immer wieder das Gleiche zu tun und andere Ergebnisse zu erwarten.»

Unsere Aufgabe ist es, die Bandagen und Drähte, die uns in der Bonsaiform gefangen hielten und immer noch halten, zu «ent-wickeln». Das bedeutet, sich überholter Glaubenssätze bewusst zu werden und diese zu revidieren. Es geht um Autonomie, was im Altgriechischen nichts anderes als «das eigene Gesetz» bedeutet. Was wir brauchen, ist eine Gesetzbuchrevision, um unseren eigenen inneren Gesetzen zu folgen, die uns erlauben, der kleinwüchsigen Enge des Bonsais zu entwachsen und uns zu entfalten. Deswegen werden wir nicht urplötzlich ein anderer Baum, doch wir wachsen in unsere ureigene, einzigartige Form hinein, die in uns angelegt ist.

Erkennen des inneren Gesetzbuches

«Wo finde ich denn dieses Gesetzbuch?», werden Sie sich jetzt vielleicht fragen und «Wie finde ich heraus, um welche Gesetzesartikel es in meinem Leben geht?»

Jede Form von Beziehung kann uns Kompass sein. Je nahestehender, desto treffsicherer. So kann uns unsere Liebesbeziehung sehr direkt vor Augen führen, welche Seiten des Gesetzbuches gerade aufgeschlagen und wo die fett gedruckten Paragraphen sind, deren Revision sich aufdrängt.

Wir können auch darauf achten, bei welchen Gelegenheiten wir mit Versagensängsten, der Angst nicht zu genügen, es nicht richtig zu machen oder schuld zu sein, in Kontakt kommen. Oder in welchen Situationen wir aufdrehen, über die Stränge hauen oder rebellisch alles vom Tisch wischen.

Grundsätzlich können wir davon ausgehen, dass die Hauptparagraphen zu überprüfen und wahrscheinlich umzuschreiben sind. Das sind die Sätze, die wir als Kind oft verbal oder nonverbal gehört haben und die sich tief in unser Leben einprägten. Unsere Lebensumstände tragen diese Themen immer wieder auf den verschiedensten Ebenen an uns heran, damit uns die damit verbundenen Glaubenssätze bewusst werden können.

Kleine Sätze – Große Wirkung

Glaubenssätze sind kurze, prägnante Sätze mit großer Langzeitwirkung. Sie treiben uns an, werten uns ab und lenken unsere Wahrnehmung und unser Handeln. Oft sind sie mit entsprechender Mimik, dazugehörenden Gesten und einem speziellen Tonfall verbunden.

Jeder Mensch trägt ein umfangreiches Gesetzbuch mit sich, doch meist sind es immer wieder die gleichen Seiten, die aufgeschlagen werden. Es gibt eine Handvoll Paragraphen, die groß und fett gedruckt sind. Die ersten Gesetzesartikel, die in unser Buch geprägt wurden, gehören erfahrungsgemäß zu den wichtigsten.

Für die Beziehungskiste – Verbale und nonverbale Verbote, Gebote und andere Elternbotschaften (jeder für sich)

- Vorbereitend können Sie sich nochmals die Notizen anschauen, die Sie in den Übungen «Spurensuche» (S. 193ff.) und «Unsere Ankunft in dieser Welt» im vorangehenden Kapitel (S. 197f.) gemacht haben.
- Achten Sie beim Lesen der nachfolgenden Beispiele darauf, welche Sätze in Ihren «inneren und äußeren Ohren» anklingen. Dazu übersetzen Sie diese am besten in Ihre Sprache oder Ihren Dialekt. Vielleicht nehmen Sie auch Ihr inneres Kind zu sich und hören zusammen hin. Wahrscheinlich hatten die Sätze bei Ihnen zu Hause einen etwas anderen Wortlaut, und bestimmt gab es noch einige mehr, die hier nicht aufgelistet sind und die Ihnen jetzt in den Sinn kommen.
- Machen Sie sich ein paar Notizen.

Es folgen nun Beispiele von Verboten, Geboten und Normen, zusammengefasst nach Themenbereichen.

• Durchsetzung eigener Bedürfnisse

Dräng dich nicht ständig vor. Spiel nicht immer den Helden. Stell dich nicht immer in den Mittelpunkt. Setz dich durch. Steh für dich ein. Den Mutigen gehört die Welt. …

… dem Frieden zuliebe. Die Bedürfnisse der anderen sind wichtiger als deine eigenen. Diene den anderen. Pass dich an. Überlass das Feld immer dem Stärkeren. …

Sei nicht: so laut, so wild, so egoistisch, so draufgängerisch, …

Sei: entschlossen, friedliebend, vermittelnd, …

• Geschlecht und Sexualität

Wärst du doch ein Junge, ein Mädchen!

Buben / Männer sind …, sind nicht …

Mädchen/ Frauen sind …, sind nicht …

Berühre dich nicht. Dein Körper ist unrein, eklig, …

Sex ist …

• Körper, Gesundheit, Krankheit

… gefällt mir nicht an dir. Du bist zu dick, zu dünn, zu klein, zu gross, ein Schwächling …

… ist nicht gesund. Du musst gesund sein. Treib Sport.

Krank sein heißt schwach sein. …

Sei nicht: so phlegmatisch, so heikel, so wehleidig, …

Sei sportlich, schamhaft, reinlich, …

• Selbstwert und Selbstbewusstsein

Du bist nichts wert. Das steht dir nicht zu. Du bist nicht wichtig. Es wäre besser, du wärst nicht hier. Du störst. …

Das schaffst du sowieso nicht. So bringst du es nie auf einen grünen Zweig. Aus dir wird nie etwas. Wer nichts leistet, ist nichts wert. Spiel dich nicht so auf. …

Du bist der*die Größte. Zeig dich. Schwimm nicht mit dem Strom. Du musst es schaffen. …

Sei nicht: so selbstverliebt, so stolz, so ehrgeizig, …

Sei: der*die Beste, originell, speziell, …

• Gefühle und Konflikte
Gefühle sind tabu. Steh drüber. Ein Junge weint nicht. ...
Wut ist tabu. Konflikt ist böse. Streit gibt es in unserer Familie nicht. ...
Du bist doch kein kleines Kind mehr. Mach nicht immer so ein Theater. Du Feigling. Du Angsthase. Du Heulsuse. ...
Schäm dich. Mit dir muss man sich ja schämen. ...
Hab Mitleid mit ...
Sei nicht: so emotional, so sentimental, so gefühllos, so kindisch, so weinerlich, so aggressiv, so trotzig, so aufbrausend, so hysterisch, so traurig, so ängstlich, ...
Sei: cool, tapfer, mutig, fürsorglich, sanftmütig, einfühlend, fröhlich, humorvoll, ...

• Familie und Zugehörigkeit
Du hast hier keinen Platz. Du gehörst nicht zu uns. Du Nestbeschmutzer. ...
Du bist wie deine Mutter, Großmutter, Tante, ... Du bist wie dein Vater, Großvater, Onkel, ...
Deine Geschwister sind .... Wenn es deine Geschwister nicht geschafft haben, musst du es schaffen. Deine Schwester ist besser, hübscher, intelligenter, ... als du. Nimm dir deinen Bruder zum Vorbild. ...
Das macht man in unserer Familie nicht. Unsere Familie ist ... als ....

• Beziehungen
Traue niemandem. Auf andere ist kein Verlass. Verkehre nur mit anständigen Leuten. Heirate nicht unter deinem Stand. ...
Beziehungen sind immer schwierig. Beziehungen halten sowieso nicht. Ohne Beziehung bist du nichts wert. ...
Der andere ist dazu da, deine Erwartungen und Wünsche zu erfüllen. In Beziehungen musst du dich immer anpassen. ...
Sei nicht: so gemein, so tyrannisch, selbstbezogen, ...
Sei: loyal, treu ergeben, hilfsbereit, edel und gut, rücksichtsvoll, ...

• Kommunikation
Rede nicht so viel. Frag nicht so viel. Du lügst. Du hast hier nichts zu sagen. Übertreib nicht immer. Mach nicht aus allem ein Geheimnis. ...
Darüber spricht man nicht. Sprich immer über alles. Sprich nur, wenn du gefragt wirst. Sprich nur die Wahrheit. Denk nach, bevor du sprichst. ...

Sei nicht: so neugierig, so vorlaut, ...
Sei: still, leise, ehrlich, ...

• Wissen und eigene Meinung
Du bist dumm. Du lernst es nie. Das begreifst du sowieso nicht. Was weißt denn du schon. Du mit deinen versponnenen Ideen. ...
Deine Meinung zählt nicht. Bring deine Meinung immer ein. ...
Wissen ist Macht. Den Gebildeten gehört die Welt. ...
Sei nicht: so besserwisserisch, so wie ein Fähnchen im Wind, so kritisch, ...
Sei: wissensdurstig, kritisch, überlegt, ...

• Macht und Ohnmacht
Den Mächtigen gehört die Welt. Macht ist schlecht. ...
Und bist du nicht willig, so brauch' ich Gewalt. Du machst, was ich sage. Strafe muss sein. Ordne dich unter. ...
Spiel nicht immer das Opfer. ...
Lass dich nicht fremd bestimmen. Unabhängigkeit geht über alles. ...

• Geld
Geld stinkt. Nur mit Geld bist du jemand. Geld regiert die Welt. Mit Geld prahlt man nicht. Arm sein ist (k)eine Schande. ...
Gesellschaftlicher Status ist ein Muss. ...
Sei nicht: so geizig, so verschwenderisch, so großzügig, ...
Sei: sparsam, bescheiden, ...

• Verantwortung, Schuld, Realität
Das tut man nicht. Das gehört sich nicht. Wann wirst du endlich erwachsen? Wer A sagt, muss auch B sagen. Nimm dir ein Vorbild an .... Das Leben ist ernst und kein Spiel. ...
Du bist schuld, dass .... Mach keine Fehler. Tu nicht so unschuldig. Schuld sind immer die anderen. ...
Du bist ein Phantast. Träum nicht immer vor dich hin. ...
Sei nicht: so ziellos, so maßlos, so disziplinlos, so respektlos, so unrealistisch, so chaotisch, ...
Sei: autoritätsgläubig, perfekt, fleißig, realistisch, konzentriert, verantwortungsvoll, pünktlich, ordentlich, ...

• Glauben und Religion
Glaube immer ans Gute. Denk positiv. Glauben macht selig. Glaube nichts, was du nicht beweisen kannst. ...
Gott wird es richten. Gott sieht dich überall. Gott straft sofort. Glaube an den richtigen Gott. Es gibt keinen Gott. ...
Tue Gutes, dann wird dir Gutes widerfahren. Liebe deinen Nächsten mehr wie dich selbst. ...

Gehen Sie Ihre Notizen nochmals durch und überlegen Sie sich, in welchen Situationen in Ihrer Beziehung Ihre persönlichen Glaubenssätze und Elternbotschaften bestimmend waren und sind.

Was bedeutet es, alte Glaubenssätze zu transformieren?
Zunächst bedarf es des Bewusstseins, dass wir uns gleichzeitig auf zwei verschiedenen Ebenen bewegen.

Einerseits auf der Ebene des inneren Kindes und der Vergangenheit: Hier lässt sich nichts verändern. Was eingraviert ist, bleibt eingraviert. (altgriech. Bios = Leben und grapho = einritzen, eingraben = Biographie)

Andererseits auf der Ebene des Erwachsenen und der Gegenwart: Hier können wir mit dem inneren Kind in Kontakt treten und es mit seinen Glaubenssätzen zu uns nehmen. Wir können es wertschätzen für die cleveren Strategien, die es aufgrund der Bonsaischnitte entwickelte. Wir können ihm helfen, die steckengebliebenen Gefühle wie Wut und Trauer zu äußern und so blockierte Energien wieder in Fluss zu bringen. Wir können ihm erklären, dass die alten Muster im aktuellen Leben nicht mehr not-wendend sind und dass es bei uns gut geschützt und aufgehoben ist.

Es gilt als Erwachsener auch zu erkennen, welchen Gewinn wir bis heute aus den altbekannten Verhaltensweisen ziehen. Wenn wir die veralteten Paragraphen revidieren wollen, müssen wir uns von diesen Vorteilen verabschieden. Alles hat seinen Preis.

Ein Beispiel: Die Elternbotschaft «Dräng dich nicht immer vor».

Ein Kind, das sich anpasste (Hemmung), wird sich auch im Erwachsenenalter hüten, sich lautstark einzubringen, und bleibt mit seinen

Bedürfnissen und Wünschen im Hintergrund. Will der Erwachsene diesen Glaubenssatz nun revidieren, muss er auf die schützende Hülle des Schweigens verzichten. Er muss bereit sein, sich zu zeigen, und das Risiko eingehen, sich damit angreifbar und verletzlich zu machen. Sein neuer Satz könnte lauten: «Ich bringe meine Bedürfnisse gleichwertig ein und äußere meine Wünsche.»

Ein Kind, das mit der gleichen Elternbotschaft in die Rebellion (Kompensation) ging, wird sich nicht an die Ermahnung halten und sich demonstrativ in den Vordergrund drängen und dafür sorgen, an erster Stelle zu stehen und von allem mehr als genug zu bekommen. Die Notwendigkeit, diesen Gesetzesartikel zu revidieren, ist dem Betroffenen oft nicht bewusst. Er hat keinen Leidensdruck, denn er ist meist in Beziehungen mit Menschen, die mit ihren Bedürfnissen und Wünschen hinterm Berg halten. Erst dann, wenn diese nicht mehr mitmachen, kommt der Betroffene mit seinen alten Gesetzesparagraphen in Konflikt. Entschließt er sich, diesen Artikel in seinem Gesetzbuch zu revidieren, muss er die schützende Hülle der Dominanz hinter sich lassen und wird dadurch ebenfalls verwundbar.

Egal, ob in der Anpassung oder in der Rebellion, der Weg aus der Bonsai-Kultur ist derselbe. Beide Partner, die sich ja aufgrund der gleichen Verletzung und ihres gegenteiligen Umgangs damit gefunden haben, arbeiten an derselben Baustelle.

Wenn wir unser veraltetes Gesetzbuch umschreiben, machen wir Schritte aus dem Vertrauten und betreten Neuland. Das braucht Mut und Vertrauen, und es ist meist mit Angst verbunden. In solchen Momenten braucht das innere Kind unsere Fürsorge, sonst wird es wieder das Ruder übernehmen und aus Angst tun, was es schon immer getan hat. Es wird seine bewährten Überlebensstrategien von Todstellreflex oder Angriff anwenden.

Beim Umschreiben von Glaubenssätzen geht es um eine bewusste Entscheidung, welche eine Würdigung der Vergangenheit beinhaltet, den Verzicht auf gewohnte Schutzmechanismen bedeutet und so dem Neuen eine umfassende Qualität verleiht. Ein solcher Transformationsprozess basiert nicht auf der Abspaltung von schwierigen Anteilen aus der Vergangenheit, sondern auf der Annahme derselben im Hier und

Jetzt. Er führt aus der Zerrissenheit des Entweder-oder in die Ganzheit des Sowohl-als-auch. Dieser Prozess bezieht auf der persönlichen Ebene alles mit ein: Kopf, Herz und Bauch. Diese Fähigkeit, verschiedene und auch widersprüchliche Seiten als sinnhaft und zugehörig wertzuschätzen und in ihrem Zusammenhang zu verstehen, zeitigt weit über unsere Person hinaus Wirkung: in der Beziehung, in der Familie, im Umgang mit unserer Mit- und Umwelt.

Gesetzbuchrevision konkret

Nachdem Sie nun etwas in Ihrem inneren Gesetzbuch geblättert und sich einige Paragraphen, die Ihnen im Zusammenhang mit Ihrer aktuellen Beziehungsthematik besonders wichtig erscheinen, herausgeschrieben haben, folgt nun eine konkrete Anleitung, wie Sie eine solche Revision angehen können.

Für die Beziehungskiste – Revision von Paragraphen im eigenen Gesetzbuch (jeder für sich)

Sie brauchen das Symbol Ihres inneres Kindes, Ihre Notizen, ein Blatt Papier in eine linke und eine rechte Hälfte unterteilt und Schreibzeug.

- Wählen Sie aus Ihrer Liste den Paragraphen aus, der Sie aktuell im Zusammenhang mit Ihrer Beziehung am meisten beschäftigt und schreiben Sie diesen auf die linke Hälfte des Blattes.
- Schreiben Sie auf die rechte Hälfte des Blattes, wie der neue revidierte «Gesetzesartikel» lauten könnte. Er soll Ihrem Alter und Ihrer aktuellen Lebenssituation entsprechen, thematisch auf den alten Artikel Bezug nehmen, den Sachverhalt klar benennen und sich für Sie stimmig anhören.

Jetzt schenken Sie Ihre Aufmerksamkeit nochmals dem alten Paragraphen.

- Nehmen Sie das Symbol Ihres inneren Kindes in den Arm oder in die Hand, gehen Sie mit ihm in Kontakt und vergegenwärtigen Sie sich, dass Sie erwachsen sind.
- Nehmen Sie die Gefühle wahr, die dieser in frühester Zeit eingravierte Satz bei Ihrem inneren Kind hinterlassen hat. Spüren Sie genau hin. Sie brauchen nichts zu forcieren und nichts zu unterdrücken.

- «Leihen» Sie dem inneren Kind Ihre Hände und Ihre Sinne und geben Sie ihm die Möglichkeit, die aktuellen Gefühle auszudrücken. (Sie können sich hierfür auch an der Übung S. 202f. orientieren)

- Schreiben Sie das Verhaltensmuster, das Ihr Kind aufgrund dieses Gesetzesartikels entwickelt hat, ebenfalls zum entsprechenden Paragraphen auf der linken Seite. Achten Sie dabei auch auf Muster und Verhalten, die sich in Opposition zu Ihrem Glaubenssatz ausgebildet haben. (Zum Beispiel «Du hast hier nichts zu sagen» – und doch waren Sie damals in der Schule und heute in Gesellschaft oder im Beruf immer wortführend.)

- Reden Sie mit Ihrem inneren Kind und würdigen Sie dessen Strategien und Muster. Aus der Sicht des Kindes waren diese großartig und hilfreich, auch wenn Sie Ihnen als Erwachsener heute hinderlich scheinen.
- Erklären Sie dem inneren Kind, dass es nicht mehr von anderen abhängig ist, dass es sich in Ihrer Obhut sicher und aufgehoben fühlen kann und darum seine Überlebensstrategie nicht mehr vonnöten ist. Versichern Sie ihm, dass Sie bei allfälligen Schwierigkeiten im Hier und Jetzt mit ihm in Kontakt bleiben, dass Sie es schützen und ihm helfen, für seine Gefühle Ausdruck zu finden.

Vor- und Nachteile:

- Überlegen Sie sich, welchen Gewinn Sie aus diesem überholten Verhaltensmuster ziehen und notieren Sie sich diesen ebenfalls auf der linken Seite. Falls Ihnen das Schwierigkeiten bereiten sollte, können Sie sich vorstellen, wie Sie dieses Muster anpreisen würden, wenn Sie es verkaufen wollten. Wenn Sie den Gesetzesartikel umschreiben wollen, gilt es auch, sich von diesen Vorteilen zu verabschieden.
- Notieren Sie sich die Folgen, das heißt die Nachteile des neuen Paragraphen, auf der rechten Hälfte des Blattes. Dazu gilt es Ja zu sagen, wenn Sie den überholten Artikel revidieren.
- Schreiben Sie auf der linken Seite noch die Nachteile der alten Strategie auf und auf der rechten die Vorteile des neuen Paragraphen. Das kann hilfreich sein, um eine klare, bewusste Entscheidung zu treffen.

Bewusste Entscheidung und Verankerung:

- Nach all diesen Überlegungen überprüfen Sie den revidierten Gesetzesartikel noch einmal. Notieren Sie ihn deutlich, klar und so kurz und einprägsam wie möglich auf der rechten Seite des Blattes.

- Entscheiden Sie sich nun bewusst für den neuen Paragraphen mit all seinen Vor- und Nachteilen. Lesen Sie ihn sich laut vor und schreiben Sie ihn zusätzlich auf einige Zettel, die Sie als Reminder an wichtigen Orten anbringen.
- Nehmen Sie sich ab und zu bewusst Zeit, sich ein paar Notizen zu den Erfahrungen mit dem revidierten Paragraphen zu machen. Versuchen Sie dabei, Vor- und Nachteile gleichwertig zu behandeln.
- Falls es für Sie stimmig ist, teilen Sie Ihre Erfahrungen miteinander im Paargespräch. Das wird viel Nähe und Verständnis schaffen.
- Geben Sie nicht auf, wenn Sie immer mal wieder in alte Verhaltensmuster zurückfallen. Das gehört dazu. Bleiben Sie dran. Lesen Sie Ihre Notizen wieder und sorgen Sie liebevoll und gut für Ihr inneres Kind.

Eine weitere Möglichkeit, um als Paar mehr voneinander und vom gegenseitigen Verhalten in der Beziehung zu verstehen, ist der Austausch über das innere Gesetzbuch zu den Themen Beziehung und Sexualität eines jeden Einzelnen.

Für die Beziehungskiste – Reflexion über Ihr inneres Gesetzbuch zum Thema Beziehung und Sexualität (jeder für sich und zusammen)

Teil I: Jeder für sich:
Sie brauchen für Teil I das Symbol Ihres inneren Kindes, ein Blatt Papier, in eine linke und eine rechte Hälfte unterteilt, und Schreibzeug.

- Nehmen Sie das Symbol Ihres inneren Kindes in den Arm oder in die Hand und gehen Sie mit ihm in Kontakt. Begeben Sie sich mit ihm zusammen auf eine Entdeckungsreise zurück in die Vergangenheit. Was für Glaubenssätze wurden in Ihrem inneren Gesetzbuch in Bezug auf die Themen «Mann* sein», «Frau* sein», «Beziehung» und «Sexualität» eingraviert? Welche unausgesprochenen und ausgesprochenen Normen, Regeln und Werte haben Sie diesbezüglich mitbekommen? Was haben Ihnen Ihre Eltern oder andere Bezugspersonen vorgelebt? Vergessen Sie dabei die Zeit im Mutterbauch und die Geburt nicht und beziehen Sie Ihre Notizen aus den

Übungen «Spurensuche» (S. 193ff.) und «Unsere Ankunft in dieser Welt» im vorangehenden Kapitel (S. 197f.) mit ein.

- Schreiben Sie zunächst drauflos, ohne viel zu denken und ohne zu zensieren.
- Ordnen Sie die Liste nach Ihrem Gutdünken. Markieren Sie die Gesetzesartikel, die Ihnen besonders wichtig erscheinen.
- Machen Sie sich ein paar Notizen zum Verhalten, das Sie aufgrund Ihrer inneren Gesetzesparagraphen entwickelt haben.
- Entscheiden Sie, was Sie im Moment mit dem anderen teilen möchten.

Teil II: Zu zweit:

- Vereinbaren Sie einen ungestörten Zeitraum, um sich über Ihre inneren Gesetzbücher zum Thema Beziehung und Sexualität auszutauschen.
- Bringen Sie nacheinander die Punkte ein, die Ihnen im Moment wichtig sind. Achten Sie darauf, einander aktiv zuzuhören und den Gefühlen, die beim Erzählen aufkommen, Raum zu lassen.
- Bleiben Sie möglichst bei sich. Kommentieren Sie das Gehörte nicht.
- Reflektieren Sie zum Schluss über das Mit-Geteilte im Paargesprächsstil: Was hat Sie am meisten berührt? Welche Parallelen und Ähnlichkeiten haben Ihre inneren Gesetzbücher? Wo sitzen Sie im selben Boot? Was machen Sie für Gegensatzpaare aus? Wo haben Sie auf Ähnliches gerade gegenteilig reagiert?
- Denken Sie daran: Wahrnehmung ist subjektiv. Es gibt kein Richtig oder Falsch, sondern einzig verschiedene Blickwinkel, die weder Rechtfertigung noch Diskussion brauchen.
- Schreiben Sie nach dem Gespräch ein paar Notizen zu Ihren wichtigsten Erkenntnissen ins Paarbuch.
- Vielleicht gibt es auch hier wichtige Gesetzesartikel, die Sie umschreiben möchten.

Zum Schluss möchten wir noch auf eine mögliche Falle hinweisen: Oft rebellieren wir einfach gegen die elterlichen und gesellschaftlichen Regeln, ohne diese wirklich zu hinterfragen. Wir haben das Gefühl, uns damit vom alten Gesetzbuch befreit zu haben. Doch wir tun einfach das Gegenteil, und das ist, wie bereits an anderer Stelle erläutert, nur die andere Seite ein- und derselben Münze. Rebellion ist meist eine Reaktion auf vorangegangene Anpassung und damit selten eine freie Wahl. Freiheit aber heißt, frei wählen zu können. Das ist nur möglich, wenn wir unser Bewusstsein erweitern und ein möglichst großes Spektrum unserer selbst erkennen und annehmen. Je umfassender die Selbsterkenntnis, desto größer die Möglichkeit, aus den verschiedenen Facetten der Persönlichkeit in jedem Moment eine optimale Kombination und freie Wahl zu treffen.

Und noch etwas: Eine solche Gesetzbuchrevision ist keine einmalige Sache, vielmehr ein immer wiederkehrender Lebensprozess. Manch revidierte Paragraphen sind kurzlebig und brauchen ab und zu eine Umformung, andere sind für den Rest des Lebens gültig. Es lohnt sich, die verinnerlichten Glaubenssätze immer mal wieder zu überprüfen, damit wir im Hier und Jetzt nicht mit den alten Überzeugungen reagieren, sondern eine adäquate Antwort geben. Das bedeutet für uns Ver-Antwort-ung. Wir können dann nicht mehr anderen die Schuld geben und uns ein Leben lang rausreden mit «Ich kann nicht, weil …» Das bringt uns in die Eigenverantwortung und schenkt uns Autonomie und Wahlfreiheit.

Autonomie und Verbundenheit

«Es gibt etwas, das ich in dir suche. Den Teil meiner Seele, der in dir ist und den du mir niemals wirst geben können.» (JAIME SABINES)

Wie um Himmels willen sollen sich nun Autonomie und Verbundenheit in der Beziehung miteinander vereinbaren lassen? Kommt das nicht der Quadratur des Kreises gleich? Ist es möglich, in der Partnerschaft bei sich zu sein und trotzdem in Beziehung zu bleiben? Müssen wir unsere Individualität in einer Beziehung nicht schlicht vergessen? Solche Fragen stellen sich viele Menschen. Der Wunsch nach Selbstfindung und Unabhängigkeit und die Überzeugung, dass sich dies in einer verbindlichen Beziehung nicht verwirklichen lässt, führen oft zu Trennungen, oder sie lassen Singles gar nicht erst in eine feste Partnerschaft einsteigen.

Dem modernen gesellschaftlichen Ideal von Freiheit, Individualität und Selbstständigkeit wird ein hoher Stellenwert beigemessen, und Abhängigkeiten in der Beziehung werden dementsprechend abgewertet. Einer symbiotischen Beziehung haftet etwas Negatives an, und diese Wertung verhindert oft, dass wir uns wirklich aufeinander einlassen.

Dem gegenüber steht ein überhöhtes Liebesideal, begründet in unserer Sehnsucht nach Bindung und Vollkommenheit. Liebe wird mit ewiger Verliebtheit und permanentem Glücklichsein verwechselt. Eine Wunschvorstellung, die den Partner als dauerhafte perfekte Ergänzung versteht, mit dem wir fortan ein Herz und eine Seele sind.

Das Gegenüber als ergänzenden Teil der eigenen Ganzheit zu erfahren, nährt einerseits den Wunsch nach Eins-werden und Eins-bleiben und andererseits die Angst, sich im anderen zu verlieren und sich aufzugeben. Ein Dilemma, das nicht selten in eine einengende, entwicklungshemmende Gebundenheit führt oder im Befreiungsschlag einer Trennung endet.

Bleiben wir in der Auseinandersetzung mit den Themen Autonomie und Verbundenheit im entzweienden «Entweder-oder» und geben je nach Sichtweise einem der beiden Pole keinen Raum, so ist dieses Dilemma nicht zu lösen.

Aufgrund unserer Erfahrung in der eigenen Beziehung und unserer langjährigen Praxis mit Paaren sind wir überzeugt, dass es in jeder Beziehung symbiotische Abhängigkeiten gibt, ob wir wollen oder nicht und ob wir uns deren bewusst sind oder nicht. Pendeln wir in der Beziehung hin und her zwischen symbiotischem Paargeschehen und persönlicher Auseinandersetzung, verbinden sich die beiden Gegensätze von individueller Entwicklung und Beziehung auf natürliche Weise. Im praktischen Paaralltag heißt dieses «Sowohl-als-auch» von Autonomie und Verbundenheit, sich beherzt auf sich selbst und die Beziehung einzulassen. Sich vom Partner berühren zu lassen, die damit verbundenen Gefühle und Empfindungen wahrzunehmen und diese wieder in die Beziehung einzubringen.

Damit kehren wir zur ursprünglichen Bedeutung des Wortes Symbiose zurück, das nichts anderes heißt als «zusammenleben». Nichts existiert für sich allein, alles ist seit je in wechselseitiger Verbundenheit, nicht nur in der Natur, sondern auch in unseren «Beziehungsbiotopen». Es ist ein vernetzter Beziehungsraum, in dem wir uns tagtäglich bewegen. Wir sind als Individuen (Ungeteilte) wechselseitig voneinander abhängig und stehen in ständiger Wechselwirkung zueinander. Individualität und Verbundenheit sind demnach keine widersprüchlichen Gegensätze, sondern verschiedene Perspektiven der einen Ganzheit und nicht voneinander zu trennen. Der eine Blickwinkel gilt der Ganzheit unserer eigenen Person mit all den Erfahrungen, die bis dahin gemacht wurden, dem Ich, der andere der spiegelnden Ergänzung durch unseren Partner, dem Du. Wachen Sinnes in Kontakt mit uns selbst und unserem Partner können wir am Du zum Ich werden und in gemeinsamen Höhen und Tiefen immer wieder das Wir finden. «Zusammenleben» in diesem größeren Kontext verstanden, könnte auch als «Prozess der Co-Evolution» bezeichnet werden – als Menschwerdung im Paaradies auf Erden.

DIE PAARADOXE MATHEMATIK DER LIEBE – EIN FAZIT

«Die Natur verlieh allen Menschen die Gabe, sich in wichtigen Dingen zu verrechnen». (Otto Weiss)

Mathematik und Liebe, sie könnten gegensätzlicher nicht sein. Doch wird das Paradox zum «Paaradox», treten scheinbar unvereinbare Gegensatzpaare wie Verstand und Gefühl zueinander in Beziehung. Als Gegenschätze bilden sie ein ergänzendes Ganzes, und Schöpfung wird möglich.

Diese kurze Zusammenfassung der anderen Art soll nochmals verdeutlichen, was es aus unserer Sicht mit Beziehung auf sich hat.

1+1=1 – Im Paaradies der Verliebten

Unbewusst findet das verletzte innere Kind die fehlenden Anteile im anderen und fühlt sich rundum glücklich: Du bist alles, was mir fehlt. Durch den anderen fühlen wir uns ganz, heil, erkannt und angenommen. Im Paaradies der Verliebten verschmelzen zwei Menschen. Zusammen sind wir eins. Unsere Sehnsucht nach Ganzheit hat sich erfüllt. Gegensätze sind in dieser magischen Zeit Gegenschätze. Ein Wunder!

1+1=3 – Im Paaradies der Verliebten

Im siebten Himmel, in zweisamer Einheit öffnet sich dem Paar der Raum zur gemeinsamen Schöpferkraft. Eine wunderbare Zeit, in der wir über uns selbst hinauswachsen können. Voraussetzung für die Fortpflanzung unserer Spezies und Vorahnung eines gemeinsamen Entwicklungsweges, der verbunden mit dem anderen unser individuelles und gemeinsames Potenzial zur Entfaltung bringen kann.

1+1=1/2 – Die Vertreibung aus dem Paaradies
Komplementäre Symbiose

Der Fall aus dem Paaradies der Verliebten lässt das Gefühl des Einsseins verblassen. Der Apfel der Erkenntnis macht uns die Andersartigkeit des Partners bewusst und lässt uns nach und nach in die Welt der polaren Gegensätze fallen. Entzweit, auf uns selbst zurückgeworfen, fühlen wir uns erneut als ein Halbes. Das verletzte innere Kind wird vom Partner nicht mehr umsorgt. Alleingelassen in seiner existenziellen Ohnmacht rettet es sich früher oder später mit seinen altbewährten Überlebensstrategien der Hemmung oder der Kompensation. Damit gibt es den Auftakt zu den altbekannten Macht- und Ohnmachtspielen, in denen die Macht des einen auf der Ohnmacht des anderen beruht und umgekehrt. Aus dieser Perspektive sind die Gegenschätze nun Gegensätze, die uns entzweien. Dass die Gegensätze sich auch auf dieser Ebene perfekt ergänzen, dessen sind wir uns in dem Moment meist nicht bewusst.

1/2+1/2 = 1 – Das trügerische Arrangement
Komplementäre Symbiose

Auch nach dem Fall aus dem Paaradies der Verliebtheit sind beide bemüht, mit allen Mitteln im Paaradies der Verliebten zu bleiben und den Zustand des Einsseins aufrechtzuerhalten. Dafür schonen sie sich gegenseitig. Sie ziehen sich innerlich zurück und zeigen einander ihre wirklichen Gefühle immer weniger. Aus Sicht der gesellschaftlichen Ideale sind sie ein Traumpaar – mathematisch richtig und doch eine Illusion.

1+1= 2 – Das pragmatische Arrangement
Komplementäre Symbiose

Mit der Zeit sind wir in unseren Rollen (Hemmung und Kompensation) ein gut aufeinander eingespieltes Team. Gewohnheit und manchmal auch Resignation haben sich in der Beziehung breitgemacht. Innerlich entfremdet und meist durch äußere Umstände verbunden (Kinder, Besitz, Geschäft und so weiter) leben wir gemeinsam einsam jeder in seiner Spur. Ebenfalls mathematisch richtig. Dieses Beziehungsarrangement hat vordergründig etwas Berechenbares. Es geht um sichere Werte und ist vielleicht daher eine sehr beliebte Form. Solange beide mit ihrer Rolle zufrieden sind und das Leben rundläuft, lässt sich damit gut leben.

1+1= 1/2 – Die Vertreibung aus dem Paaradies

Konkurrenzierende Symbiose

Will derjenige in der Hemmung aus der Kindrolle aussteigen und derjenige in der Kompensation die Elternrolle nicht verlassen, gibt es einen Machtkampf auf der Elternebene: «Wer hat recht?» Beide versuchen dann, den anderen in die Kindrolle zu drücken. Will derjenige in der Kompensation aus der Elternrolle aussteigen und derjenige in der Hemmung die Kindrolle nicht verlassen, gibt es einen Machtkampf auf der Kindebene –«Wer ist das ärmere Schwein?» Beide versuchen, den anderen in die Elternrolle zu drücken.

Gelingt es nicht, die komplementäre Symbiose wieder herzustellen, in der einer die Eltern- und einer die Kindrolle übernimmt, werden beide sich erschöpfen im Seilziehen um die Macht. In der Pattsituation des «Nicht mit dir und nicht ohne dich» gibt eins und eins ein Halbes und die alten Arrangements haben ausgedient.

1 +1= 0 – Trennung

Die momentanen Möglichkeiten eines oder beider Partner sind ausgeschöpft, und die Lösung heißt Trennung. Wir trennen uns in der Vorstellung, dass wir zu verschieden sind und eben doch nicht zusammenpassen. Oder weil uns die entsprechenden Werkzeuge fehlen, welche die Beziehung wieder aus der Sackgasse führen könnten. Oder wir haben beide keine Kraft mehr, die eigene GeSchichte weiterhin mit dem anderen zu reinszenieren. Oder nur einer will die Trennung und setzt diese gegen den Willen des anderen durch. Dies ist dann der letzte endgültige Akt im gemeinsamen Macht-/Ohnmachtspiel. Beide haben wir eigentlich ein «Jein», doch polarisieren wir uns weiterhin, und derjenige, der Nein sagt, hat offensichtlich die Macht und der andere die Ohnmacht.

1+1= 4 – Das Paaradies auf Erden – Menschwerdung

Zusammen wachsen

Entschließen wir uns, einen Weg gemeinsam durch dick und dünn weiterzugehen, erfordert dies ein bewusstes Ja beider Partner und eine beherzt zumutende Ehrlichkeit uns selbst und dem anderen gegenüber. Es bedeutet, den Evergreen der Beziehung nicht zu vermeiden, sondern die wiederkehrenden Reinszenierungen im Nachhinein zu reflektieren und in der je eigenen GeSchichte zu verorten. Es bedeutet, bezogen auf den anderen eine Beziehung zu sich selbst aufzubauen. Das eigene innere Kind an die Hand zu nehmen, seinen Gefühlen Ausdruck zu ermöglichen und Selbstfürsorge und Eigenverantwortung zu übernehmen. Auf diese Weise sind wir als Paar immer öfter «zu viert» unterwegs und die Beziehung wird zu einem Ort der eigenen Heilung und des individuellen Wachstums in gegenseitiger Verbundenheit. Polarisierende Gegensätze und ergänzende Gegenschätze sind damit zwei Perspektiven ein und derselben Ganzheit.

1+1=3 – Das Paaradies auf Erden – Menschwerdung

Am gleichen Strick ziehen

Auf der Paarebene bedeutet dieser Bewusstwerdungsprozess jedes Einzelnen, immer öfter am gleichen Strick zu ziehen. Mit weniger kräfteraubenden Machtkämpfen und den dazugehörenden endlosen Schuldzuweisungen und Vorwürfen haben wir mehr Energie für das Miteinander. Gemeinsam haben Paare ein großes Potenzial. Sich vereinende Gegensätze befruchten sich gegenseitig. Sie lassen uns für Probleme zusammen kreative Lösungen finden. Diese Schöpferkraft kann für gemeinsame Projekte genutzt werden, und sie trägt zur Gestaltung einer lebendigen Beziehung bei.

Aus unserer Sicht ist die Beziehung ein ständiger Paartanz, um nicht zu sagen ein Lebenstanz. Es gibt zwar eine Choreographie, doch werden die einzelnen «Tanzfiguren» immer mal wieder gründlich durcheinandergewirbelt.

BEZIEHUNG ALS KEIMZELLE FÜR EINE FRIEDVOLLERE WELT

«Der Schlüssel der Geschichte ist nicht in der Geschichte, er ist im Menschen.» (THÉODORE SIMON JOUFFROY)

So wie in jeder menschlichen Zelle die gesamten Informationen des Menschen gespeichert sind, so birgt die Liebesbeziehung zweier Menschen die ganze Thematik menschlichen Zusammenlebens. Die Paarbeziehung ist Keimzelle für Begegnungen und Beziehungen aller Art, sie trägt das Potenzial für ein friedlicheres Miteinander in sich. Das Engagement eines jeden für eine beherzte Beziehung und das mitfühlende Herz für unser inneres Kind wird in der Welt nicht unbemerkt bleiben. Schließlich sind wir ein Teil von ihr.

Vom Kleinen zum Großen – Was in unserer Macht steht

Eine nicht zu unterschätzende Nebenwirkung dieser auf Gleichwertigkeit beruhenden und in der «Vierheit» beseelten Beziehungsarbeit ist ihr Beitrag für eine friedvollere Welt. Sie kann den Grundstein legen für inneren und äußeren Frieden, der Krisen und Konflikte nicht ausklammert, sondern als Herausforderung annimmt, um sich wieder näherzukommen und bewusster zu werden.

Dieser couragierte Einsatz in der Beziehung zieht Kreise weit über die Zweisamkeit hinaus. Er verändert unsere Sicht auf die Welt. Wir sehen neben den unvereinbaren Gegensätzen vermehrt auch die sich ergänzenden Gegenschätze, die auf beiden Seiten Wachstum fördern können. Dieser Blick vertieft die Haltung, zwei sich polarisierende Seiten als gleichwertig zu betrachten und nicht die eine auf Kosten der anderen auf- oder abzuwerten. Eine Haltung, die auf beiden Seiten beide Seiten – eben die «Vierheit» – im Auge behält. Eine Haltung, die uns bewusst macht, dass es in Konfliktsituationen kein Gut und Böse und keine letztendliche Wahrheit gibt. Sei es in der Paarbeziehung, in Familiensystemen, im Geschlechterkampf, in der Gesellschaft, der Wirtschaft oder der Politik. Darin liegt das Geheimnis für ein Miteinander auf gleicher Augenhöhe und das Potential für konstruktive und faire Lösungen in gemeinsamen Konflikten. Eine Voraussetzung, damit das Paaradies auf Erden Schritt für Schritt Wirklichkeit wird.

In einzelnen Kapiteln wurden bereits Bezüge zu dieser kleinsten Form von Friedensarbeit herausgearbeitet. Wir möchten sie Ihnen an dieser Stelle zusammenfassend in Erinnerung rufen.

Denkkultur

In der Auseinandersetzung zu zweit können wir sehr direkt erfahren, dass jede Einseitigkeit den Gegenpart auf die Bühne ruft. Dem bisherigen Schwarz-Weiß-Denken, das polarisiert, die Fronten verhärtet und Lösungen verhindert, wird eine neue Denkweise zur Seite gestellt: ein mehrperspektivisches Denken, das zusammenhängenden Systemen Rechnung trägt und die Vernetzung unseres Lebensraumes mit einschließt. Ein Denken, das nichts ausschließt und möglichst alles mit einbezieht. Wir sagen bewusst «zur Seite gestellt», denn in unserer polaren Welt könnten wir ohne unser bewertendes Denken keine Entscheidungen treffen. Einer klaren Entscheidung liegt das Abwägen der Sonnen- und Schattenseiten beider Möglichkeiten durch Kopf und Bauch zugrunde.

Mit einem solchen Denken werden wir das sogenannte Negative nicht einfach verurteilen oder ausblenden und abspalten, wodurch sich die Gräben weiter vertieften.

Wenn wir Konflikte aus einer mehrdimensionalen Perspektive betrachten, können wir ein annehmendes Verständnis für die Gegenseite entwickeln und die Auseinandersetzungen im geschichtlichen und aktuellen Kontext verstehen. Was nicht bedeutet, mit allem einverstanden zu sein. Doch entschärft dieser umfassendere Blick die blinde Verurteilung von andersdenkenden und anders handelnden Menschen.

In der Partnerschaft können wir erleben, dass wir die beiden Gesichter ein und derselben Beziehung sind. Das Gegenteil zeigt die andere Seite der Medaille, und die beiden Seiten bilden zusammen ein Ganzes.

Das fördert ein Denken, das von der Gleichwertigkeit der Gegensätze ausgeht und Widersprüche weder als richtig oder falsch taxiert noch als unsinnig beurteilt. Gleichwertigkeit bedeutet nicht gleichgültiges Einerlei, sondern gleiche Gültigkeit von gegensätzlichen Anteilen; nicht sterile Gleichmacherei, sondern fruchtbare Vielfalt. Sobald wir die beiden Seiten gleichwertig nebeneinanderstellen, wird aus dem Paradox ein Paaradox. Das ist eine wichtige Voraussetzung, damit sich Gegensätze in Gegenschätze wandeln können. Dies ist zentral für die Entfaltung eines ungeahnten Potenzials, der gemeinsamen Schöpferkraft der Co-Kreativität.

Auch unsere globalisierte Welt braucht diese Biodiversität für ein lebendiges Miteinander, ein Zusammenleben, das die Einzigartigkeit eines jeden als Teil des Ganzen respektiert.

Gefühlskultur

In der Beziehung verkörpert der andere Anteile, die wir bei uns selbst nicht wahrnehmen wollen oder können. Er macht sie hör-, sicht- und spürbar. Sind wir bereit, diese abgespaltenen Teile mit allen dazugehörenden Gefühlen zu uns zurückzunehmen, erübrigt es sich mehr und mehr, diese Anteile auf andere zu projizieren. Wir machen sie damit nicht mehr zu Sündenböcken, die wir in die Wüste schicken oder zu hilflosen Opfern, denen wir gönnerhaft unter die Arme greifen und sie gleichzeitig mit unseren Vorstellungen «kolonialisieren» (Kompensation/Macht/Elternrolle). Wir stellen sie nicht mehr auf einen Sockel, um ihnen blindlings zu folgen oder uns ausbeuten zu lassen. Wir suchen die Schuld auch nicht mehr ausschließlich im Außen und fühlen uns nicht länger ohnmächtig, weil wir keine Handlungs- und Veränderungsmacht haben (Hemmung/Kindrolle/Ohnmacht).

Setzen wir uns mit der eigenen existenziellen Ohnmacht des inneren Kindes auseinander und übernehmen die elterliche Verantwortung und Fürsorge für dieses, wird das «Macht-Ohnmacht-Spiel», in dem die Macht des einen auf der Ohnmacht des anderen beruht, weitgehend ausgehebelt. Und genau in der eigenen existenziellen Ohnmacht liegt die Lösung, die sich zwar nicht speziell machtvoll anfühlt, aber Frieden stiften kann. Verbunden mit ihr und der daraus resultierenden

Eigenmacht wird es uns mehr und mehr gelingen, die Spaltungen, die zu ausweglosen Polarisierungen, harten Fronten, Verteilkämpfen und Auseinandersetzungen führen, zu überwinden.

Auch liegt es an uns, die Verantwortung für die Gefühle zu übernehmen, die mit den zurückgenommenen Anteilen wieder spürbar werden. Uns ernst zu nehmen bedeutet, die eigenen Ängste, Aggressionen, Schuldgefühle, die Trauer und alles, was dazugehört, im Kontext der eigenen GeSchichte zu verstehen und unser inneres Kind fürsorglich zu beeltern (Selfcare). Das heißt, Mitgefühl mit uns zu haben, die Gefühle wachen Sinnes wahrzunehmen und in einem sorgsamen, sicheren Rahmen für uns zum Ausdruck zu bringen. Diese Form von seelischer Verdauung transformiert die aufgestauten, unverarbeiteten Gefühle, die jederzeit getriggert werden und unkontrolliert hochkommen könnten. Das vermindert einerseits Dramen auf allen Ebenen und erlaubt adäquatere Reaktionen und Aktionen im Zusammenhang mit aktuellen Situationen. Anderseits fördert es unseren Mut, uns authentisch zu zeigen, und gibt uns die Kraft, unser Leben und das Zusammenleben mitzugestalten. Zudem fördert die Verbundenheit mit uns das Mitgefühl für andere, was schwerwiegenden gegenseitigen Verletzungen entgegenwirkt.

Konfliktkultur

Frieden und Konflikt gehören zusammen. Grundlegend für eine heilsame Konfliktkultur ist unsere persönliche Einstellung zu Aggression und Konflikt. Stellen wir den negativen Bewertungen die positiven zur Seite – sie ergeben sich aus der Bedeutung der Worte (siehe S. 156ff.) – werden sich uns auch die belebenden Seiten dieses Zusammenstoßens unbändiger Kräfte erschließen. Aus dieser Perspektive wird Aggression zu einer zielgerichteten Lebenskraft, die auf stark polarisierte, festgefahrene Standpunkte aufmerksam macht, Veränderung anstößt, neue Impulse setzt und uns und die Beziehung einen Schritt weiterbringen kann. Der Konflikt ermöglicht, die spannungsgeladene Polarisierung zu entspannen und dadurch wieder zusammenzubringen, was zusammengehört. Denn was sich polarisiert, kann sich auch ergänzen und Wachstum hervorbringen.

Bringen wir uns in der Beziehung mit allen Gefühlen authentisch ein, gehören Konflikte dazu. Finden Wut, Ärger und Frustration in der Partnerschaft zeitnah Ausdruck, stauen sie sich nicht weiter auf. Mit etwas Übung werden wir im späteren Reflektieren des Konfliktes die alte aufgestaute Wut aus unserer GeSchichte, die sich mit der aktuellen Situation verbindet, vermehrt erkennen. So wird es uns immer öfter gelingen, für diese explosive Kraft einen eigenen verantwortungsvollen Ausdruck zu finden, ohne uns selbst oder andere zu verletzen (siehe S. 168f.). Das verringert Formen der Autoaggression und psychischer und physischer Gewalt.

Zeitnah ausgedrückte Wutgefühle können wir im Paar bei der Reflexion des Streites in einem Sinnzusammenhang verstehen und den Konflikt verorten. Wir können ausmachen, was wir selbst zur Situation beigetragen haben mit allem, was wir getan oder nicht getan haben, (Fifty-fifty-Regel, aktive/passive Aggression). Eingeordnet in den Kontext können wir für uns selbst Mitgefühl entwickeln und uns in den anderen einfühlen. Das ist die Voraussetzung für eine Versöhnung, die nicht bloß ein Lippenbekenntnis ist.

Eine lebendige Konfliktkultur und ein beherzter Umgang mit unseren Aggressionen im Kleinen verkleinert im Großen das unberechenbare Aggressionspotenzial und mindert die Wahrscheinlichkeit, dass machthungrige Potentaten die aufgestaute Wut für ihre Ziele und Zwecke ausnutzen können. Wie Sheldon B. Kopp es ausdrückt: «Weil so viele Menschen ihre eigene Finsternis des Herzens nicht sehen wollen, können einige wenige ihre Zerstörungswut an ihnen auslassen.»

Im Großen sind auch die Sinnzusammenhänge und Bezüge, die den Konflikt begreifbar machen könnten, meist nicht mehr nachvollziehbar, was das gegenseitige Unverständnis verstärkt und den Konflikt befeuert.

So gesehen kann eine gelebte Streitkultur in der Beziehung dazu beitragen, dass Aggression nicht als gewaltsame Kraft Leben zerstört, sondern wieder vermehrt als gewaltige Kraft Leben fördert. In dieser Hinsicht haben Paare auch Vorbildfunktion für ihre Kinder. Diese erlernen den Umgang mit ihrer Aggression und allen anderen Gefühlen von den Eltern. Ein nicht zu unterschätzender Multiplikationseffekt. Verfolgen wir diesen Ansatz über Generationen weiter, hätten wir vermutlich eine nachhaltig friedvollere Welt.

Gesprächskultur

Wahrnehmung ist subjektiv und mit der eigenen GeSchichte verbunden. Es ist wichtig, wahrnehmend für sich selbst zu sein und das eigene Erleben, seine Gefühle, Gedanken und Empfindungen, mit dem anderen zu teilen. Es ist an uns, dem Gegenüber mitzuteilen, wie es in uns aussieht. Beherzt, ehrlich und authentisch – jenseits von Gut und Böse. Und es ist an dem Partner, ebenso couragiert, mit offenem Ohr und fühlendem Herzen zuzuhören, sich auf das Gehörte zu beziehen und dies dem anderen wiederum mitzuteilen. Indem wir von uns selbst reden, verhindern wir, vom anderen interpretiert zu werden. Dabei geht es nicht um richtig oder falsch, sondern um gegenseitiges Interesse und Verständnis für die Andersartigkeit des anderen. Miteinander reden kann uns vor Missverständnissen bewahren. Schwelende Konflikte werden ausgetragen, solange sie noch nachvollziehbar sind. Regelmäßige Paargespräche sind ein geeignetes Gefäß, um die eigene Befindlichkeit im Kontext der Beziehung zu reflektieren. Ein Freund hat uns dafür eine schöne Metapher geschenkt: «Die Bereitschaft, den anderen seine Melodie auf mir spielen zu lassen, wird in mir unweigerlich Saiten zum Klingen bringen, die mir bestens vertraut sind.» Eine solche Art von Berührung bewegt und macht uns unsere Verbundenheit bewusst. Dadurch können wir uns selbst und den anderen im Zusammenhang der je eigenen GeSchichte im aktuellen Sein und Handeln verstehen. Im Dialog finden Gegensätze wieder zueinander. Wir können uns im anderen erkennen und gewahr werden, dass wir im selben Boot sitzen.

Jede Art von Zusammenleben braucht irgendeine Art von Dialog, in dem beide Seiten sich aufrichtig einbringen und angehört werden. Sich selbst und das Gegenüber – vom inneren Kind bis zum unbekannten Fremden – ernst nehmen und im achtsamen Dialog mit der gegenseitigen Andersartigkeit vertraut werden, bereichert alle. Menschen in ihrem Lebenskontext zu verstehen, fördert unsere mehrdimensionale Sicht. Es macht unsere innere und äußere Welt zu einem verständnisvolleren und damit wärmeren Ort.

Friedensarbeit zu zweit ist im wahrsten Sinn des Wortes grundlegend und sie ist die kleinste Form, die Großes bewirken kann – in einer vernetzten Welt, in der alles mit allem verbunden ist. In der Beziehung können wir am Fundament für eine nachhaltig friedvollere Welt bauen. Jede*r kann Multiplikator für den Weltfrieden sein! Damit werden wir dem Paaradies auf Erden jenseits von Gut und Böse Schritt für Schritt näherkommen.

Dazu eine letzte kleine Geschichte:

Der Autostopper

Der Teufel machte einmal außerhalb von Bellinzona Autostopp, aber niemand wollte einen Typ mit Hörnern und einem Dreizack mitnehmen. Endlich, es ging schon gegen Abend, hielt ein Amerikanerwagen an und der Fahrer, ein jüngerer Mann mit langen Haaren und sanften Augen, hieß den Teufel einsteigen.

Dieser setzte sich neben den Fahrer und gab als Reiseziel Rom an.

Dorthin fahre er auch, sagte der sanfte Langhaarige und lächelte dem Autostopper zu.

Dieser schaute den Fahrer immer wieder an und fragte ihn schließlich:

«Kennen wir uns nicht von irgendwoher?»

«Ich glaube, wir haben uns zuletzt in der Wüste gesehen», sagte der und hob freundlich seine durchlöcherte Hand.

«Und was willst du in Rom?», fragte der Teufel.

«Den Papst erschrecken», sagte der Fahrer, «der glaubt doch schon lang nicht mehr an mich.»

«Darf ich mitkommen?», fragte der Teufel.

«Aber gerne», sagte der Fahrer, «zusammen sind wir stärker.»

Beide lachten und Jesus gab Gas.

(Diese Geschichte, die unter dem Titel «Der Autostopper» im Buch «Das Kurze, das Einfache, das Kindliche» erschienen ist, wurde uns von Franz Hohler geschenkt.)

NACHWORT

«Es ist eine Sache zu denken, man sei auf dem rechten Weg. Eine andere ist es zu glauben, dieser Weg sei der einzige. Für alle Fälle gibt es viele Fälle.» (SPRICHWORT DER PUEBLO-INDIANER)

Unser Modell hat sich in den vielen Jahren, in denen wir mit Paaren arbeiten, bewährt, und es hat auch in unserer eigenen Beziehung Früchte getragen. Gleichzeitig sind wir uns aber auch bewusst: Viele Wege führen nach Rom. Der Weg, den wir im Buch vorgezeichnet haben, ist eine von vielen Möglichkeiten, die Paarbeziehung zu betrachten und zu leben.

Wir sind jedoch fest davon überzeugt, dass dieses Modell auf ein Potenzial deutet, das in jeder Paarbeziehung steckt. Doch nicht jede Beziehung muss diese Art von Bewusstseinserweiterung erfahren. Viele Beziehungen brauchen ganz einfach und aus guten Gründen im Moment ein «solides Arrangement». Dann wieder drängt einen das Leben dazu, einen Schritt weiterzugehen.

Wir denken, dass sich dieses Modell auf jede Art von zwischenmenschlichen Beziehungen übersetzen lässt, ja sogar auf alles, worauf wir uns in unserer Mit- und Umwelt beziehen. Alles, was aus irgendeinem Grund emotional auf unserem Radar erscheint, kann uns Spiegel sein und unser Bewusstsein erweitern.

Wir sind uns bewusst, dass wir damit teilweise eine ideale Welt gezeichnet haben und dass es ein langer Weg ist, der vom Wissen zum Bewusst-Sein führt. Doch wir Menschen sind vor langer, langer Zeit aus dem Paradies gefallen, und es ist ein langer Weg, wieder in der Einheit anzukommen. Jede noch so lange Reise setzt sich fort mit dem nächsten Schritt, und vielleicht ist genau das der Schritt zum Paaradies auf Erden.

DANK

Zunächst geht ein großes Dankeschön an alle unsere Paare und Einzelklient*innen, die wir in den letzten zwei Jahrzehnten ein Stück auf ihrem Weg begleiten durften. Sie alle haben wesentlich zu unserem Paarverständnis beigetragen. Ganz besonders möchten wir den drei Paaren danken, die sich einverstanden erklärten, die Theorie mit ihren persönlichen GeSchichten lebendig werden zu lassen.

Inge Wittrock danken wir für den Buchtipp, der uns die Autorin Christa Spannbauer finden liess. Mit ihr nahm das schon mehrfach begonnene Buchprojekt richtig Fahrt auf. Ihr gilt ein besonderer Dank. Sie war uns zu Beginn behilflich, das Buchprojekt professionell aufzugleisen, und mit ihrem Lektorat schloss sich der Kreis fünf Jahre später.
Auch der Illustrator Linus Riegger, mit dem wir dank Marianne Diethelm bekannt wurden, hat uns all die Jahre sozusagen auf der «Wartebank» begleitet, um in den Monaten vor der Veröffentlichung sein zeichnerisches Talent mit Elan einzubringen. Ihm verdanken wir, dass nun auch schwierige Sachverhalte in einem Blick zu erfassen sind.
Dank einem Tipp von Juri Viktor Stork haben wir mit Edition Spuren einen passenden Verlag gefunden und mit Martin Frischknecht einen engagierten, offenherzigen Verleger, dem wir unser Buch gerne anvertraut haben. Ein großes Dankeschön für sein Engagement.

Viele liebe Menschen haben uns in dieser langen Entstehungszeit begleitet, ihnen allen gebührt ein Dankeschön. Markus Theunert und Marianne Diethelm standen dem Projekt seit Anbeginn in den verschiedensten Phasen immer wieder freundschaftlich fördernd mit Fachwissen in Rat und Tat zur Seite. Monika Helena Heimgartner Ammann nahm als Erste das Manuskript kritisch unter die Lupe, gab wertvolle Anregungen und begleitete uns in freundschaftlichem Austausch. Margrit Maurer sah mit ihrem Hebammenblick das Kapitel des inneren Kindes kritisch durch. Mit Urs Hofmann hatten wir einen Verlagskenner zur Seite, der uns zum Zeitpunkt der Verlagssuche kompetent beriet. Franz Hohler beschenkte uns großzügig mit seiner Geschichte «Der Autostopper» und gab damit dem Buch einen würdigen Abschluss.

Christoph Oertle, Daniela Renner, Max Malzacher, Albert Maurer, Priska Sibrava, Inge Wittrock und Barbara Flückiger-Egli danken wir für tiefgründige Gespräche und ihr unterstützendes Dasein.

Markus Mesmer und Margrit Hardegger haben entscheidend dazu beigetragen, eine Schreibblockade zu überwinden und am Ball zu bleiben. Sandra Mesmer-Preiswerk, Corinne Caflisch, Verena Jakob, Barbara Ehret, Marianne Betschart und Heinz Wittwer haben auf den verschiedensten Ebenen ganzheitlich für unser körperliches, seelisches und geistiges Wohl gesorgt.

Unseren Dank möchten wir auch all jenen aussprechen, deren Vorfreude und Anteilnahme am Entstehungsprozess des Buches uns Mut machten. Das gab uns in manch schwierigem Moment die nötige Motivation.

In einer angeregten Diskussion mit Martin Frischknecht über den Druck des Buches wurden wir auf die Druckerei Vögeli AG in Langnau im Emmental aufmerksam. Es war sozusagen «Liebe auf den ersten Blick», als wir vom Cradle-to-Cradle®-Konzept, einem zukunftsweisenden Druckverfahren, erfuhren. Schnell war die Idee geboren, für die anfallenden Mehrkosten ein Crowdfunding zu starten. Für die Realisation des dafür benötigten Videos und der Fotos möchten wir Eva Borner, Hanspeter Gutjahr und Salome Rätz herzlich danken, ohne sie hätten wir zwei fotoscheuen Wesen dies nie geschafft. Lieben Dank all den vielen großherzigen Menschen die zum Gelingen dieser Druckrevolution beigetragen haben, im Speziellen Dorothée und Kaspar Fierz, Andrea und Matthias Saladin, Alice Meier und Ursula Oberlin. Dieses tragfähige Netzwerk hat uns tief berührt und bestärkt, mit unseren Ideen weiter in die Welt hinauszutreten. Auch dem wemakeit-Team mit seiner genialen Platform und seiner zuverlässigen Kommunikation möchten wir unseren Dank aussprechen. Bei der Druckerei Vögeli AG, insbesondere bei Renato Vögeli, möchten wir uns für die Entwicklung der fehlenden Komponenten für die Herstellung eines absolut giftfreien Hardcover-Buches und die angenehme Zuammenarbeit bedanken.

Ja, ganz einfach allen, die unterstützend mitgewirkt haben, dass das Buch in dieser Form das Licht der Welt erblickte, ganz herzlichen Dank.

BIBLIOGRAPHIE

Dieses Buch haben wir ausgehend von unseren Erfahrungen, Erkenntnissen und Lebensphilosophien geschrieben. Damit Sie trotzdem eine Vorstellung bekommen, was für Menschen, Theorien, Werte und Haltungen unser Denken und Handeln beeinflusst und geprägt haben, haben wir hier die wichtigsten Bücher und Artikel zusammengestellt und nach Themen geordnet. Grundlegende Ideen unseres Beziehungsverständnisses stammen von Michael Lukas Moeller (siehe S. 256).

Allgemein

Assagioli, Roberto. Psychosynthese und transpersonale Entwicklung. Paderborn: Jungfermann, 1992.

Assagioli, Roberto. Die Schulung des Willens. Paderborn: Jungfermann, 1982.

Bach, Richard. Die Möwe Jonathan. Frankfurt am Main: Ullstein, 1990.

Baer, Udo. Gefühlssterne, Angstfresser, Verwandlungsbilder. Kunst- und gestaltungstherapeutische Methoden und Modelle. Neuenkirchen-Vluyn: Affenkönig, 2007.

Berne, Eric. Spiele der Erwachsenen. Psychologie der menschlichen Beziehungen. Hamburg: Rowohlt, 1967.

Berne, Eric. Was sagen Sie, nachdem Sie «Guten Tag» gesagt haben? Psychologie des menschlichen Verhaltens. Frankfurt am Main: Fischer, 1990.

Buber, Martin. Ich und Du, Gütersloh: Gütersloher Verlagshaus, 1999.

Canacakis, Jorgos. Ich sehe deine Tränen. Stuttgart: Kreuz, 1992.

Canacakis, Jorgos. Schneider, Kristine. Heilsamer Umgang mit Schwingungen. Gongklänge: Neue Wege zum Selbst und zur Lebendigkeit. Zürich/Düsseldorf: Walter, 1996.

Chödrön, Pema. Geh an die Orte die du fürchtest. Freiamt: Arbor, 2002.

Chödrön, Pema. Die Weisheit der Ausweglosigkeit. Freiamt: Arbor, 2002.

Capra, Fritjof. Wendezeit. Bausteine für ein neues Weltbild. Bern/München: Scherz, 1984.

Dethlefsen, Thorwald. Schicksal als Chance. Das Urwissen zur Vollkommenheit des Menschen. München: Goldmann, 1982.

Eberhart, Herbert. Knill, Paolo J. Lösungskunst, Lehrbuch der kunst- und ressourcenorientierten Arbeit. Göttingen: Vandenhoek & Ruprecht, 2009.

Ferruci, Piero. Werde was du bist. Selbstverwirklichung durch Psychosynthese. Hamburg: Rowohlt, 1996.

Grof, Stanislav und Christina. Spirituelle Krisen. Chancen der Selbstfindung. München: Kösel, 1990.

Harris, Robert. Gärten. Ein Versuch über das Wesen der Menschen. München: Carl Hanser, 2007.

Hell, Daniel. Seelenhunger. Der fühlende Mensch und die Wissenschaft vom Leben. Bern: Verlag Hans Huber, Hogrefe. 2003.

Hüther, Gerald. Bedienungsanleitung für ein menschliches Gehirn. Göttingen: Vandenhoek & Ruprecht, 2004.

Hüther, Gerald. Spannbauer, Christa. Hrsg. Verbundenheit. Warum wir ein neues Weltbild brauchen. Bern: Verlag Hans Huber, Hogrefe, 2012.

Keen, Sam. Feuer im Bauch. Über das Mann-Sein. Bergisch Gladbach: Lübbe, 1992.

Knill, Paolo J. Kunstorientiertes Handeln in der Begleitung von Veränderungsprozessen. Zürich: EGIS, 2005.

Krishnamurti, Jiddu. Einbruch in die Freiheit. Berlin: Ullstein, 1999.

Kriz, Jürgen. Chaos, Angst und Ordnung. Wie wir unsere Lebenswelt gestalten, Göttingen: Vandenhoek & Ruprecht, 2011.

Kornfield, Jack. Frag den Buddha und geh den Weg des Herzens. München: Kösel, 1995.

Kopp, Sheldon B. Triffst du Buddha unterwegs … Psychotherapie und Selbsterfahrung. Frankfurt am Main: Fischer, 1991.

Liedloff, Jean. Auf der Suche nach dem verlorenen Glück. München: C.H.Beck, 1980.

Meyer, Hermann. Astrologie und Psychologie, Eine neue Synthese. Hamburg: Rowohlt, 1990.

Mücke, Klaus. Probleme sind Lösungen. Systemische Beratung und Psychotherapie – ein pragmatischer Ansatz – Lehr- und Lernbuch. Potsdam: Klaus Mücke Ökosysteme, 2003.

Moeller, Michael Lukas. Wie die Liebe anfängt. Die ersten drei Minuten. Hamburg: Rowohlt, 2004.

Osho, Shree Rajneesh. Die verborgene Harmonie. Vorträge über die Fragmente des Heraklit. Köln: Rajneesch, 1989.

Redfield, James. Die Prophezeiungen von Celestine. München: Heyne, 1994.

Reich, Wilhelm. Christusmord. Berlin: Ullstein, 1983.

Reinhart, Melanie. Chiron – Heiler und Botschafter des Kosmos. Wettswil: Edition Astrodata, 1993.

Riemann, Fritz. Grundformen der Angst. Eine tiefenpsychologische Studie. München: Ernst Reinhardt, 1996.

Rohr, Richard. Hiobsbotschaft. Vom Geheimnis des Leidens. München: Claudius, 2000.

Schnabl, Christa, Lehner, Erich. Geschlechtergerechte Politik. Grundlagen für die Konzeption von Männerpolitik. In: Krall, Hannes (Hrsg.). Jungen- und Männerarbeit. Wiesbaden: VS-Verlag, 2005.

Schiffer, Eckhard. Wie Gesundheit entsteht. Salutogenes: Schatzsuche statt Fehlerfahndung. Weinheim: Beltz, 2001.

Schlippe von, Arist. Schweitzer, Jochen. Lehrbuch der systemischen Therapie und Beratung. Göttingen: Vandenhoek & Ruprecht, 2003.

Sogyal, Rinpoche. Das tibetische Buch vom Leben und vom Sterben. Der Schlüssel zum Verständnis von Leben und Tod. München: Otto Wilhelm Barth, 1994.

Steiner, Claude. Wie man Lebenspläne verändert. Das Skript-Konzept der Transaktionsanalyse. München: dtv, 1982.

Stuckrad von, Kocku. Lilith. Im Licht des schwarzen Mondes zur Kraft der Göttin. Braunschweig: Aurum 1997.

Theunert, Markus. Co-Feminismus. Wie Männer Emanzipation sabotieren und was Frauen davon haben. Bern: Hans Huber/Hogrefe, 2013.

Watts, Alain W. Weisheit des ungesicherten Lebens. München: O. W. Barth, 1992.

Watzlawick, Paul. Anleitung zum Unglücklichsein, Vom Schlechten des Guten. München/Zürich: Piper, 2005.

Wilber, Ken. Halbzeit der Evolution, München: Goldmann, 1981.

Wilson Schaef, Anne. Im Zeitalter der Sucht. Wege aus der Abhängigkeit. Hamburg: Hoffmann und Campe, 1989.

Wirz, Ursula. Seelenmord. Inzest und Therapie. Zürich: Kreuz, 1989.

Wolff, Robert. Das Lächeln der Senoi. Was es bedeutet, ein Mensch zu sein. Bern: Oneness Center Publishing, 2011.

Yalom, Irvin D. Existenzielle Psychotherapie. Bergisch Gladbach: Edition Humanistische Psychologie, 2005.

Kommunikation:

Bohm, David. Der Dialog. Das offene Gespräch am Ende der Diskussion. Stuttgart: Klett Cotta, 1998.

Moeller, Michael Lukas. Die Wahrheit beginnt zu zweit. Hamburg: Rowohlt, 1986.

Schulz von Thun, Friedemann. Miteinander Reden 1–3, Hamburg: Rowohlt, 1993, 1998.

Konflikt:

Bach, George R., Wyden, Peter. Streiten verbindet. Frankfurt am Main: Fischer, 1995.

Dahlke, Rüdiger. Aggression als Chance. München: Goldmann, 2006.

Glasl, Friederich. Selbsthilfe in Konflikten. Stuttgart: Freies Geistesleben, 2007.

Perls, Frederick S. Das Ich, der Hunger und die Aggression. Stuttgart: Klett-Cotta 1987.

Inneres Kind / Pränatale Psychologie:

Alberti, Bettina. Die Seele fühlt von Anfang an. Wie pränatale Erfahrungen unsere Beziehungsfähigkeit prägen. München: Kösel, 2010.

Chopich, Erika J. Paul, Margaret. Aussöhnung mit dem Inneren Kind. Freiburg im Breisgau: Bauer 1993.

Gross, Werner. Was erlebt ein Kind im Mutterleib? Ergebnisse und Folgerungen der pränatalen Psychologie. Freiburg im Breisgau: Herder, 1982.

Rank, Otto. Das Trauma der Geburt und seine Bedeutung für die Psychoanalyse. Frankfurt am Main: Fischer, 1988.

Renggli, Franz. Das goldene Tor zum Leben. Wie unser Trauma aus Geburt und Schwangerschaft ausheilen kann. München: Arkana, 2013.

Steinemann, Evelyne. Der verlorene Zwilling. Wie ein vorgeburtlicher Verlust unser Leben prägen kann. München: Kösel, 2007.

Trauma:

Levine, Peter A., Frederick A. Trauma-Heilung, Das Erwachen des Tigers. Essen: Synthesis, 1998.

Reddemann, Luise. Imagination als heilsame Kraft. Zur Behandlung von Traumafolgen mit ressourcenorientierten Verfahren. Stuttgart: Pfeiffer bei Klett-Cotta, 2001.

Reddemann, Luise. Dehner-Rau, Cornelia. Trauma. Folgen erkennen, überwinden und an ihnen wachsen. Stuttgart: Trias, 2008.

Geschichten / Zitate:

Aldinger, Marco. Bewusst-Seins-ErHeiterung. Freiburg: Verlag Marco Aldinger, 1992.

Föllmi, Danielle und Olivier. Die Weisheit Afrikas Tag für Tag. München: Knesebeck, 2005

Gibran, Kahlil. Der Prophet. Olten: Walter, 1978.

Hohler, Franz. Das Kurze, Das Einfache, Das Kindliche. München: Luchterhand, 2010.

Saner, Hans. Die Anarchie der Stille. Basel: Lenos, 1990.

Watzke, Ed. Wahrscheinlich hat diese Geschichte gar nichts mit Ihnen zu tun ... Godesberg: Forum, 2008.

Die Zitate wurden mehrheitlich im Internet gefunden.

Unser Fundus:

Frölich Oertle, Andrea. Oertle, Peter. Sucht AstroLogisch. Von Träumen, Alltagssüchten und der Wirklichkeit. Zürich: Astrologie Heute. Nr. 97, 2002.

Frölich Oertle, Andrea. Oertle, Peter. Erbarmungslos lieben. männer | zeitung. Männer lieben. 02/2007.

Frölich Oertle, Andrea. Oertle, Peter. Das Los der Kinderlosigkeit. männer | zeitung. Mann wird Vater. O4/2006.

Oertle, Peter. 25 Artikel zu diversen Themen in der Zeitschrift männer.be und der männer | zeitung. 2002 – 2007 alle zu finden unter http://www.maenner-art.ch/publikationen.php.

Oertle, Peter. 23 Ratgeberkolumnen, Peters stilles Oertle, in der Zeitschrift männer.be und der männer | zeitung. 2002 – 2007 alle zu finden unter http://www.maenner-art.ch/publikationen.php.

Das Autorenpaar

Bild: Salome Rätz

Andrea Frölich Oertle, Archäologin, Lebens- und Trauerbegleiterin, Expressive Arts Coach, Supervisorin, Astrologin und Gärtnerin aus Leidenschaft. Lebenserfahren machten sie «tiefgründige» Ausgrabungen in alten Kulturen und die intensive Auseinandersetzung mit den Sonnen- und Schattenseiten ihrer eigenen Biographie. Seit 1998 in eigener Praxis tätig. (www.afroelich.ch)

Peter Oertle, Chemielaborant, Weinküfer, Älpler, Astrologe, therapeutischer Berater/Begleiter in Psychosynthese und Seminarleiter mit Schwerpunkt Männer- und Suchtarbeit. Lebenserfahren machten ihn ausgedehnte Reisen, die Begegnung mit fremden Kulturen, langjährige, praktische Tätigkeit im Drogenbereich und die Begleitung AIDS-kranker Menschen. Seit 1992 in eigener Praxis tätig (www.maenner-art.ch)

Gemeinsam führen sie seit 1999 unter dem Namen «pandrea» eine Praxis für Paarberatung und Persönlichkeitsbildung.
Kontakt und Info: www.pandrea.ch, info@pandrea.ch

Cradle to Cradle

Drucken, wie die Natur drucken würde

Dieses Buch wurde nach dem Cradle-to-Cradle-Certified™-Prinzip gedruckt und gebunden. Es wurden dabei von der Druckerschwärze bis zum Buchdeckel, vom Leim bis zur Bindung, außchliesslich giftfreie und kreislauffähige Materialien verwendet.

Die Druckerei Vögeli AG, ein Familienbetrieb in Langnau im Emmental, hat sich der Nachhaltigkeit verschrieben und das in einem vollumfänglichen Sinn. Cradle to Cradle® ist ein völlig neuer Denkansatz, der im Druckbereich in der Schweiz erstmals im Jahr 2016 für Werbematerial und Verpackungen umgesetzt wurde.

Das Cradle-to-Cradle®-Prinzip verhindert einfach gesagt die Entstehung von Abfall. Während bei einem herkömmlichen Druck 30% der Stoffe giftig sind und in einer Deponie landen, können bei diesem neuartigen Druckverfahren alle Bestandteile sicher in den biologischen Kreislauf zurückgeführt werden.

Für die Cradle-to-Cradle®-Zertifizierung (von der Wiege zur Wiege) müssen fünf Hauptkriterien erfüllt werden:

- Material: Alle Inhaltsstoffe eines Produktes müssen bekannt sein, Optimierung auf noch bessere Materialien ist je nach Level umgesetzt oder sollte angestrebt werden.
- Materialkreislaufführung: Produkte sollen so beschaffen sein, dass ihr Material rein ist, getrennt werden und so zurück in den Kreislauf geführt werden kann.

- Erneuerbare Energie & Energiemanagement: Die Energie zur Produktion stammt aus erneuerbaren Quellen.
- Wassermanagement: Management von sauberem Wasser als wertvoller Ressource und grundsätzlichem Menschenrecht.
- Soziale Gerechtigkeit: Das Design muss alle Menschen und Ökosysteme berücksichtigen, die von der Produktion, Nutzung, Entsorgung oder Wiederverwendung des Produkts betroffen sind.

Drei Schritte zum Paaradies – Frieden finden zu zweit ist als erstes klassisches Buch dieser Art Vorreiter einer nachhaltigen, zukunftsfähigen Druckrevolution.
Unsere Empfehlung: Das Buch zuerst lesen, den Weg ins Paaradies unter die Füße nehmen, das Buch an Freunde weitergeben und es erst dann kompostieren, um später die Früchte aus dem Garten Eden zu geniessen!

Weiterführende Informationen:
https://www.voegeli.ch/unternehmen/nachhaltigkeit/cradle-cradle/#section-10546
https://www.epeaswitzerland.com
https://www.c2ccertified.org